山东大学学科高峰计划
考古与历史学项目经费资助

生态博物馆：
思想、理论与实践

尹 凯 著

科 学 出 版 社
北 京

内 容 简 介

生态博物馆自诞生之日起，就因其对历史资源的继承和当下结构的整合，构成了一个内含思想、理论与实践的相对较为完整的体系。为理解生态博物馆的总体表达和整体图景，本书将生态博物馆现象置于思想史、知识史和事件史的总体视野中予以考察。具体而言，“思想”引向生态博物馆的社会面向和浪漫气息，“边缘叙事”“乌托邦”等隐喻让生态博物馆在思想层面充满革命性和批判性色彩；“理论”导向生态博物馆的知识谱系与历史遗产，“定义演进”“阐释话语”等要素让生态博物馆在理论层面充满过程性和开放性特质；“实践”指向生态博物馆的经验事实与操作过程，“接触空间”“地方感”等架构让生态博物馆在实践层面充满商榷性和场景性意味。

本书适合于博物馆研究、遗产研究、乡村研究等相关领域的研究者、爱好者参考、阅读。

图书在版编目（CIP）数据

生态博物馆：思想、理论与实践 / 尹凯著. —北京：科学出版社，2019.9
ISBN 978-7-03-062275-4

Ⅰ. ①生… Ⅱ. ①尹… Ⅲ. ①生态环境–博物馆–建设–研究 Ⅳ. ①G269.26

中国版本图书馆CIP数据核字（2019）第194520号

责任编辑：张亚娜 / 特约编辑：李吉光 / 责任校对：邹慧卿
责任印制：张 伟 / 封面设计：美光设计

科学出版社 出版
北京东黄城根北街16号
邮政编码：100717
http://www.sciencep.com

北京捷迅佳彩印刷有限公司印刷
科学出版社发行 各地新华书店经销
*
2019年9月第 一 版 开本：720×1000 1/16
2024年5月第二次印刷 印张：20
字数：385 000

定价：98.00元

（如有印装质量问题，我社负责调换）

序一　思考生态博物馆的当代维度

尹凯博士的新著《生态博物馆：思想、理论与实践》是他近十年来系统研习新博物馆学（与博物馆人类学）以及亲身参与具体的生态博物馆实践（他是山西太行三村生态博物馆规划建设、浙江松阳乡村/生态博物馆群规划建设等项目的实际执行人）的成果之一。某种程度上，这本著作可以代表现阶段中国学界对生态博物馆思想与理论的最新认识和见解。

作为博物馆学同道，我对当今包括尹凯在内的年轻一代学术群体的成长感到高兴，对近年来博物馆学研究的新进展倍感欣喜。新一辈学人拥有国际化的学术视野、跨学科的学术视角，学术境界与追求也有突出的“后现代”特色。

博物馆学（或博物馆研究）在中国还是成长中的新学科新领域，工作总结性的研究多，理论和创新性的研究少，与人文学科和社会科学进行理论对话的研究就更少了。苏东海先生多次感慨：我们今天在博物馆理论上的认识尚不如20世纪五六十年代，那时的博物馆实践是有理论指引的！理论研究也许并非某一具体实践或行动的指南，但任何学科假如没有理论的或哲学上的创新，这门学科不仅苍白无力而且是否成为一门学科也常受到质疑。正是在苏先生等前辈以及同仁的鼓励下，我主持建立了中央民族大学新博物馆学工作坊（博物馆人类学工作坊），以读书会和工作坊的形式定期开展读书与研习活动，主要为硕士生、博士生和青年学人搭建一个学术平台，使他们的科研既跟踪学术前沿，又结合中国实际。读书会主要以阅读英文文献为主，每次围绕一个主题或议题，有两三个主讲人，然后是自由讨论与点评。这个活动吸引了一批年轻学人，我自己也获益良多。如今在美国大学任教的任海、韩诗、倪威亮（William Nitzky）以及在国内大学与博物馆工作的关昕、潘宝、杜辉、魏志龙、李旭、汤文靖等都曾多次担任读书会的召集人，麦夏兰（Sharon Macdonald）、纳尔逊·格雷本（Nelson Graburn）、溥摩根（Morgan Perkins）、迈克尔·罗兰（Michael Rowlands）、张豪峻等都多次在工作坊讲学与交流，这都开阔了大家的学术视野，也培育了学术对话能力。在过去的15年中，中央民族大学提供了非常好的条件与支持，在211工程建设的第二阶段以及985工程项目中，博物馆人类学工作坊均获得立项，也有一个固定的空间，最初在图书馆1412室，后来搬到了文华楼西区904室。杜辉博士和尹凯博士是主持读书会时间最长，也是读书量最多的两位，基本上每学期阅读英文新书都在5本以上。2015—2016学年，尹凯博士主持"博物馆观众研究主题"，采取了类似穷尽式的阅读方式，仅研究论文就编辑了6大册。那一年我们同时承担了陕西历史博物馆2013—2015年观众调查数据的综合研究，这样就把读书会与研究课题比较好地结合起来了。

生态博物馆主题研究也遵循同样的思路，这也是我们阅读与研讨持续时间最长的内容之一。从斯堪的纳维亚半岛的民俗博物馆开始，经法国、意大利的生态博物馆理论实践，而后北美、英国的生态博物馆与批判博物馆学（批判遗产研究），再到拉美语系国家的社会博物馆学运动，最后回到日本、中国的理论与实践探索。几位博士生、硕士生的论文选题也都围绕这个主题，但必须结合中国的具体案例。因此，我们团队积极参与地方生态博物馆的规划、建设与运营，主持规划设计的生态博物馆项目主要有：浙江安吉生态博物馆群建设规划以及国家示范项目建设实施方案（2009—2012）、浙江舟山中国海洋渔业文化生态博物馆（2010—2011）、山西平顺太行三村生态博物馆规划与建设（2012—2014）、浙江松阳乡村（生态）博物馆群总体规划（2013—2015）、河南新县豫南民俗（生态）文化博物馆建设方案与田园综合体规划（2015—2017）等，我们还有幸参与了广西生态博物馆1+10建设项目、贵州雷山县达地乡公米阿生态博物馆、贵州小黄侗族大歌博物馆、山东乐陵小枣文化博物馆等的建设。杜辉、尹凯和倪威亮主持参与了太行三村生态博物馆中的白杨坡乡村文化博物馆、豆口认知中心的规划设计和建设。

格雷本认为，安吉生态博物馆群是"一种成长型的生态博物馆"模式，与法国最初意义的生态博物馆即重视"双生"（生态与传统经济生产）的做法基本一致，与贵州等的北欧模式（挪威模式）表现出相当的不同。苏东海将安吉生态博物馆等东部地区的实践誉为“第三代生态博物馆”模式。安吉的实践体现了政府主动作为、总体规划设计与政策把控，居民从积极参与到主导实践这样一个不断“升华”的过程。借助安吉的经验，我们有幸参与松阳的总体规划设计，松阳是浙江省传统村落最丰富的县之一，坐拥松古平原，尽显田园合一的江南乡村胜景。但，传统村落主要是由各家各户的房屋构成的，如何保护与再利用是一个相当有挑战的大课题。

在松阳乡村（生态）博物馆群的总体规划与专项规划设计中，尹凯博士用力最多，他和蓝蔚博士跑遍了松阳的山山水水与国家级传统村落，与买岸笛、周艳晴、曹瑞、张俊龙等提出松阳文化资源评价与整合的总体思路，如“酉田花开”的农耕主题，与罗德胤等的“云上平田”农耕文化馆形成非常好的呼应。松阳乡村（生态）博物馆群建设已成为松阳传统村落保护与再利用的引擎，不仅唤醒了当地人对于自身资源特别是传统生活方式的再认知，更是激发与调整了地方政府主导下的综合资源再优化与配置，从而使松阳走上了一条新的文化引领的发展道路，它兼容传统与创新，融合生态可持续理念与满足美好生活需求于一体，成为传统再生的新典范！

无论国内还是国际，博物馆都是一个重视实践的行业，也是一个生机勃勃的理论创新领域。作为新博物馆学实践组成部分，生态博物馆现象从20世纪六七十年代萌发，后逐渐蔓延到世界各地，成为国际博物馆大家庭中最有活力和创新的领域。1985年，联合国教科文组织《博物馆》杂志（即今天的《国际博物馆》）第4期（总148期）的主题是“生态博物馆的想象”，向新博物馆学运动的先驱致敬，开篇是乔治・亨利・里维埃早年撰写的《生态博物馆——一个演化的定义》（《中国博物馆》有译文），他提出一个非常重要的概念和认识，即生态博物馆没有模式可言，生态博物馆是不断演化的。今天我们知道，生态博物馆是一个正在被全球实践不断定义着的博物馆形态，甚至也影响了对作为总体存在的博物馆的再定义。中国读者了解生态博物馆主要是从贵州六枝特区的梭戛苗族生态博物馆以及堂安侗族生态博物馆等四个中挪共建的项目开始的。在全球语境中，生态博物馆并非“屌丝逆袭”，也非简单的乡愁记忆、历史回望，以及对日常生活方式的关注，而是与全球化、生态灾难以及地方主义思潮等相关；但更应该从启蒙反思以及社会建构与解构的意义来理解，因为它洞悉了传统秩序与现代性都没有解决的社会分层与知识分层之间的同构（互为表里）关系。博物馆一直被看作是精英文化的产物，人类学博物馆一度被认为是“异托邦”，一种与西方文明世界对应的“远方文化之谜”，生态博物馆所关注的平民生活方式也是一种身边的“他者”，属于“熟悉的陌生人”。因此，有关生态博物馆是“乌托邦”还是“异托邦”的论述，均具有显性的或隐性的精英思维烙印。

作为最积极介入当代社会发展的生态博物馆，它不回避自己或许就是问题本身，因此它具有革命性的意义。它强调其是社区的一部分，与社区融为一体，主动地服务社区，参与社区的发展。但，它同时也认识到社区（社群）的边界是流动性的，社区有其原生性（primordial）的一面，更有工具性和场合性（instrumental）的一面。从多个意义上，生态博物馆是传统博物馆的演化形态，但它又有成为传统博物馆的可能。

尹凯博士的这部著作已经向我们展示了生态博物馆作为实践的历时性过程，以及支撑其“运行的”理论以及背后的思想基础，这是以往的研究所重视不够的。全书八个章节，从基本概念、定义与分类入手（发现型与社区型），系统阐发了生态博物馆实践的理论与方法，以及有关生态博物馆现象（事实）的社会科学理论与方法学体系。在杜尔干学派的“整体社会事实”脉络与福柯的“后现代批判反思”体系下，思考将博物馆学置于当代人文社会科学的总体性知识系统的可能性。

这样的研究路径和中国考古学与博物馆学界熟知的功能论（社会与文化功能，如科学的文化理论等）、历史主义话语（discourse）在学理与研究旨趣上有显著的不同，读者们又会有怎样的评价呢？期待读到广大读者的意见。

是为序。

上海大学特聘教授、上海大学图书馆馆长，
中央民族大学教授、博士生导师
潘守永

序二　生态博物馆是博物馆的乌托邦吗?

近来，博物馆的大发展引发了国人开始更多地关注博物馆、走进博物馆，关于博物馆似乎有说不尽的话题。其实一代一代的博物馆人也一直在努力寻找博物馆的理想形态和准确定义，一方面以推动博物馆融入社会、服务社会，另一方面也在自身与社会的演化中把握博物馆的本质乃至终极性的哲学意义。

美国史密森机构（相当于美国的国家博物馆）的早期秘书长乔治·布朗·古德（Geoge Brown Goode）就曾经说过：博物馆不应是物的坟墓而应是思想的摇篮。此话一端连接起物的收藏，另一端连接起关于物的诗人和哲理之思。在面向被服务的社会大众时这样讲，简洁而又跨度极大并富有刺激性，因此曾经引发博物馆人热烈的行动回应和深深的理论思考。但是长期以来，博物馆实际上一直与社会保持着相当的距离，博物馆的殿堂式建筑某种程度上隔开了自身业务与大千世界。在博物馆里，观众一直在透过博物馆之物和有关的业务活动膜拜着历史、艺术和科学等现代社会所造就的新的精神偶像。国际博物馆界一直在寻找契合点，以便使自己更好地融入社会，汇进时代洪流。20世纪70年代初国际博物馆协会将服务社会及其发展明确地铸入博物馆的定义，尤其是，当时法国的亨利·里维埃（Georges-Henri Riviēre）和雨果·戴瓦兰（Hugues de Varine）作为国际博物馆协会的前任和时任主席，受环保运动的启发，明确提出生态博物馆理论并展开实践，掀起了新博物馆学运动。

一直以来，生态博物馆常被视为异端，可以说，包括生态博物馆在内的新博物馆学运动理论与实践迄今仍未被博物馆界自身系统消化和普遍接受。大家可以看到，尹凯在本书中也倾向于将生态博物馆视为博物馆的乌托邦。正如社会理论中的乌托邦曾经激励了一代又一代人类先知探索建设理想社会的思考与实践，博物馆界确实也需要一种乌托邦理想或者乌托邦精神，因此，将生态博物馆在某种程度上当做未来博物馆的理想形态也未尝不可。

博物馆所处理的物与人都在发展变化，物与人的关系在信息化、民主化与文化+生态自觉的时代更是面临着新的重构机遇。生态博物馆这种拆掉围墙，将自然与人文要素、外来观者与在地居民等一并置于保护与展示、传承与发展的目标框架下统筹规划并活态运作的新范式，正契合了探索可持续发展和生态文明的历史潮流。生态博物馆将博物馆的种子植入自然与文化的原野，其作为一种和生态文明相符合的文化实践和生活方式，值得总结探索的内容非常多。

在中国率先引进并推动生态博物馆实践、有中国生态博物馆之父尊称的苏东海先生就曾表示，生态博物馆与传统博物馆就像地球的南极和北极，虽然相距遥远，但还是有一个共同的轴线将它们串联在一起。因为，它们都还是用人类和环境的物证，用博物馆的语法，在讲述继往开来的发展故事。

尹凯最初选择生态博物馆这个题目作为博士论文题目时，开题专家从短期完成的角度都普遍觉得难度太大，但是我看他收集的资料、梳理的思路、提出的观点，基础扎实且表述到位，已经有了很好的框架，因此非常值得再深入一步，并能对当下生态博物馆理论与实践，以及当下中国社会经济和文化转型、新农村建设、新型城市化进程中的遗产保护利用、传承创新起到积极的借鉴和推动作用。我知道他跟随潘守永老师，在山西、浙江等地的生态博物馆规划建设中都有所参与，积累了一定的田野经验和资料，因此积极鼓励他坚持完成。应该说，论文写出来后比大家想象的好，现在又有机会修订出版，可说是国内第一本生态博物馆方面的理论著作。

不管如何评价中国第一、二、三代生态博物馆（苏东海和潘守永等先生概括）的实践，正视这个过程，从中提炼经验和理论，明晰今后的发展方向，放在相关的国际博物馆与社会文化发展理论背景框架下，探索在中国如何更好地走向生态和文化自觉，让遗产与博物馆助推可持续发展和生态文明的建设，本书仍然具有盗火者的价值。

是为序。

中国文化遗产研究总工程师

曹兵武

目　　录

第一章 绪 论

从整体视野来看，博物馆世界经历了传统博物馆形态和新博物馆样态次第出现的局面，它们之间是连续的、不间断的关系，甚至是一种差异和谐的关系。20世纪90年代，两者经过不断的协商、妥协与对话，最终融合为当代博物馆理念。①

在空间/地方这一对概念中，地方代表的是存在，和它联系在一起的是一系列表示其特征和内涵的词语：本地、特性、具体、描述性。每个词都具有不同的意义，每一个都有自己的对立面。地方的这些经典特征的对立面包括：普遍、一般、理论/抽象/概念。②

---

① 尹凯：《重置与转向：当代博物馆理念的梳理与思考》，《东南文化》2018年第4期。

② 〔英〕多琳·马西著，毛彩凤、袁久红、丁乙译：《空间、地方与性别》，北京：首都师范大学出版社，2018年，第14页。

第一节　生态博物馆的当代价值

自20世纪70年代以来，生态博物馆在新博物馆学的助推下以极快的速度自西方席卷全球。1986年，西方生态博物馆理论首次进入中国，迄今已走过三十多个年头。从理论引介到具体实践，从理论建构到全面反思，回顾中国生态博物馆运动的历程，我们不难发现：生态博物馆在中国的认知与实践并非一片坦途，学界对生态博物馆现象的看法也基本上处于毁誉参半的状态。需要指出的是，生态博物馆并非仅在中国语境下遭遇了“滑铁卢”般的溃败，在世界范围内，甚至在其“原产地”——法国，生态博物馆的当代困境与未来之路也一直是学界热议的话题。

既然生态博物馆是一个破灭的梦想，那么它的当代价值又是什么呢？仅仅是博物馆史书写过程中避不开的一个篇章，抑或仅是那段充满革新激情的探索之旅？在笔者看来，生态博物馆的魅力远非如此。在中国学界，关于生态博物馆的大规模讨论集中出现于2005年之后，最近几年陷于沉寂。反观西方学术界，生态博物馆始终在博物馆研究、遗产研究、旅游研究、区域研究、人文地理学、人类学等相关领域保持活力。为什么会出现这种断然不同的境况呢？

就一般性的理解和思考而言，我们很容易得出这样一个结论，即“生态博物馆在西方成功了，在中国却失败了”。这个看似合理的解释甚至曾经一度扎根于国内生态博物馆相关学者的脑海中，这在一定程度上构成了理解中国生态博物馆现象的预设前提。令人遗憾的是，真实的情况并非如此。与中国的生态博物馆实践一样，世界范围内的生态博物馆实践也基本上处于进退两难的尴尬境地，许多学者也在其研究中直面了这一事实。那么，同样面对处于困境的生态博物馆实践，为何中国学界的思考趋于沉寂，而西方学界却依然热衷于此呢？

在笔者看来，这种理论层面的差异并非与生态博物馆实践的成功与否直接相关，而是与对生态博物馆的哲学、思想和方法的理解密切相关。纵观这些有益的研究即可发现一个有趣的学术现象，即生态博物馆的书写已经告别了基于某个生态博物馆实践的描述、调查与反思，取而代之的是将生态博物馆作为一种思考其他社会事实和学术议题的哲学资源。如何理解这个抽象的表达呢？自诞生之日起，生态博物馆因其对历史资源的继承与整合，构成了一个内含思想、理论与实践的相对较为完整的体系。就此而言，思想直指生态博物馆的思想与社会面向，理论延续生态博物馆的知识脉络，实践则构成生态博物馆的经验事件。论及此处，问题就迎刃而解了。生态博物馆不仅止于实践与理论，其最大价值在于思想，这也是理解西方学界痴迷于生态博物馆研究这一现象的钥匙。在西方学者的眼中，生态博物馆思想在某种程度上构成了一种“生态博物馆学路径（ecomuseological approach）”①，成为整体思考博物馆、遗产、社区、民主、参与、认同、旅游、合作等议题的架构。

在当代社会，生态博物馆研究的价值是什么呢？是厘清生态博物馆诞生于法国的原因，是爬梳生态博物馆概念的复杂演变，是梳理不同语境下生态博物馆从无到有的发展轨迹，是描述生态博物馆实践的具体过程，是剖析生态博物馆介入地方社会的效力，是提炼生态博物馆思想背后的启蒙资源。生态博物馆研究并非仅是对一座座生态博物馆设施的描述与分析，更为重要的是对其整体体系——思想、理论、实践的洞悉。在这个意义上，从宏观到中观、从中观到微观，生态博物馆的思想史、学术史和事件史构成了有关生态博物馆总体表达的整体图景。

如此看来，生态博物馆之于自身来说虽渐有明日黄花之感，但之于他者而言却仍留有余香。这或许就是“价值在别处”的真实写照吧。

第二节 生态博物馆：作为母体的博物馆与地方

作为一种新事物、新理想、新学说，生态博物馆自诞生之日起，犹如一辆刹车失灵的列车，从法国奔向了世界，四十年间在全球形成燎原之势。虽然生态博物馆哲学一直在强调定义与模式的多样化，但不可否认的是，无论生态博物馆以何种面貌示人，两个方面的思想源泉，或者说两个

① Michelle Stefano. Reconfiguring the Framework: Adopting an Ecomuseological Approach for Safeguarding Intangible Cultural Heritage. *Safeguarding Intangible Cultural Heritage*. Woodbridge: The Boydell Press, 2012, pp. 223-238.

无法割裂的母体是无法回避的，那就是“博物馆（museum）”与“地方（place）”[①]。

在生态博物馆实践中，我们曾经有过非常惨痛的教训：或以牺牲博物馆的专业性求得参与的民主性，或以博物馆制度化而损害地方的价值。亚历山大·德拉吉（Alexandre Delarge）曾在讨论社区式生态博物馆（community ecomuseum）的理想模式时指出，社区式生态博物馆是由博物馆保护、研究、展示的基本任务和社区需求共同构成的，双方处于动态的演变过程中[②]。因此，涉及生态博物馆研究时，我们不得不从学术史的视角审视博物馆和地方这两个母体：一方面探讨生态博物馆与博物馆之间的关系，以及传统博物馆研究的学术遗产与生态博物馆运动之间的内在联系与张力；另一方面将生态博物馆作为媒介与文化工具，来考察生态博物馆是如何在地方场景中重绘地方[③]的。

一、何为博物馆？

要回答“博物馆是什么”几乎是不可能的，这是一个极为宏大而繁杂的工程。吴蘅（Wu Heng）在其博士论文中对诸多学者的观点以及国际博物馆协会（ICOM）对博物馆所做的几次定义进行了论述，认为博物馆

---

① 在西方学术界，生态博物馆的关键要素之一是“community”，也就是社区（共同体）。在笔者看来，较之于“place”，“community”不仅容易造成翻译和理解上的误解，而且缺乏进一步延伸与思考的空间。为此，在此书中以“地方（place）”一词取而代之。有关“地方（place）”的概念界定详见后文。

② Alexandre Delarge. People Involvement Changes the Museum. *International Conference of Museology*. Taipei, 12, 13 October, 2001.

③ “重绘”指的是“重新描绘、再次描绘或重复描绘”，较之于其他词汇，“重绘”不仅包括生态博物馆项目对地方图景的收集、整合与书写，而且具有实践过程与成果的可见性，即作为一项切实的文化实践对地方图景进行描绘。进而，“重绘地方”有几个层面上的意义延伸：首先，作为一种遗产与博物馆路径，生态博物馆是如何发现、解释与制造地方的；其次，生态博物馆与其他介入地方的实践活动形成了比较研究的姿态；最后，生态博物馆所表征与同构的“广义地方”成为将来进一步思考的对象而得以提出。

并非是一个中立空间（neutral space），而是一个文本（text）[①]。在此，笔者将不采用一般意义上博物馆概念与谱系的梳理[②]，也不对博物馆进行类型划分[③]，而是从博物馆的几种属性入手，分析博物馆的多重面向。不同时期、不同学科对博物馆的诠释极为不同，比如作为珍宝柜（cabinet of curiosities）的博物馆[④]，作为智识空间（intellectual sphere）的博物馆[⑤]，作为时间机器（time-machine）的博物馆[⑥]，作为文化载具（cultural vehicle）的博物馆[⑦]等。可以说，博物馆作为一种存在物，涉及物、人、文化、知识、时间、空间、社会、变迁等一系列相关要素。但是，考虑到本论文的选题，在回答"博物馆是什么"时，将侧重论述博物馆与研究主题——生态博物馆之间具有密切关系的属性。

作为庙宇（temple）的博物馆。作为庙宇的博物馆观念来自于卡罗尔·邓肯（Carol Dancan）对博物馆（美术馆）仪式性特征的描述[⑧]。邓肯援引玛丽·道格拉斯（Mary Douglas）与维克多·特纳（Victor Turner）对于仪式情景与阈限期的论述，来说明世俗世界中，博物馆恰好构成了一

---

① Wu Heng. *Museum and Change: Regional Museums in the People's Republic of China*. PHD dissertation, University of Bergen, 2011, pp. 21-23.

② 最具代表性的当属胡珀-格林希尔的研究，Eilean Hooper-Greenhill. *Museum and the Shaping of Knowledge*. London and New York: Routledge, 1992.

③ 最具代表性的当属爱德华·亚历大山（Edward P. Alexander）与肯尼斯·哈德森（Kenneth Hudson）的研究，〔美〕爱德华·亚历山大、玛丽·亚历山大著，陈双双译：《博物馆变迁：博物馆历史与功能读本》，南京：译林出版社，2014年。Kenneth Hudson. *Museum of Influence*. Cambridge: Cambridge University Press, 1987.

④ Eilean Hooper-Greenhill. *Museum and the Shaping of Knowledge*. London and New York: Routledge, 1992.

⑤ 〔美〕史蒂芬·康恩著，王宇田译：《博物馆与美国的智识生活：1876—1926》，上海：上海三联书店，2012年。

⑥ Robert Lumley. ed. *The Museum Time-Machine: Putting Cultures on Display*. London and New York: Routledge, 1988.

⑦ 徐纯：《文化载具：博物馆的演进脚步》，台北：台湾博物馆学会，2008年。

⑧ 〔美〕卡罗尔·邓肯著，王雅各译：《文明化的仪式：公共美术馆之内》，台北：远流出版事业股份有限公司，1998年，第17—42页。

个彰显世界秩序与宇宙图式的场所与范本。18世纪的美学理论家认为，博物馆的出现是一个从日常生活中撤出的仪式领域，如同审美与艺术的发明一样，可以被视为神圣精神价值在世俗化时间和空间领域的替代。由此可见，早期的博物馆形态因其空间与时间的隔离，而成为一种传统仪式、永恒精神、宗教神圣的剧场，这一剧情的上演有其内在的历史因素与认识论上的连续性，但是无形中使博物馆在早期社会中具有了一种神圣意味的庙宇品质。19世纪以前的欧洲博物馆无论从建筑造型还是空间设计来看，从本质上来说是一个从日常生活的社会关系中抽离出来的空间，是“一个时间停止的庙宇”[①]。瑞典作家约兰·希尔特（Goran Schildt）曾评价19世纪的艺术馆是一个宗教的元素，一个宗教的替代[②]。

作为异托邦（different space）的博物馆。“异托邦”[③]是米歇尔·福柯（Michel Foucault）空间研究的一个概念，在他看来，作为差异空间的异托邦不仅能够在单一的真实场所内并置多个不兼容的空间，而且其中充满着时间的断裂。从某种意义上来说，博物馆空间是世界万物与人类关系的表征（representation），而非呈现（presentation）[④]。因此，博物馆看似是一个理性、科学、中立的机构场所或知识殿堂，其实却因为其对物、时间、空间概念的处理而变得具有意向性与排他性。比如博物馆空间具有其所说的空间两极性问题，即物既在那里，又不在那里[⑤]，究其原因在于，博物馆具有一种为了再造他者与自我的概念而泯除时间、共置空间的魅惑力。

---

① 〔美〕卡罗尔·邓肯著，王雅各译：《文明化的仪式：公共美术馆之内》，台北：远流出版事业股份有限公司，1998年，第17—42页。

② Goran Schildt. *The Idea of the Museum: Philosophical, Artistic, and Political Questions*. New York: Edwin Mellen Press, 1988, p. 89.

③ Michel Foucault. Different Space. *Aesthetics, Method, and Epistemology: Essential Works of Foucault 1954-1984*. London: Penguin, 1988, pp. 175-185.

④ 许功明：《当代博物馆文化之展示再现与价值建构：从现代性谈起》，《博物馆、知识建构与现代性》，台中：台湾自然科学博物馆，2005年，第391—405页。

⑤ 尚杰：《空间哲学：福柯的“异托邦”概念》，《同济大学学报》（社会科学版）2005年第3期。

作为治理（government）[①]的博物馆。福柯曾在讨论欧洲近代社会饥荒问题时提出了一个极富启发的政治治理命题，传统社会的治理针对的是具体个人的“恶”，用规训权力来控制秩序；现代社会的治理针对的是整体，用观察、规律、知识来发展国家力量[②]。这一治理术的断裂恰巧出现在法国大革命的爆发之际，1789年，博物馆作为一种民主、启蒙、社会教育的公共空间出现在人民和国家的视野中。在讨论时代过渡时，阿尔弗雷德·诺思·怀特海（Alfred North Whitehead）在《观念的冒险》一书中认为，从一个时代到另一个时代的明显过渡总是可以用蒸汽与民主的类比来描述，或者，你愿意，也可用蛮族与基督徒的类比来描述[③]。如果把视野放在18世纪前后的欧洲，我们会发现“监狱”与“博物馆”作为两种不同的治理术构成了福柯意义上国家治理的谱系[④]，也能够发现怀特海意义上时代转型中说服与征服两种力量。承载着“自由、民主、平等”口号的博物馆具有了公共管理的效力，在内在发展逻辑上，博物馆以其隐性的秩序化配置完成了对监狱的继承与替代，达成了民族国家的治理目的。同时，博物馆因其“社会教育”职能的发挥，将社会大众作为无差别的整体来进行理性权威的教化，标榜文明与现代性的二元结构哲学在博物馆教育与观众研究中一直延续到后现代主义的批判反思的今天。但这并不意味着博物馆的治理特质会就此消失，作为内在属性的一部分，博物馆无时无刻都会因为与某个他者达成共谋而无意识地完成对另一个他者的治理。

---

① “government”这一术语来自于福柯《安全、领土与人口》一书，大多被译为“治理”，在福柯看来，基督教会“对人的治理”谱系与现代政府“对人的治理”是一个连续体，现代国家的理性之一表现为治理艺术的发达。本书采用治理一词指的是博物馆作为一种民族国家的管理体系，对“人的治理”是如何进行的，这具有强烈的政治学（politics）意味。〔法〕米歇尔·福柯著，钱翰、陈晓径译：《安全、领土与人口：法兰西学院演讲系列，1977—1978》，上海：上海人民出版社，2010年，第1—2页。

② 〔法〕米歇尔·福柯著，钱翰、陈晓径译：《安全、领土与人口：法兰西学院演讲系列，1977—1978》，上海：上海人民出版社，2010年，第3—5页。

③ 〔英〕阿尔弗雷德·诺思·怀特海著，周邦宪译：《观念的冒险》，贵阳：贵州人民出版社，2000年，第7页。

④ Tony Bennett. *The Birth of the Museum: History, Theory, Politics*. London and New York: Routledge, 1995.

作为公共空间（public space）的博物馆。18世纪晚期，公共博物馆出现在欧洲社会，作为社会公共空间，博物馆一方面表征着王室与民族国家的区别，另一方面也隐喻着公民社会与私人空间的不同①。脱胎于启蒙运动的博物馆，要求对所有人平等开放和易于接近的公众权利原则与表现不同公共区域的文化与价值的充分表征原则是无法实现的②。作为“现代性”与“文明社会”的代言人，中产阶级的行为规范成为博物馆教育社会大众的典范，通过这种隐含的内在关系，中产阶级作为国家意识形态的掌控者，通过公共博物馆空间，试图制造一个排斥性与差异性的“大众空间（place of popular assembly）”，以彰显自身的理性、文明与进步性。从另一方面来讲，这种将社会大众同质化的策略让博物馆教育职能合法化。因此，博物馆作为一个社会公共空间，在制造同质性与异质性方面充满了张力，既制造一个异于他者的自我形象，而且还试图将他者秩序化，纳入到自我的范畴中。自诞生之日起，公共博物馆便处于塑造自我与表征他者的复杂矛盾关系中。“文化资产全民所有”和“全民平等教育”是欧洲现代博物馆的基本哲学，与此同时，博物馆内部机制的隐藏空间在制造公共空间的同时，以文化标志的组合来区分人口，从而造成了一些观众的缺席，正如皮埃尔·布迪厄（Pierre Bourdieu）所说，“艺术作品只对于某些人来说是有意义和兴趣，这些人拥有社会能力——拥有被编译的密码”③。也就是说，现代博物馆作为一个公共空间，具有很强的国家意识形态色彩，博物馆空间代表的文化领域与政府的逻辑在本质上是一致的，社会大众只有通过仿效所谓的理性规范，通过与国家共谋的方式，才不会被现代博物馆所排斥。

作为现代性的隐喻，博物馆的这种理性、科学至上的“上帝”形象在

① Tony Bennett. *The Birth of the Museum: History, Theory, Politics*. London and New York: Routledge, 1995, p. 25.

② 〔英〕托尼·本内特著，薛军伟译：《作为展示体系的博物馆》，《马克思主义美学研究》2012年第1期；〔英〕托尼·本内特著，赵子昂、强东红译：《博物馆的政治合理性》，《马克思主义美学研究》2007年第1期。

③ Pierre Bourdieu. *Distinction: A Social Critique of the Judgement of Taste*. Cambridge: Harvard University Press, 1984, p. 2.

20世纪七八十年代遭到批判，女性主义、民权运动、社会史运动与新博物馆学运动等思潮解构了现代性构筑的世界。在博物馆学领域，倡导“社会包容（social inclusion）”与“可接触性（accessibility）”的多元主义思潮强调关注社会群体的能动性和文化权利议题，让个人与群体至少在博物馆展示空间内实现平等参与[①]。

作为“接触地带（contact zone）”的博物馆。从词源谱系来说，“接触地带”这一概念来自于玛丽·露易丝·普瑞特（Mary Louise Pratt）的《帝国之眼》（*Imperial Eyes*）一书，她认为，接触地带是一个殖民遭遇的空间，地理与历史意义上相互分开的人或群体在这一空间中彼此接触，并建立持续性联系，而且往往涉及压迫、种族歧视和难以化解的冲突[②]。普瑞特一方面看到了接触地带的不平等现象，另一方面也看到了主体之间相互协商、利用、竞争对既有结构的挑战。

随后，詹姆斯·克利福德（James Clifford）将接触地带的属性赋予了博物馆，并以“互惠”“竞争”“开发”为关键词，解构了传统意义上博物馆功能的划分，将博物馆置于后现代主义各种纷争漩涡里。在《作为接触地带的博物馆》（*Museum As Contact Zones*）[③]一文中，克利福德认为，传统意义上仅将博物馆作为普遍文化的收藏、价值无涉的贮藏室、进步与发现的场所，以及人类、科学与民族遗产的集聚地是不够的。在他看来，博物馆对世界的认知应当采取一种“接触视角（contact perspective）”，将所有的文化收藏策略作为一种对支配（dominance）、等级（hierarchy）、反抗（resistance）与动员（mobilization）等具体历史现象的回应，这有助于我们正确认识普世主义和特殊主义的口号是如何与具体的社会场景联系起来的[④]。克利福德将博物馆（传统博物馆和新博物

---

① 〔美〕米兰妮·西奥梵多、加布里埃拉·艾达尔：《博物馆全纳教育案例研究：圣保罗州立美术馆》，《国际博物馆（中文版）》2014年Z1期。

② Mary Louise Pratt. *Imperial Eyes: Travel Writing and transculturation*. London and New York: Routledge, 1992, pp. 6-7.

③ James Clifford. *Routes: Travel and Translation in the Late Twentieth Century*. Cambridge: Harvard University Press, 1997, pp. 188-219.

④ James Clifford. *Routes: Travel and Translation in the Late Twentieth Century*. Cambridge: Harvard University Press, 1997, p. 213.

馆）作为一个接触地带，这不仅使对博物馆空间内的多种涉入要素（尤其是作为主体的人或群体）的分析成为可能，而且还将其置于“长时段”的过程中，充分考量各要素之间的竞争、合作、利用、协商关系。

二、地方与地方感

作为一种学术议题与社会思潮，“地方（place）”与“地方感（sense of place）”的认识在20世纪60年代开始得以出现和深化，这种“在地性”的关怀与全球化背景下的迁徙与离散等议题密不可分。由此引发的重要学术思潮包括安东尼·吉登斯（Anthony Giddens）的现代化进程中的脱嵌或脱域（disembeddment）机制[①]，以及大卫·哈维（David Harvey）用“时空压缩（time-space compression）”的概念解释全球资本主义影响下的“同质化运动（movement of homogenization）”[②]，同时也可视为全球主义与民族主义的相互纠缠在认同政治中的一种体现[③]。

在讨论“地方感”的相关研究之前，笔者需要就中文概念“地方”所对应的英文概念进行简单的梳理与说明。与“地方”有关的英文术语主要有space、location、place，那么，笔者为何选取了“place”，而放弃了其他术语呢？“space”指的是一个单纯、中性的物理空间[④]，它强调的是一种没有任何价值与情感的空间存在。从本质上说，“location”是一个地理概念，不仅指的是具体的地理位置，而且还涉及抽象的地理区位。“place”指的是空间内具体物所组成的一个整体，这些综合决定了一种“环境的特性”，除此之外，不同的环境条件和文化传统赋予其特殊的性

① 〔英〕安东尼·吉登斯著，田禾译：《现代性的后果》，南京：译林出版社，2011年，第18页。

② Ursula Heise. *Sense of Place and Sense of Planet: The Environmental Imagination of the Global*. Oxford: Oxford University Press, 2008, p. 51.

③ Sharon Macdonald. Museums, National, Postnational and Transcultural Identities. *Museum and Society*, 2003(1); Sharon Macdonald. *Memorylands: Heritage and Identity in Europe Today*. London and New York: Routledge, 2013, pp. 17-19.

④ 许瑞容：《博物馆展示的本质——以布雷希特的戏剧理论观点出发的展示美学》，台南：博创印艺文化事业有限公司，2001年，第25页。

格或气质[①]。荣格·席尔瓦斯通（Roger Silverstone）在此基础上进一步讨论了“place”暗含的“精神气质”，即“place”是一个充满其拥有者的情感、认同与意义的地点[②]。因此，“地方”的讨论采取的是与之对应的英文术语——“place”。

“地方”在字典里有多重解释，比如“中央以下各级行政区域”“处所、领域、部位”“部分、方面”“本地、当地”等含义。在本书中，“地方”是一个多义的概念，不仅因为它的“所指”太多，而且还涉及相关主体的场景性。在本书中，上述提到的有关“地方”的多重解释基本都有涉及，在相对于民族国家而言，提及“去中心化”概念时，“地方”指的是中央以下各级行政区域；在提及生态博物馆与地方接触，以及“地方感”时，“地方”指的是某一个特定的地理区域，大到一个县域，小到一个村落；在提及抽象层面的边缘概念时，“地方”指的是整体社会结构中的非理性或浪漫主义的部分或方面；在讲到地方社会的自我运作逻辑以及地方本质及其意义的时候，“地方”似乎又变了模样，呈现出“本地、当地”的主体面向；从全球化和世界秩序的宏观角度来讲，“地方”不仅包括被全球化浪潮解放的民族国家内部的区域统称，而且还包括以非西方国家为代表的地区统称。

那么，我们应该如何理解文中出现的“地方”概念呢？提供一个一以贯之的概念范畴似乎是无法企及的工作。为此，笔者在参考已有研究与论述的基础上，根据本书内容，从两个方面来说明“地方”的内涵与外延。从具体的实践层面来看，“地方”首先是一个空间的物理概念和地理范畴，无论衡量的尺度是文化上的还是行政区划上的，“地方”在形而下的层面表现为可操作的县域范围和村落范围。这些“不证自明”的先验空间为生态博物馆实践提供了文化介入的载体。从抽象的理论层面来看，“地方”指的是一种政治学的隐喻，涉及一种被压迫的或边缘的姿态与位

① 〔挪〕克里斯汀·诺伯舒兹著，施植明译：《场所精神——迈向建筑现象学》，台北：尚林出版社，1986年，第6页。

② Roger Silverstone. The Medium is the Museum: On Objects and Logics in Times and Spaces. *Towards the Museum of the Future: New European Perspectives*. London and New York: Routledge, 1994, pp. 161-176.

置，犹如被社会包容与文化权利所排斥的社会史运动中的底边人群、族群研究中的少数群体、历史叙事中的平民百姓等[①]。“地方”在本书的双重指涉具有极为重要的现实关照与理论旨趣：一方面借助田野材料与项目经历交代了生态博物馆在地方空间中的种种实践，说明了地方图景的再造是如何发生的；另一方面，从思想史的层面打通了生态博物馆运动之所以诞生的社会经络，考察了生态博物馆背后的社会史、知识史与思想史的内在逻辑。

“地方感（sense of place）”是一个重要的多学科概念，指的是一种理解个体与群体如何定义自我，以及其与自然与文化环境之间关系的复杂过程。伊恩·康沃里（Ian Convery）、杰拉德·科赛（Gerard Corsane）、彼特·戴维斯（Peter Davis）编著的论文集《制造地方感：多学科视角》[②]收录了不同学科的研究成果，包括社会学、历史学、地理学、教育学、博物馆与遗产研究以及文学领域等，为我们理解人与地方之间的关系提供了国际视角。在他们看来，地方是个体与群体认同的重要来源，也是人类生存的中心所在，人与地方之间存在深厚的情感与心理纽带。

关于“地方感”的概念与研究维度，不同学科着眼于自身的问题意

① 龚坚曾在彭兆荣主编的《文化遗产学十讲》中讨论过“地方”的两个指向：其一，“地方”是一定的地理方位和空间范围（地缘性），以及涵盖超越“地方”之上的人群共同体；其二，“地方”是一种观看、认识和理解世界的方式，我们可以从人与“地方”之间的种种关系中，发现其意义和经验的世界。虽然表述略有差异，但这与本文所提出的“双重指涉”不谋而合。彭兆荣主编：《文化遗产学十讲》，昆明：云南教育出版社，2012年，第233页。

② Ian Convery, Gerard Corsane, Peter Davis ed. *Making Sense of Place: Multidisciplinary Perspectives*. Woodbridge: The Boydell Press, 2012.

识，答案不尽相同[①]。在此，笔者并不打算介入这些繁杂的争论中，而是追溯“地方感”研究路径的流变，开采这些颇具启发性的“他山之石”，将其打磨、搬运到“博物馆与遗产大厦”中，为生态博物馆介入“地方感”的议题奠定基础。

作为全球化的一种反身性建构，基于地方的想象来自于一种流动性、不稳定性、开放性、同质性所带来的危机感。首先，早期的人文地理学者在全球与地方的二元对立的内在结构中思考，认为地方感体现了本土性、稳定性、封闭性，以及高度内生性的惯常实践[②]。安德鲁·梅里菲尔德（Andrew Merrifield）指出，地方感的早期研究将地方作为一种本质主义的存在，即是一种内生而稳定的人地关系模式。

随后的研究在反思基础上提出了地方理论的空间尺度与动态建构学说：哈维认为地方建构与资本流动及运作密切相关，应该从地方与外界的广泛联系中，解读资本运动对社会建构的作用[③]；帕翠莎·斯托克夫斯基（Patricia Stokowski）从旅游的角度对作为社会概念的“地方感”进行了研究，她认为，“地方”和“地方感”是由社会来建构的，并不断被创造的、不稳定的时间而操纵[④]。前者从空间角度延伸了“地方感”的维度，后者则从时间角度论述了地方感的动态性与过程性。

① 关于地方感的理论梳理详见钱俊希、钱丽芸、朱竑：《“全球的地方感”理论述评与广州案例解读》，《人文地理》2011年第6期；张原：《从“乡土性”到“地方感”：文化遗产的现代性承载》，《西南民族大学学报》（人文社会科学版）2014年第4期；朱竑、刘博：《地方感、地方依恋与地方认同等概念的辨析及研究启示》，《华西师范大学学报》（自然科学版）2011年第1期；唐文跃：《地方感研究进展及研究框架》，《旅游学刊》2007年第11期；王姗姗、宗秀蔡：《地方感与生态身份认同——梭罗生态观新读》，《都洋湖学刊》2012年第2期；黄逸民：《全球与地方的二元辩证——全球化时代地方的流动性与复苏》，《都洋湖学刊》2013年第6期。

② Andrew Merrifield. Place and Space: A Lefebvrian Reconciliation. *Transactions of the Institute of British Geographers (New Series)*, 1993(4), pp. 516-531.

③ David Harvey. From Space to Place and Back Again: Reflections on the Condition of Postmodernity. *Mapping the Futures: Local Cultures, Global Change*. London and New York: Routledge, 1993, pp. 2-29.

④ Patricia Stokowski. Languages of Place and Discourses of Power: Constructing New Sense of Place. *Journal of Leisure Research*, 2002(4), pp. 368-382.

在壁垒被打破以后，“地方感”的知识体系更加繁杂，劳伦斯·布伊尔（Lawrence Buell）在《环境批判主义的未来》一书中认为，地方意识与联结不仅涉及空间导向，也是时间导向的结果，在他看来，地方感知实为“多重地方经验的复写本”[①]。也就是说，地方想象的建构不仅依附于地方的物理空间，而且还依附于地方的时间维度。新马克思主义地理学代表人物多琳·马西（Doreen Massey）在批判哈维的基础上提出了一种对地方的新认知，即“全球的地方感”或“进步的地方感”。“开放性与动态性”成为马西地方认知的关键概念，在她看来，地方从根本上说是一个有边界的、动态的、具有内部多样性且由内生与外向的社会关系共同建构的产物[②]。马西地方感理论的核心在于承认了地方内部多样性与超越地方边界的社会关系与网络共同形塑了地方意义。

从遗产与博物馆领域来说，地方感的产生也是一个渐变的演化过程。首先，当下遗产的地方性建构不仅与全球化的反思有关，而且与遗产自身观念的流变有密切的关系。从20世纪70年代强调普世性文明图式的世界遗产，到90年代以来对文化遗产在地性价值的凸显，文化遗产研究经历了从全球到地方，从抽象到具体的发展过程[③]。尤其是那种重现地方场所与社会空间的诉求，将地方与传统的情感感知纳入到遗产话语的讨论中，新的文化遗产研究模式唤起了文化遗产保护的地方角色认同，同时重构了文化遗产与发展之间的关系。同时，遗产话语的讨论与实践同样是一种认识和确认地方价值的途径，两者在“世界遗产”“民族国家”“地方认同”三个层面上相互纠缠，代表一种关于现代性的焦虑与思考。

以社区博物馆与生态博物馆为代表的新博物馆学运动同样将具有“社会”意味的社区、乡村或遗址作为传统博物馆反思的实验室，一方面拓展博物馆整体未来发展的思路，另一方面借生态博物馆的路径来体认地方认

---

① Lawrence Buell. *The Future of Environmental Criticism: Environmental Crisis and Literary Imagination*. MA and Oxford: Blackwell Publishing, 2005, p. 73.

② Doreen Massey. *Space, Place and Gender*. Minneapolis: University of Minnesota Press, 1994, pp. 146-173.

③ 张原：《从“乡土性”到“地方感”：文化遗产的现代性承载》，《西南民族大学学报》（人文社会科学版）2014年第4期。

同与地方情感。此一观点集中体现在戴维斯的《生态博物馆：地方感》[①]一书中。20世纪90年代是全球化热潮严重威胁地方认同的时代，在所有的政府计划中，保护认同、地方归属、地域发展是最重要的目的[②]。这在一定程度上解释了戴维斯从地方感的角度来阐释生态博物馆的时代原因。戴维斯从环境生态学的视角考察了地方的意义，讨论了传统博物馆与自然环境的互动关系，以及新遗产运动在地理学层面上的地方关切。随后作者从社会学的角度，运用文化认同和社区的概念，将环境、社区、认同等一系列相关议题纳入到生态博物馆的哲学层面。最后，作者认为地方是一个复杂的概念，包括多样化的要素，比如风景、建筑、生活方式、物质文化形态、传统习俗等，同时认为地方感来自于个体的认知，因此又是一个“多变的概念（chameleon concept）”[③]。戴维斯借助地方感概念，将生态博物馆作为一种介入地方的机制，以回应传统博物馆无力操纵的遗产议题。

作为浪漫主义与原始主义的诗学表征，“地方”“地方感”“在地性”话语虽然是一种平衡与对抗“现代性对空间侵蚀”的努力，但是我们在建构地方的时候，需谨慎处理以下几个方面的问题：首先，地方主义的形成似乎逃避不了田园乡村的乌托邦式社会；其次，过度强调地方自治会生成交流与互动的抗拒之情；再次，过度强调精神与情感会造成“地方感的沉思”；最后，过于沉迷于地方社会的过去意识，会造成对当下的感知不够。此外，着眼于空间场所的“地方感”对于地方文化的把握是不够的，还应考虑地方的“历史感（sense of history）”[④]，时刻关注地方历

① Peter Davis. *Ecomuseum: A Sense of Place*. London and New York: Leicester University Press, 1999.

② Shahab Nazariadli, Mehraneh Rayatidamavandi. A Survey on Current Situation, Problems and Requirements of Ecomuseums (With Particular Reference to Their Historical and Philosophical Backgrounds). *American Journal of Scientific Research*, 2011(19), p. 98.

③ Peter Davis. *Ecomuseum: A Sense of Place*. London and New York: Leicester University Press, 1999, p. 238.

④ Kevin Walsh. *The Representation of the Past: Museums and Heritage in the Postmodern World*. London and New York: Routledge, 1992.

史，甚至是民族国家历史在地方上的发现与发明，将“地方感”与“历史感”的共同体认作为生态博物馆的首要任务。

第三节 生态博物馆：表征的诗学与政治学

如果说上文是从理论层面来追溯生态博物馆的母体，那么接下来的内容则是从方法论层面来探讨生态博物馆的介入路径。作为一种文化机制，博物馆可以被视为一种文本形式和表征体系，因此，其研究可以从意义生产的过程和背后的社会情境两个方面来展开。对于生态博物馆而言，这样的方法论路径同样是有效的。无论是作为一种思想、理论还是实践，生态博物馆都可称之为一种文本和表征体系。生态博物馆也有藏品（遗产）、研究（遗产资源调查与阐释）、展示（村落整体展示体系）、教育（学习与认知）、建筑（地域）。不仅如此，较之于传统博物馆形态而言，生态博物馆的最大优势在于地方整体的博物馆化，从而避免了藏品去场景化的迁徙之旅。同样，生态博物馆的研究路径也包括诗学与政治学两个面向，前者涉及的是生态博物馆以项目形式而展开的制造过程，这与传统博物馆内部展览的意义制造是同构的；后者涉及的则是地方在整个自然环境、区域环境、文化环境、经济环境、政治环境中的位置。

一、表征、文本与博物馆

作为文化表达工具，博物馆与民族志具有同构性，即在不同的文化（不同的人）之间扮演了类似于中介的“经纪人”角色——基于被展示文化的物质资料进行意义的生产，让参观者群体进行意义的消费。在斯图尔特·霍尔（Stuart Hall）看来，表征指的是以语言的形式在思维中进行概念的意义生产①。因此，表征涉及两个方面的基本内容：一方面是意义的生产与建构过程；另一方面是意义生产过程包含两个本质要素——思维概念和语言。

---

① Stuart Hall. The Work of Representation. *Representation: Cultural Representations and Signifying Practices*. London: Sage, 1992, p. 17.

无论是收藏政策与伦理，还是博物馆对藏品的诠释，主观介入的要素是一个无法规避的问题，这些过程无可避免的具有马克斯·韦伯（Marx Webber）所说的“价值判断的主观陈述”①的干预。博物馆挑选、整合藏品，建构博物馆知识体系与展览体系的过程涉及两个方面的内容：首先是介入藏品与展览体系之间的设计者或策展者具有相关知识建构与诠释的关联性；其次是不同展示类型所包含的知识诉求、价值观，以及深层次的时代观念。

正如许功明所说，博物馆通过语言、论述与意象来传达与再现文化真实，其解读上意义价值形成的基础依赖于时代性、知识建构与价值体系三者间的相互关联性②。以藏品为基础的展览体系的再造与诠释，从本质上来说，即是一个将他者的日常生活景观化（spectacle）的过程。这一过程充斥着对所谓“文化现实（cultural reality）”的呈现（presentation）与再现（representation）过程，各种修辞手法——隐喻（matephor）、转喻（metonymy）、提喻（synecdoche）及反讽（irony）③在一过程中都得到运用。

设计者或策展者的知识背景与学术传统不仅仅是个体性现象，而且往往带有其所在社会与时代的特色。以民族志博物馆（ethnographic museum）为例：19世纪中叶的英国，威廉姆·亨利·弗拉沃（William Henry Flower）、威廉·里弗斯（William Rivers）等人代表了世俗进化论的分类逻辑，其崇尚的是文明的先后发展序列，对博物馆的藏品用社会进化的低与高、简单与复杂的理性逻辑来进行诠释与再造；而在德国，由于约翰·高特菲·赫尔德（Johann Gottfried Herder）民族精神概念的发展以及中产阶级与宫廷社会之间的复杂关系，其藏品的诠释原则是以地理学和

---

① 〔德〕马克斯·韦伯著，李秋零、田薇译：《社会科学方法论》，北京：中国人民大学出版社，1999年，第20页。

② 许功明：《当代博物馆文化之展示再现与价值建构：从现代性谈起》，《博物馆、知识建构与现代性》，台中：台湾自然科学博物馆，2005年，第395页。

③ Bettina Messias Carbonell. Introduction: Museum Studies and the Eccentric Space of an Anthology. *Museum Studies: An Anthology of Contexts*. MA and Oxford: Blackwell Publishing, 2004, p. 6.

历史学的方法来作为研究文化的途径，与英、法的文明观不同，其对民族精神与历史文化的热衷主导了其对自身发展的想象。在标榜后现代、后殖民的今天，设计者或策展者的主观选择无不受到多元化阐释与话语解构的影响，主流叙事之外的边缘人群与地方社会的诉求无不与之有关，根植于生态与全景展示的生态博物馆或户外博物馆，遵循着自我表述与自我服务的叙事模式。

王嵩山认为，收藏品的展示可以分为三种基本类型，美学式的展出，综合的历史文物展出和全景式展出①。芭芭拉·科申布拉特-吉布列特（Barbara Kirshenblatt-Gimblett）为了回应展览的整体性、阐释性和意义定位的问题，提出了“在原处（in situ）”和“在场景（in context）”两种展示策略，前者指的是对藏品所在原场景的整体性环境再造，后者指的是将藏品置于博物馆场景中的技术安排与解释框架内②。无论是哪一种展示类型都有其背后的知识诉求与价值观念，对艺术审美的追求涉及集体潜意识中精英、高雅的文化理念，强调一种基于主观心灵探索的绝对价值观。综合的历史文物展以视听方式结合文字，综合展示一种整体文化，不同学科知识规范在博物馆空间中形成集聚与交流。科申布拉特-吉布列特的分类涉及文化真实的模仿和对博物馆空间秩序再造两个方面：前者力图还原物性知识与知性知识之间的勾连，将藏品再脉络化，促使参观者从藏品所在的社会背景与文化逻辑中去理解藏品以及其所表征的文化；后者则是一种类似于民族志文本的书写策略，即藏品的诠释与再造构成了一种传译的效应，强调的是博物馆空间场景中“客位”信息与符号编码的价值。比起沟通博物馆与文化真实的关系，博物馆场景的秩序与再造还在一定程度上沟通了自我的观念与认知。

从另一方面来说，作为表征的意义生产还具有某种意识形态意味的隐喻，物的再分类与再诠释彰显了社会的认识论与宇宙观。传统博物馆具有

---

① 王嵩山：《博物馆收藏学：探索物、秩序与意义的新思维》，台北：原点出版社，2012年，第53—54页。

② Barbara Kirshenblatt-Gimblett. Objects of Ethnography. *Exhibiting Cultures: The Poetics and Politics of Museum Display.* Washington, D.C: Smithsonian Institution Press, 1991, pp. 388-390.

一种“族人制之、外人藏之、异地展之”的基本模式[①]。从某种意义上来说，博物馆是两个社会系统——原初社会（original society）和博物馆社会（museum society）[②]相互协商与互动的实践活动，承载着两种文化的分类逻辑与认知秩序，而且还具有很强的等级结构想象与意识形态色彩。

博物馆实践具有“制造他者、塑造自我”的逻辑属性，无论是古典主义时期的博物馆还是殖民时期的博物馆，抑或是当代社会文化史博物馆，其哲学逻辑一直遵循对“已文化合法性”的书写范式。古典主义的博物馆通过参阅档案资料、编纂文献、大量搜集作品来扩充图书馆与博物馆的馆藏，通过内省与自我解剖的方式，用过去的他者来定义现在的自己，试图借欣赏过去以抚慰现实。殖民时期的博物馆实践通过猎奇主义（exoticism）或历史主义（historicism）来建构时间上或空间上与己文化产生距离的他者，以此来建构自身的现代、理性与进步。当代的社会文化史博物馆的关怀在于乡村与边缘的传统，其结构上的“他者”则是一直处于主流文化地位的官方传统，根植于当地的社会文化逻辑，来完成自我的建构。

作为文本的博物馆包括两方面的观点：一方面，博物馆是意义的载体；另一方面，博物馆是可以阅读的文本[③]。前者指的是一种博物馆内部意义生成的实践模式与理论范式，而后者则侧重于将博物馆作为一个整体进行解读与研究的路径与方法论。文本理论在博物馆领域的应用在理论脉络上得益于语言学与后结构主义理论。

费尔迪南·索绪尔（Ferdinand de Saussure）通过语义学（semiotics）理论为此提供了一个重要框架。根据索绪尔的理论，人们是通过“符号”组成的意指系统来交流的，每个符号都包括两个要素：作为概念的所指

① 参见尹凯：《物的诠释与沟通——当代博物馆藏品的学术思考》，《中国民族博物馆研究2016》，北京：民族出版社，2017年，第18页。

② Edwina Taborsky. The Discursive Object. *Interpreting Objects and Collections*. London and New York: Routledge, 1994, pp. 65-77.

③ Wu Heng. *Museum and Change: Regional Museums in the People's Republic of China*. PHD dissertation, University of Bergen, 2011, p. 23.

（signified）和作为声像的能指（signifier）[①]。索绪尔认为，所指与能指之间并没有本质的内在联系，而且具有集体行为或习惯的任意性。在这种意义上，符号具有一种"社会本质"[②]。在定义语言时，索绪尔区分了语言和言语[③]。在霍尔看来，语言是一种事实存在，并不会脱离社会事实而存在，其社会属性是它的内在特质。从这种观点来看，符号和语言是社会建构的产物。

结构主义与后结构主义的理论继承了语言学、符号学的学术议题，但在研究思路上背离了语言学的研究。结构主义学者提出了二元对立的方法论，主张将符号意义的理解放置在结构系统内，依靠它与其他符号之间的关系进行阐释。结构主义秉持文化相对论以及时空意义变迁的理念，强调语言与文化应该从共时性而非历时性角度进行研究[④]。在这些研究中，值得一提的当属克洛德·列维-斯特劳斯（Claude Levi-Strauss）对词与物的意义生产的解释。在他看来意义来自于两个方面：一方面是词与词（物与物）相连接、延续成串而构成的系列，即横向组合链；另一方面是可供使用者调配、选择、替换的词（物）的集成，即纵向聚合[⑤]。列维-斯特劳斯带给我们的不仅是意义解读的两种分析模式，而且还为我们提供了意义场景性的概念。

苏珊·皮尔斯（Susan Pearce）率先将索绪尔有关语言和言语的理论观点应用到博物馆研究中，集中体现在她关于夹克（jacket）的研究中[⑥]。

---

① Ferdinand de Saussure. *Course in General Linguistics*. W. Baskins trans., London: Fontana, 1974, pp. 65-67.

② Ferdinand de Saussure. *Course in General Linguistics*. W. Baskins trans., London: Fontana, 1974, p. 78.

③ Ferdinand de Saussure, *Course in General Linguistics*. W. Baskins trans., London: Fontana, 1974, pp. 8-17.

④ Rhiannon Mason. Culture Theory and Museum Studies. *A Companion to Museum Studies*. MA and Oxford: Blackwell Publishing, 2006, p. 19.

⑤ 〔法〕克洛德·列维-斯特劳斯著，刘汉全译：《嫉妒的制陶女》，北京：中国人民大学出版社，2006年，第200—201页。

⑥ Susan Pearce. Objects as Meaning; or Narrating the Past. *Interpreting Objects and Collections*. London and New York: Routledge, 1994, pp. 19-29.

皮尔斯认为，符号之所以能够传递意义，是因为它承载着与过去的永久性关系。多伦多大学符号学家埃德温纳·特波尔斯基（Edwina Taborsky）采用文本分析与符号学的理论，将物与社会的本质阐释置于博物馆空间中，为此，她提出了“三重现实（three realities）”的分析框架来描述与定义群体意义的生成与运用：包括物与行动的物质现实（material reality）、相对稳定的群体现实（group reality）、符号意义阐释的个体现实（individual reality）①。为了解读博物馆三重现实的内在关系，特波尔斯基提出了两个认知范式：基于话语的互动结构和基于观察的互动结构②，以此来解读作为文本的博物馆空间内物、人、社会之间的多层次关系。

作为一个意义生产的空间，传统博物馆与生态博物馆都可以作为文本来进行实践与分析，即对具体社会场景中多重意义进行拆解、分析与综合。无论形式要素是物件、建筑物、实践，还是整个地方；物、人、地方之间的多层次关系是始终存在的。因此，生态博物馆的研究离不开传统博物馆领域的文本分析理论，这种视角将有助于我们将物、人与地方置于更宽广的关系网络中进行阐释。

二、诗学与政治学

20世纪80年代，人文社会科学领域的“话语转向”和“人类学表述危机”③成为当今社会与知识社会学范畴中最具影响力的思潮，文学批评、艺术研究作为“他山之石”引领了这个充满吊诡意味的逻辑体系与价值体系。作为一种文学修辞，诗学与政治学（poetics and politics）被其他学科

---

① Edwina Taborsky. The Discursive Object. *Interpreting Objects and Collections*. London and New York: Routledge, 1994, pp. 54-58.

② Edwina Taborsky. The Discursive Object. *Interpreting Objects and Collections*. London and New York: Routledge, 1994, p. 58.

③ 〔美〕詹姆斯·克利福德、乔治·E. 马库斯编，高丙中、吴晓黎、李霞译：《写文化：民族志的诗学与政治学》，北京：商务印书馆，2006年；〔美〕乔治·E·马尔库斯、米开尔·M·J·费彻尔著，王铭铭、蓝达居译：《作为文化批评的人类学——一个人文学科的实践时代》，北京：生活·读书·新知三联书店，1998年。

的文化研究所借用，成为书写有关文化的矛盾与张力现象的术语。

何为诗学与政治学？追溯其自身的“元话语”“元隐喻”似乎也变得不可能，它们已成为当下多元声音与研究范式的象征与符号。霍尔在其《表征的运作》一文中，将诗学与政治学作为两种理论脉络发展的结果——一种致力于弄清语言和意指（语言中各种符号的使用）的运作是如何生产各种意义的，这是来源于索绪尔与罗兰·巴特（Roland Barthes）的符号学方法；另一种追随的是福柯的观点，致力于弄清话语和话语实践生产知识的方法[①]。亨里埃塔·利奇（Henrietta Lidchi）基本上延续了这种定义与阐释，认为诗学是关于博物馆展览中意义的内在表达与生产的实践，而政治学则是关于博物馆在社会知识生产中的地位与作用[②]。可以说博物馆诗学与政治学的表述基本涵盖了围绕博物馆收藏、研究、展览、教育所出现的一系列相关议题，这两种既是理论又是方法论的研究视角，在应用到具体的博物馆实践与博物馆分析时，具有很强的阐释力。从字面意思来看，诗学与政治学本就是一对相互矛盾的组合：前者表征的是一种杂合艺术、美学、浪漫、边缘、他者、地方主义、少数族群的情感话语；而后者表征的是一种科学、权力、治理、中心、启蒙、自我、民族国家、主流群体的理性话语。

从某一博物馆场景或共时性的层面来看，有关诗学与政治学的清晰表达在现实的博物馆与社会场景下相互交织在一起，使得这两者中的任何一个都变得面目全非、不可辨认。除此之外，诗学作为一种艺术与美学的表达，还具有一种“非政治化”的力量，对现有的知识、权力、历史叙事进行解构与挑战，它作为政治学表征的意义基础在一定程度上是反政治学的。这一对充满张力的关系组合在人类学博物馆中体现的尤为明显。王嵩山认为人类学与博物馆结合了浪漫主义与启蒙运动，从浪漫主义人类学导出历史性和稀奇古怪且各异其趣的可取之处；启蒙经历致力于在丰富多

---

① 〔英〕斯图尔特·霍尔著，徐亮、陆兴华译：《表征的运作》，《表征——文化表象与意指实践》，北京：商务印书馆，2003年，第62页。

② 〔英〕亨利埃塔·利奇著，徐亮、陆兴华译：《他种文化展览中的诗学和政治学》，《表征——文化表象与意指实践》，北京：商务印书馆，2003年，第151—223页。

彩的人类表现中，寻找秩序和内在理性[①]。也就是说，博物馆作为一个意义生产的空间，不仅包括物与文化所表征的意义与价值，而且还涉及一系列与博物馆机构有关的理性与秩序。在伊文·卡普（Ivan Karp）和斯蒂文·莱文（Steven D. Lavine）主编的论文集《展览文化：博物馆展览的诗学与政治学》[②]一书中，多位学者分别从“文化与表征”“艺术博物馆、国家认同和少数族群文化地位”“博物馆实践”“节日”“博物馆视野中的其他文化”等几个方面从博物馆展览的诗学与政治学方面讨论了多元文化主义视角下的社会议题。

从历史谱系来看，诗学与政治学议题具体体现为上文所说的启蒙、理性、中心与浪漫、情感、边缘之间的张力。理性与人文在博物馆发展史中的更迭可以通过肯尼斯·哈德森（Kenneth Hudson）对于历史博物馆的论述得以窥见，他认为，现代历史博物馆经过了四个阶段的发展：继承过去文明遗产证明自身合法性，民族主义的浪漫主义思潮，重回乡土的现代性反思，以及最近倡导边缘历史贡献的社会史运动[③]。自从民族国家的科学理性传统建立以来，政治学的修辞以“科学”与“文明”为口号，展开了一系列理论建构，最为传统的当属古典进化论的文化序列模式。随后的诗学尝试则从民族精神、传统怀旧、社会史运动等方面解构这一充满西方意识形态与文化霸权的一元结构。与此同时，西方的意识形态传统在二战以后逐步转移到第三世界新兴国家层面，以民族国家为诉求的政治学始终存在。从艺术领域来说，在瓦尔特·本雅明（Walter Benjamin）所说的“机械复制时代”[④]来临前，艺术一直是西方文明精神进化的象征，并以此与

① 王嵩山：《文化传译：博物馆与人类学想象》，台北：稻香出版社，2000年，第175—224页。

② Ivan Karp, Steven D. Lavine ed. *Exhibiting Cultures: The Poetics and Politics of Museum Display*. Washington, D. C: Smithsonian Institution Press, 1991.

③ 〔英〕肯尼斯·哈德森著，徐纯译：《有影响力的博物馆》，屏东：台湾海洋生物博物馆，2003年，第134—136页。

④ 〔德〕瓦尔特·本雅明著，许绮玲、林志明译：《迎向晨光消逝的年代：本雅明论艺术》，桂林：广西师范大学出版社，2008年，第57—114页。

非西方社会相区别[①]。突出表现在“西方——艺术品（work of art）”与“非西方——人工制品（artifact）”之间的划分。20世纪初，“为艺术而艺术”的西方权威崩溃后，被解放的艺术及艺术品与新兴的经济、政治与文化力量共同取代了过去艺术自说自话的本质化局面，看似乐观的艺术表述却面临着一个新的危机。“为艺术而艺术”的自治领域被日益膨胀的艺术市场、资本运作以及艺术制度所接管，有关差异、区隔与不平等的隐喻表述再次驯服了刚刚解放的艺术[②]。

总而言之，1789年法国大革命的爆发为公共博物馆的诞生创造了条件，从博物馆诞生之日起，以理性、秩序、民族国家、公众教育等要素为特色的启蒙精神和以艺术、文学、地方、民间习俗等要素为特色的浪漫主义一直伴随着博物馆的历史发展。从某种意义上来说，博物馆与社会文化发展具有同构性，共同经历了一系列的意识形态与观念的变迁——大众教育的治理术、人类学的他者观、边缘文化（人群）的表征以及“诗学与政治学”的解构与反思。因此，启蒙精神与浪漫主义双重性矛盾在博物馆空间内，以诗学与政治学的修辞手法不断地进行历史性的“展演”，并在不同时期平衡着博物馆自身存在的价值。

从某种意义上来说，生态博物馆运动可以算是博物馆学领域内的一次“诗学”尝试。传统博物馆基本上以民族国家的意识形态建构为己任，它们着眼于宏大的国家叙事，对地方社会的认同与自治视而不见；生态博物馆强调走向社会，其实践则着眼于地方小环境的自然与人文资源，主张从地方的集体记忆与认同中寻求文化遗产保护以及发展的可能性。因此，在理解生态博物馆实践时，我们不仅要从生态博物馆的外在形态与特征观察其基本面貌，而且还需要以传统博物馆为参照，从诗学与政治学的历史谱系与话语结构诠释生态博物馆的本质及意义。

---

① Paul Stoller. Circuits of African Art / Paths of Wood: Exploring an Anthropological Trail. *Anthropological Quarterly*, 2003(2), p. 211.

② 详见尹凯：《等级、差异与隐喻：艺术与博物馆空间的重塑》，《中国博物馆》2014年第4期。

第四节 本书的结构与章节安排

第一章首先交代了生态博物馆的当代价值。在笔者看来，生态博物馆的概念、模式、起源、历史等方面的研究是思考生态博物馆价值的基础。换句话说，意欲探寻生态博物馆的价值，上述思考是必须具备的条件。我们不能想象，一个无法区分发现型生态博物馆（discovery ecomuseum）和社区型生态博物馆（community ecomuseum）[①]及其背后差异的学者能有资格去评判生态博物馆的得失，进而赞扬或哀叹它的成功或失败。生态博物馆的当代价值依然重要，并持续散发着光辉。就传统博物馆的未来运作、无形文化遗产的保护、社区参与和民主进程，人、遗产、地方的整体关照等方面而言，生态博物馆成为了一种有效介入跨学科研究的思想工具、理论武器和方法路径。

除此之外，第一章还包括相关理论和方法论两部分，前者是生态博物馆的两个母体——博物馆与地方的相关理论综述；后者涉及生态博物馆研究的相关方法，那就是文本研究法、意义阐释法和政治学方法。在学术史视野中，有关博物馆诸多面向的论述不仅体现了不同学科对同一文化机制的理解与阐释，而且还勾勒出了对其认知的不断演变与修正的轨迹。庙宇或论坛，治理或公共，异托邦或接触地带，这些术语早已超出了其原本涵义，指涉着专业性、民主性、公共性、政治性、殖民性、后现代等学术与社会思潮的广泛语境。需要指出的是，这些复杂的多重面向对生态博物馆而言同样有效：生态博物馆是对地方社会的治理，还是当地群体民主参与的工具？当谈及地方和地方感时，笔者综述了全球化时代以来，有关地方

---

① Shahab Nazariadli. Mehraneh Rayatidamavandi. A Survey on Current Situation, Problems and Requirements of Ecomuseums (With Particular Reference to Their Historical and Philosophical Backgrounds). *American Journal of Scientific Research*, 2011(19), pp. 91-103. 此外，这两种类型的生态博物馆还有其他的称谓，比如周佳桦将其命名为园区式生态博物馆（natural park ecomuseum）和社区式生态博物馆（community ecomuseum）。周佳桦：《法国生态博物馆——“演化型”定义及理论概念初探》，《博物馆学季刊》2017年第1期。

特殊性的学术关照是如何展开的。在地方层面探究地方精神和地方意识是诸多文化运动的使命。尤其是在人类学整体主义和经典民族志书写的影响下，地方社会中的物件、建筑、民俗、仪式、实践只有在触及地方精神，或文化体系的意义之网时才变得可以理解。生态博物馆作为一项介入地方的文化工具，其过程与效果也是建立在理解地方的基础之上的。

就方法论而言，博物馆和生态博物馆都不约而同地有一种特质，即“可参观性”，这是一种将不可见转变为可见的意义生产能力。基于这样一个社会事实，我们不得不追问两个问题：其一，这个充满意义的文本或表征体系是如何建立起来的；其二，建构文本或表征体系的内容、形式、主体、逻辑为什么是这样的而非其他。前者大体指的是诗学，后者大体指的是政治学。需要注意的是，诗学与政治学并非仅仅是剖析文本或表征体系的两条共时性路径，在笔者看来，它们两者同时构成了启蒙辩证法在历史进程中的不断展演。犹如启蒙与浪漫、文明与文化的结构关系一般，博物馆世界也是结构性的整体，生态博物馆在历史维度上是以诗学的姿态面世的。

整体而言，第一章呈现的是与生态博物馆思想、理论与实践相关的人文学科领域的一些有益思考与探索。这些研究成果对于理解何为生态博物馆、生态博物馆的困境、生态博物馆的价值具有重要的意义。

第二章题为“谱系、哲学与历史：何为生态博物馆”，主要分为三节，从整体上梳理了生态博物馆在西方出现的发生学机制、概念与内涵、理论框架与具体实践。在第一节中，笔者从社会史运动、地方价值发现、传统博物馆反思、生态与环境议题四个方面论述了生态博物馆为什么会出现于20世纪70年代的西方社会。在第二节中，笔者将关注的焦点放置于生态博物馆的概念与内涵方面。笔者采取词源学和阐释学的研究路径，从“eco”和“museum”的出现和流变谈起，试图廓清作为合成词的“ecomuseum”的哲学内涵和指涉意义。第三节则涉及生态博物馆的操作模式、实践评估及其扩展轨迹。如果生态博物馆要实现从理论到实践的转变，那么除了描述其从法国到世界的实践外，如何操作的抽象模式也是学者关注的焦点。从理论到实践、从实践到实践，辨明生态博物馆“真身”的评估方案也就逐渐成形，并经历了一番变化。

第三章则将生态博物馆的革命之火纳入到中国语境。在这一章中，笔者从理论与实践两个层面描绘了生态博物馆运动在中国的三十年历程。从理论层面来看，苏东海独具魅力的理论洞见构成了中国生态博物馆的“苏氏话语”。从理论的引进到实践的思考，从实践的思考到全面的反思，“苏氏话语”伴随着中国生态博物馆走过了三十多年的风雨历程，它在某种程度上成为我们认识与理解生态博物馆运动的基础与底色。从实践层面来看，中国生态博物馆运动呈现为两个发展阶段：表征民族的早期实践和发现地方的多元实践。此种划分并非在于夸大民族和地方之间的差异，当然早期的生态博物馆运动也是一种地方性的实践逻辑，但是民族色彩无疑是首要考虑的。贵州与广西的生态博物馆早期实践具有非常强烈的少数民族意味，从某种意义上来说是民族类博物馆的国家策略的延伸；山西、浙江为代表的后期生态博物馆实践因为汉人社会的原因而避免了民族话语的介入，因此呈现出相对明显的发现地方的逻辑。这一时期生态博物馆多元化的理论反思在某种程度上影响了相关的生态博物馆实践，多元化尝试开始逐渐出现在生态博物馆的具体实践中。在本章的最后一部分，笔者系统梳理了自2005年贵州生态博物馆国际论坛召开以来，国内学者对生态博物馆现象所进行的多元阐释。有些学者基于自身的学术训练和研究视野来解读生态博物馆，有些学者基于参与经历和实地调查来反思生态博物馆，更多的学者则站在博物馆学的立场，梳理、分析与探究生态博物馆在理论与实践层面上的本土特色。

与第二、三章的理论梳理与讨论不同，第四章与第五章的内容则属于经验研究范畴。第四章主要呈现生态博物馆介入地方的过程，以及生态博物馆是如何在抽象和具体两个层面制造“接触地带”的。在第一节，笔者通过山西平顺和浙江松阳的项目实践，讨论了生态博物馆是如何成为专家学者和县级领导、村支书、村民之间交流互动的平台。在不可见的“接触地带”，各方对生态博物馆的认识与表述存在着不对等的关系，甚至会出现故意曲解的现象，笔者对此进行了深入分析。在随后的两节中，笔者依照生态博物馆的自身实践逻辑，将关注点放置于生态博物馆在地方所构筑的可见的“接触地带”上，这一地方空间由资料信息中心（或认知中心）和村落整体展示体系构成。为了具体探讨相关问题，笔者以山西豆口村和松阳西田村的田野材料为例，分析了资料信息中心（或认知中心）建构的过程，以及村落整体展示体验体系形成背后的内在逻辑。

在第五章中，笔者延续了第四章有关“接触地带”的讨论，将生态博物馆运动的探讨引入到“地方感”命题上。生态博物馆与地方之间具有天然的“异形同构（homology）”关系，是否准确无误地认知地方、理解地方将是衡量生态博物馆实践成功与否的前提。首先，笔者以不同主体——个体、集体、局外人、生态博物馆的地方认知来说明地方概念以及内涵的复杂性，这一部分为理解地方提供了比较研究的视野。其次，笔者反思了生态博物馆自身哲学概念与地方复杂性之间的错位关系，即生态博物馆与“小地方”之间建立的对等关系和载体关系在实际的操作层面遇到的挑战。在现代性急剧扩张的今天，地方充满了开放性和流动性，生态博物馆对地方相对封闭的边界表述面临着展示与解说的失效。最后，笔者再次回到“地方”与“地方感”概念，从文化阐释与社会分析两个层面分析生态博物馆制造“地方感”的合理性与合法性究竟何在：生态博物馆是通过对可见的地方景观的发现、解释与再造来制造“地方感”的。这种基于遗产符号体系的地方意象从某种意义上说具有了无限接近地方本质及其意义的可能性，因而成为一种可操作的文化实践范式[①]。

① 在讨论生态博物馆与地方之间的关系时，笔者为了论述的方便，运用了“地方感”“地方景观”“地方的本质及其意义”等一系列概念与术语：“地方的本质及其意义”可能是笔者首创的一个概念，来自于人文地理学的启发，指的是某个地域范围内，局内人无意识但却具有意图性的整体生活。它构成了地方社会文化网络中最隐晦、也是最核心的要素，是地方社会精神气质与性格的生命力源头。一切以地方为对象的改造活动都应该在触及与把握“地方的本质及其意义”的基础上展开，否则就面临流于表面的危险。“地方景观”指的是“地方本质及其意义”的可见物，从逻辑层面来讲，“地方景观”的可见性建立了地方内部与地方外部的沟通渠道，让理解地方成为可能。“地方景观”可以通过发现、解说与再造的手段和途径达成，从操作主体来说，局内人与局外人都有资格完成对地方景观的塑造与发明。“地方感”又称为“地方意识”指的是外来者通过“地方景观”而获致的有关地方社会的观念认知与情感图景，是一种无限接近于“地方本质及其意义”的方法与路径（详见王嵩山：《博物馆、思想与社会行动》，新北：远足文化事业股份有限公司，2015年，第100—108页）。从生态博物馆与地方的关系层面来看，生态博物馆是一种介入地方的文化工具，它通过遗产和博物馆的路径来发现、解说与再造“地方景观”，从而营造一种可见的“地方感”，以此来达到认知“地方本质及其意义”的终极目的。

较之于第二章和第三章的理论书写、第四章和第五章的实践阐释，第六章和第七章将研究视野转向思想的剖析。第六章将生态博物馆置于新博物馆学出现的时代语境中，着重讨论生态博物馆与传统博物馆学、新博物馆学之间的复杂纠葛。在第一节中，笔者依循新博物馆学的发展轨迹，爬梳了新博物馆学在不同时期的所指，以及新博物馆学中不同学者研究取向的差异。在第二节中，论述了影响生态博物馆思想生成，并持续附着在生态博物馆之上，甚至延续至今的具有时代烙印的一些关键议题，比如发展（社会发展、社区发展）、认同、社区、地方等。在第三节中，笔者对生态博物馆的讨论大体是从三个方面展开的：其一，生态博物馆思想虽属于新博物馆学范畴，但其对传统博物馆学的价值是有目共睹的；其二，生态博物馆思想或者说生态博物馆学的路径为当前的遗产研究提供了丰富的理论和方法论资源；其三，生态博物馆思想的效力不仅止于自身，其价值的光辉波及甚远，如作为生态博物馆学路径之于遗产研究的意义。

第七章的讨论集中于生态博物馆思想的抽象思考与书写。在这一部分，笔者借鉴了卡尔·曼海姆（Karl Mannheim）有关意识形态和乌托邦的知识社会学研究路径，考察生态博物馆在社会生活和政治活动中是如何作为集体行动的工具而发挥作用的。笔者在第一节中考察了生态博物馆思想在西方社会的乌托邦属性与先锋价值，即它如何与新近出现的非理性社会秩序相互勾连并获得边缘声音的政治修辞。生态博物馆不仅是一种理论体系，也是一种实践，因此，生态博物馆在实践的过程中呈现出另一种乌托邦面向：在西方社会具体体现为一种自由主义-人道主义的乌托邦类型。在第二节中，笔者将研究视野转向中国，考察生态博物馆在中国语境下的政治学属性是否延续了西方传统。在中国语境下，生态博物馆运动被民族国家的现代性进程纳入到发展的话语体系内，也就是说，中国的生态博物馆运动在抽象政治学和知识社会学层面上以一种社会主义意识形态的面貌出现。在第三节中，笔者主要从“秩序化”和“国家视角”两个方面反思生态博物馆与地方遭遇时可能面临的困境，生态博物馆在处理地方时，因为它的社会学分析面向和遗产的可见性限制使其对于地方的制造仅仅停留在地方景观层面，因而，这必然导致对地方社会“米提斯”的忽视与阉割。对“米提斯”的态度将是衡量生态博物馆是否真正重绘地方的关键所在。

在第八章，也就是结语部分，笔者分三个方面分别探讨了生态博物馆的哲学之根、生态博物馆与地方的“异形同构”关系，以及中国语境下生态博物馆的现状与未来。如果仅从结果来推论某个现象的价值，我们会陷入目的论的循环状态，现象阐释与过程评价往往比单纯的论断更有解释力。或许因为自身的非理性色彩，或许因为其实践的文化语境，生态博物馆之路似乎一直处于磕磕绊绊的状态。然而生态博物馆的哲学内涵与思想理念已经在实践过程中悄然传播，在其所构筑的“接触地带”持续发酵，生态博物馆重绘地方的效力或许需要我们给予其更多的耐心与时间。

第二章　谱系、哲学与历史：何为生态博物馆

对生态博物馆的关注，其实是一种热情，一种渴望，一种信仰。我们在淡淡的哀愁背后，对倡议者如里维埃的哲人其萎，其谦谦风度及为人类福祉革新的无私精神，依然具有超越性的皈归，自然的肯定。①

生态博物馆运动犹如一部疾驰的列车。从一方面来说，它们确实导致博物馆若干进步，从另一方面来说，却也有一些人跳上这部时髦列车，企图用自己的观点将整个运动改头换面。②

---

① 张誉腾：《生态博物馆：一个文化运动的兴起》，台北：五观艺术管理有限公司，2004年，第9页。

② Francois Hubert. Ecomuseum in France: Contradiction and Distortions. *Museum International*, 1985(4), p. 190.

纵观整个博物馆史的演变轨迹，法国大革命的爆发与生态博物馆运动是具有里程碑式影响的两个历史节点：前者标志着社会公众被正式纳入到博物馆结构中，“教化民众”成为现代博物馆的功能，由此博物馆教育成为可能；后者则标志着博物馆对地方整体及其社区参与的总体关照，拘泥于机构内部的传统博物馆得以反思自我定位与角色，介入地方成为当下博物馆关切的焦点话题。

直至今日，在世界范围内，关于生态博物馆的理论探讨和实践项目依然在进行。四十年间，这一曾经带有时尚光环与先锋意味的革命运动逐渐褪去了激情与狂热，随之而来的是不同文化语境对这一概念的“再发明”与“再生产”。历史往往是极富戏剧性的，生态博物馆在历史的裹挟下几乎席卷整个世界，成为新博物馆学运动，乃至整个博物馆世界的重要力量，并为人所熟知；与此同时，它在历史维度的演变过程中，却以“本土化”的名义一次次地被阐释，其本质内涵与哲学取向变得面目全非。从普遍价值到特殊地方的进程，不仅让人想到了人类学家克利福德·格尔茨（Clifford Geertz）所谓的“地方性知识”[①]，而且也具有博物馆学家克里斯蒂娜·克雷普斯（Christina Kreps）所说的挪用博物馆学（appropriate museology）[②]的意味。

除了生态博物馆实践的文化语境考量外，造成此困局的关键在于生态博物馆概念的开放性，即没有一个固定的“标准定义”。用“共识”代替“定义”在某种程度上并未促进生态博物馆的健康发展，哲学内核的随意性破坏了生态博物馆运动的纯洁性、严肃性与神圣性[③]。过于世俗化的解释与开放性的实践让具有“重绘地方”使命的生态博物馆运动走向歧路。

为此，笔者将在这一章中利用历史学、词源学、谱系学的研究视角，

---

① 〔美〕克利福德·吉尔兹著，王海龙、张家宣译：《地方性知识——阐释人类学论文集》，北京：中央编译出版社，2000年。

② Christina Kreps. Appropriate Museology in Theory and Practice. *Museum Management and Curatorship*, 2008(1), pp. 23-41.

③ 苏东海：《2005年贵州生态博物馆国际论坛小结》，《博物馆的沉思：苏东海论文选（卷二）》，北京：文物出版社，2006年，第529—530页；Peter Davis. *Ecomuseum: A Sense of Place*. London and New York: Leicester University Press, 1999.

讨论生态博物馆出现的学术背景与历史脉络，生态博物馆的哲学内涵与价值诉求，以及生态博物馆理念诞生后在世界范围的实践与调适。与此同时，笔者也将在论述过程中，兼顾相关研究成果，并就一些值得商榷的观点展开讨论，系统整合生态博物馆的谱系、哲学与历史。

第一节 革命何以爆发

为理解生态博物馆的理论根基，梳理生态博物馆诞生的学术谱系与社会情势就变得尤为重要。一切新事物、新思想、新学说的创造不可能凭空出现，生态博物馆运动也不例外，其孕育与诞生具有深刻的历史谱系与当下关怀，是在特定历史场景下对传统资源的追溯与发明。

在国内学术界，关于西方生态博物馆产生原因的学术讨论颇多，但是，这些书写基本上都局限在雨果·戴瓦兰（Hugues de Varine）的传统范式[①]内，即第三世界国家的解放、北美少数族群意识的觉醒、拉丁美洲的革命运动、欧洲社会的去中心化论战、北欧对于传统的重新发现、传统博物馆的精英主义反思。相较之下，戴维斯对生态博物馆起源的论述较为复杂，大体上可分为生态博物馆的早期传统和当下社会需要两个层面[②]。在这一部分中，笔者摒弃一味罗列事实的研究路径，采取形而上的博物馆哲学整合较为零散的“常识”与“事件”，从社会史运动[③]、地方价值发现、传统博物馆反思、生态与环境议题四个方面分别论述具有“第二次博

① 〔法〕雨果·戴瓦兰著，张晋平译：《二十世纪60—70年代新博物馆运动思想和“生态博物馆”用词和概念的起源》，《2005年贵州生态博物馆国际论坛论文集》，北京：紫禁城出版社，2006年，第72—73页。

② 详见Peter Davis. *Ecomuseum: A Sense of Place*. London and New York: Leicester University Press, 1999, pp. 45-79.

③ “社会史”是一个20世纪出现的词汇与思潮，指的是政治史以外的人民的历史或者过去在一个地方居住的人民的历史，包括不同产业阶级人民的经济关系、永远居住于此次的家庭生活性质、劳工与休闲的状态、人对自然的态度。详见G.M.Trevelyan. *English Social History*. UK: Penguin Books, 1979. 转引自〔美〕肯尼斯·哈德森著，徐纯译：《有影响力的博物馆》，屏东：台湾海洋生物博物馆，2003年，第140页。

物馆革命"[①]意味的生态博物馆是如何在法国孕育与诞生的。

一、历史叙事：博物馆与社会史运动

作为"时间机器"[②]和"表征过去"[③]的文化载具，博物馆一直以来就与时间观念、历史叙事有着千丝万缕的联系。历史中的博物馆哲学演变与博物馆中的历史叙事之间具有密切的关系，且相互之间充满着互动与张力。按照哈德森的观点，博物馆的哲学理念在历史维度下经过了四个阶段的发展：继承过去文明遗产证明自身合法性，民族主义的浪漫主义思潮，重回乡土的现代性反思，以及最近倡导边缘历史贡献的社会史运动[④]。其中，重回过去的乡愁叙事与边缘文化的社会史思潮深刻撕裂着传统博物馆的固有结构，新的博物馆形态为完成特定时期的历史叙事而出现，并成为生态博物馆的雏形。重回传统的历史叙事在博物馆形态上体现为北欧的户外博物馆（open-air museum），而强调边缘文化价值的历史叙事则集中体现在英国的工业博物馆（industrial museum）和美国的邻里或社区博物馆（neighbourhood or community museum）。

当无情的历史车轮在碾压传统、忘我前进的时候，总有一些时代的清醒者站出来以浪漫主义或理想主义的宣言来试图挽救即将失衡的整体社会。瑞典人阿图尔·哈左勒斯（Artur Hazelius）正是在工业革命瓦解北欧传统社会时有所行动的那个清醒者。1872年，哈氏在与妻子造访湖泊之乡——达拉纳省（Dalarna）时，发现该省原有的愉悦、协调和高度个性

---

① "第二次博物馆革命"（the second museum revolution）指的是两个方面的内容：从理念层面来看，博物馆开始体认到其社会角色与教育角色；从实务层面来看，寓教于乐、物件展示的活力、整体观成为基本法则。详见Peter van Mensch. *Towards a Methodology of Museology*. PHD thesis, University of Zagreb, 1992.

② Robert Lumley ed. *The Museum Time-Machine: Putting Cultures on Display*. London and New York: Routledge, 1988.

③ Kevin Walsh. *The Representation of the Past: Museums and Heritage in the Postmodern World.* London and New York: Routledge, 1992.

④ 〔美〕肯尼斯·哈德森著，徐纯译：《有影响力的博物馆》，屏东：台湾海洋生物博物馆，2003年，第134—136页。

化的生活方式居然开始消失，工业革命带来的市场繁荣极大地改变了当地的传统饮食习惯、服饰，甚至宗教信仰①。瑞典语专业出身的哈氏在挽救国家基本精神的宗旨上，开始系统收集古旧的服饰、家具、工具、图画、音乐、舞蹈和民间谚语等，以此来保存、研究和了解物背后所承载的文化。1873年，哈氏成立了可供民众参观的斯堪的纳维亚半岛民族志博物馆（the Museum of Scandinavian Ethnology）。1891年，世界上第一座户外博物馆落户于斯堪森（Skansen），成为微缩版的传统瑞典②。随后欧洲与美国在此影响下诞生了一系列户外博物馆③。

虽然哈氏的户外博物馆经常因为使传统建筑脱离原本的环境而为人所诟病，但这种几近苛刻的“当下批评”并不能抹杀它的伟大。哈氏对于生态博物馆哲学的贡献集中在以下几个方面：首先，让人们了解自身的历史传承与国家遗产，唤醒国家和社区的文化意识，真正做到认识自我（Know Thyself）④；其次，哈氏摒弃了玻璃柜加标签的传统展示手段，采取功能性的展示（functional exhibits），譬如场景再现、图像造景、蜡像室、实物模型等博物馆技术；最后，斯堪森博物馆超越了建筑物与物品收藏与展示的传统静态模式，取而代之的是通过手工艺、音乐、节日、舞蹈等活动将其变成一个活态场所（living site）⑤。哈氏的户外博物馆强调回到传统的历史叙事、功能性的场景展示和人们对非物质遗产的参与和互动已经开始瓦解传统博物馆的根基，并为生态博物馆哲学带来一丝曙光。

第二次世界大战（简称二战）以后，西方社会开始进行全面而系统的反思，这股潮流带来了边缘人群追求文化复兴的“战争画面”。具体而

---

① 〔美〕爱德华·波特·亚历山大著，李惠文译：《哈左勒斯与斯堪森户外博物馆》，《博物馆学季刊》1996年第1期。

② Peter Davis. *Ecomuseum: A Sense of Place*. London and New York: Leicester University Press, 1999, p. 48.

③ 详见Gaynor Kavanagh. *History Curatorship*. London and New York: Leicester Unversity Press, 1990.

④ 〔美〕爱德华·波特·亚历山大著，李惠文译：《哈左勒斯与斯堪森户外博物馆》，《博物馆学季刊》1996年第1期。

⑤ Peter Davis. *Ecomuseum: A Sense of Place*. London and New York: Leicester University Press, 1999, p. 48.

言，在英国体现为工人阶级对民俗文化与日常生活的需求，在美国则体现为移民群体对自我意识与价值的诉求。

20世纪60年代，英国开始出现呈现文化多样和地方差异的民俗博物馆和工业博物馆概念。70年代，一些主要的博物馆机构相继建立，比如铁桥谷博物馆群（the Ironbridge Geoge Museums）[①]和比米什博物馆（Beamish Museum）。这些运动彰显着一种博物馆哲学，即保留新近的关于工业革命的集体记忆，抢救那些技术与工艺，理解人们过去的生活方式，也就是哈德森所说的“家园的历史与习俗”[②]。这一新的认知、态度和方法将关注的焦点放在刚刚经历过的工业社会中，超越了哈氏对于传统的追忆。同时，英国的博物馆革命还将博物馆与地方重要性（significance of place）联系在一起，流露出一种略显“实用性”的生态博物馆哲学。

几乎同时，文化多元主义席卷了大洋彼岸的美国大陆，博物馆作为重要的文化机构，需要应对不同群体和多重声音的文化权利主张与社会议题。约翰·金纳德（John Kinard）与其创立的安纳考斯提亚邻里博物馆（Anacostia Neighborhood Museum）以观众发展和社区赋权的理念[③]回应了社会变迁所带来的挑战。1967年成立的邻里博物馆没有常设展览，只有聚焦现实并富有启发性的临时展览，主要探讨社区的历史、非洲专题、黑人（尤其是女性）的社会地位[④]。安纳考斯提亚邻里博物馆强调社区民众实际参与并解决社会问题，成为社区博物馆自开创以来一直秉持的重要理

---

① 周佳桦曾撰文指出，1971年，尼尔·考森斯（Neil Cossons）参与博物馆的草创和建馆，并对博物馆未来有明显的任务界定，即铁桥谷博物馆是“以消费者的眼光实际来处理原址保护的课题”。营利、利润与损益两平的表述偏离了生态博物馆的初衷，因此不能被称之为生态博物馆。详见周佳桦：《法国生态博物馆——“演化型”定义及理论概念初探》，《博物馆学季刊》2017年第1期。

② 〔美〕肯尼斯·哈德森著，徐纯译：《有影响力的博物馆》，屏东：台湾海洋生物博物馆，2003年，第132—168页。

③ Peter Davis. *Ecomuseum: A Sense of Place*. London and New York: Leicester University Press, 1999, p. 51.

④ John Kinard, Esther Nighbert. The Anacostia Neighborhood Museum, Smithsonian Institution, Washington, D.C. *Museum International*, 1972(2), pp. 102-109.

念[①]。金纳德的博物馆哲学充分体现在他的文章与博物馆实践中，在1985年的一篇回顾性文章中，他总结提炼了美国邻里博物馆成功的关键在于参与（involvement），即面向未来的博物馆必须与社区民众建立联系，让他们更好地理解日常生活的重要性，并为他们提供理解与应用的信息，以充分应对随时出现的社会议题[②]。

通过上文的梳理与分析，笔者从博物馆历史叙事和社会史的视野分析孕育生态博物馆哲学的社会思潮与博物馆实践。关注过去和现在的“历史感”与关注社区和民众参与的双重哲学要素逐渐出现在这些新的博物馆类型中，这些思想与学术遗产在20世纪70年代左右集体爆发，以“生态博物馆”为载体被继承，并发扬光大。

二、地方价值：自我发现的认同

凯文·沃什（Kevin Walsh）曾在《表征过去：后现代世界的博物馆与遗产》一书中提到因“地方感”丧失而带来的现代性焦虑。在他看来，工业化、后工业化以及都市化的议题让人们无法理解或欣赏地方的建构过程，过去被形塑成为一种制度理性化的形态，这种陌生化之旅导致了人们的茫然无知，进而丧失地方意识[③]。在现代化的进程中，民族国家通过空间的控制与操纵实现了一种“消灭差异，制造同质”的治理技艺，随之而来的全球化现象则通过经济、市场、资本等要素制造了流动性与无根性。20世纪下半叶，被日益阉割掉的地方、社区、差异与文化认同逐渐被意识到，“去中心化”的地方意识和反思理性的民主情绪开始蔓延，并逐步在现代性的框架内重新发现和重绘地方。

毫无疑问，作为生态博物馆实践的场所，“地方”特有的社会文化范畴在时间和空间两个向度为生态博物馆提供了表达自我的机会；同时，

① 陈佳利：《社区博物馆运动：全球化的观点》，《博物馆学季刊》2004年第4期。

② John Kinard. The Neighbourhood Museum as a Catalyst for Social Change. *Museum International*, 1985(4), pp. 217-223.

③ Kevin Walsh. *The Representation of the Past:Museums and Heritage in the Post-modern World.* London and New York: Routledge, 1992, p. 176.

生态博物馆以其特有的理念与哲学诉求，成为失落地方重新发现自我、重绘自己的助推器（facilitator）。作为生态博物馆理论与实践的母体之一，“地方”的历史谱系与传统主要来自于两个方面：德国的祖国博物馆（heimatmuseum / homeland museum）“重建民族精神”的传统和法国的乡村博物馆（folklore museum）“重回乡土”的民主取向。

无论是民族志博物馆，还是祖国博物馆，德国博物馆的发展与其国家性格和气质有密不可分的关系，体现了赫尔德民族精神概念在德国的延续、发展与复活。1933—1945年，被称为生态博物馆“误入歧途的先驱（perverted forerunner）”的祖国博物馆开始出现，并一度超过2000家。作为一种地方博物馆形态，祖国博物馆的背后哲学在于通过大众文化的传播，增加个人与环境、地方与国家之间的关系。这一极具教育模式与整体观念的博物馆形态是20世纪30年代欧洲大陆上民俗文化热潮在德国的“变体”。阿尔弗雷多·克鲁斯-拉米雷斯（Alfredo Crus-Ramirez）曾撰文总结过这一博物馆形态的哲学创新：即强调物件藏品的可利用性和实用性，强调博物馆教育功能的发挥，以及服务现在与服务人民的宗旨[①]。虽然，由于政治意识形态的影响，祖国博物馆最终走向了为种族主义服务的歧路，但是它所彰显的博物馆哲学为后来生态博物馆的诞生提供了启蒙与滋养，甚至被称为“真正的现代博物馆”的创新先驱[②]。

在发现“地方价值”层面，德国和法国的博物馆实践虽然都有这方面倾向，但是其哲学诉求却截然不同：德国的地方博物馆实践在于消解地区之间的差异，强调国家与民族的同质性与整体性[③]；而法国的乡村博物馆实践除了浓厚的法国农村传统外，更多的考虑在于以差异性的地方认同与归属来解构“中心化”的政治权力。

---

① Alfredo Crus-Ramirez. The Heimatmuseum: A Perverted Forerunner. *Museum International*, 1985(4), pp. 242-244.

② Doninique Poulot. Identity as Self-Discovery: The Ecomuseum in France. *Museum Culture: Histories, Discourses, Spectacles*. Minneapolis: University of Minnesota Press, 1994, p. 70.

③ Peter Davis. *Ecomuseum: A Sense of Place*. London and New York: Leicester University Press, 1999, p. 51.

法国对于乡村与地方价值的谱系与传统来自于三个方面：首先与乔治-亨利·里维埃（Georges-Henri Riviēre）和其所筹建的法国国立民俗传统艺术博物馆（France's Musée National des Arts et Traditions Populaires，下文简称ATP[①]）有关[②]；其次与法国的传统农民生活和以马克·布洛赫（Marc Bloch）为首的法国年鉴史学的历史书写有关；最后还与法国长期以来的集权制度以及忽视地区特殊性的文化遗产政策密不可分[③]。作为生态博物馆哲学的摇篮和当代博物馆与文化遗产试验地，法国自身的学术与历史传统需要被重新体察，以此来探寻生态博物馆诞生的哲学、历史与谱系。

法国的生态博物馆哲学根源于法国的殖民主义遗产和民族学学术传统，20世纪30年代法国对于“传统”与“原始”的兴趣从“异域”转向“本土”，1937年，国立民俗传统艺术博物馆获得独立，以“民俗”为核心研究的制度化象征得以确立[④]。大规模的农业与技术调查计划在法国境内展开，以“乡村社会”为研究对象的民俗学研究在历史学、人类学地理学、民族学的助推下得到极大的发展，里维埃、保罗·里弗（Paul Rivet）和列维-斯特劳斯共同策划的博物馆展览已经初具生态博物馆哲学萌芽。首先，将物品放置在原来生态环境中来构建意义，重建日渐消逝的乡村文明；其次，对物质文化的关注，超越了技术与实用的范畴，在结构主义大师列维-斯特劳斯的影响下，开始关注物质文化的形而上范畴，包括象征、意义与宇宙观；最后，关注文化或文明变迁演化的事实，试图建立一个整体而动态的文化图景。纵观里维埃在二战期间所做的一系列思考与实践，我们可以发现他对物质文化、乡村文明以及博物馆哲学的关注。

---

① 也就是National Museum of Popular Arts and Traditions，位于法国巴黎。

② Daniel Sherman. “Peoples Ethnographic”: Objects, Museums, and the Colonial Inheritance of French Ethnoloy. *French Historical Studies*, 2004(3), pp. 669-703.

③ Doninique Poulot. Identity as Self-Discovery: The Ecomuseum in France. *Museum Culture: Histories, Discourses, Spectacles*. Minneapolis: University of Minnesota Press, 1994, p. 75.

④ 许功明：《法国民族学博物馆物质文化研究与收藏作业之整合关系》（下），《博物馆学季刊》1993年第2期。

里维埃成功继承了法国的民族学、帝国主义与殖民遗产，并将其以田野调查为核心的研究框架带到法国的民俗文化与博物馆领域，并最终促成生态博物馆理念的萌发。

法国乡村社会在19世纪末到20世纪初经历了解体、改造与变化的动荡，农业自然经济、手工业、农村公社，以及相应的传统观念在工业革命的冲击下逐渐衰落，人口迁徙与流动、城镇化的发展等一系列社会事实相继发生[①]。知识界也相应对这些社会层面的变化有所回应，法国的乡村社会研究发端于社会经济史研究，成为理解法国社会与文明的通道，这一时期的研究主要集中在乡村社会的阶级、人身与财产状态以及土地问题[②]。法国乡村社会研究的全面发展来自于法国年鉴史学家的影响，“乡村”作为一个独立的研究对象成为理解过去与现在的镜子。其中比较有代表性的人物包括布洛赫[③]、简·莫弗莱（Jean Meuvret）、皮埃尔·古贝尔（Pierre Goubert）、埃马纽埃尔·勒华拉杜里（Emmanuel Le Roy Ladurie）[④]等。他们的研究贡献在于试图进行“地区的总体史”书写，以此来关照乡村社会的整体生态风貌。作为浓厚历史传统的拥有者和寄托乡愁的载体，“乡村”成为不同知识、思想与政治表达相继争夺的竞技场。对于20世纪中叶的法国社会来说，关于“乡村社会”研究的贡献在于：通过对乡村的“制造”与“发明”，使其成为“去中心化”的民主表达工具。

毫无疑问，法国是欧洲大陆上具有悠久中央集权制传统的国家，法国的国家主义观念体现在以考古和艺术性文化机构完成对人民的教化，所谓差异性的地方认同观念并未实现制度化的合法性表达。20世纪20年代以来，公共民主价值观念通过对公共遗产和地方特性的强调而得以建

---

① 许平：《法国乡村社会从传统到现代的历史嬗变》，《北京大学学报》（哲学社会科学版）1994年第3期。

② 熊芳芳：《法国的乡村史研究》，《史学理论研究》2007年第3期。

③ 〔法〕马克·布洛赫著，余中先、张朋浩、车耳译：《法国农村史》，北京：商务印书馆，1991年。

④ 〔法〕埃马纽埃尔·勒华拉杜里著，许明龙、马胜利译：《蒙塔尤：1294—1324年奥克西坦尼的一个山村》，北京：商务印书馆，2007年。

构，关于重建历史过去、重建地方认同的文化实践实际上是一种政治性的策略，即解构法国传统上的以“抽象文明教化”为特点的行政管理文化（politico-administrative culture）[①]。作为文化项目，标榜多元文化价值观念的实践实际上促进法国市民文化自我认知与成熟。

三、遗传变异：传统博物馆的反思

在上文中，笔者分别就生态博物馆哲学中所包含的学术遗产——“历史感（sense of history）”和“地方感（sense of place）”进行了详细论述。接下来，笔者将从生态博物馆哲学的另一母体——博物馆入手分析生态博物馆的蜕变。从宏观层面来看，作为一种“风貌”，生态博物馆因其对社会、文化与地方景观的关照而与其所处的社会之间达成某种性格上的默契。当社会提出要求时，传统博物馆为什么没有在自身的结构框架内对其进行修正，以完成社会文化表达的效用呢？从传统博物馆到以生态博物馆为先锋的新博物馆学运动是一种学术遗产继承基础上的自我反省，还是在哲学层面具有不同风格的两种“范式（paradigm）”呢？如果是前者，那么在相同结构母体中，变体是如何完成遗传变异的？如果是后者，那么迥然不同的结构性断裂是什么呢？

在这一部分中，笔者将把学术界中这两种截然不同的声音作为论述的基础，立足于传统博物馆的“问题地带”，以及与生态博物馆形成的张力关系，系统梳理生态博物馆是如何继承传统博物馆的学术遗产，又发生了哪些变化。总的来说，生态博物馆哲学基本上延续了传统博物馆的结构模式，笔者也将遵循收藏、展示与教育的博物馆功能要素，对生态博物馆与传统博物馆的联系与差异进行分析与阐释。

从藏品维度来看，物件依然是博物馆哲学的关键，生态博物馆的藏品观与传统博物馆区别体现在两个方面：首先，他者物件的分离与迁徙[②]，

① Doninique Poulot. Identity as Self-Discovery: The Ecomuseum in France. *Museum Culture: Histories, Discourses, Spectacles*. Minneapolis: University of Minnesota Press, 1994, p. 79.

② 参见尹凯：《物的诠释与沟通——当代博物馆藏品的学术思考》，《中国民族博物馆研究2016》，北京：民族出版社，2017年，第16—18页。

即物件的博物馆化（museumification of objects）被抛弃，取而代之的是则是某个地区传统文化的整体保护，即将物件放置在原有的自然、社会与文化背景中进行展示与解说。这一“整体性保护”的原则在逻辑上克服了物件与原初社会分离带来的认识论上的缺陷，碎片化和去场景性的收藏困境得到了解决。其次，生态博物馆的藏品观具有极大的广延性和包容性，其范围突破了传统意义上的物件范畴，包括了建筑、自然、景观、地点、文化认同、集体记忆、传统习俗、人等要素。这种将村落或者区域“博物馆化”的哲学受到人类学“整体观”的强烈影响，系统而整体地呈现某一地方的各种文化要素，并从时间和空间两个维度进行综合考量。

无论我们是否承认，传统博物馆的展览策略因其涉及模仿（imitation）、再现（representation）与表现（expression）等概念①，具有很强的政治学意味，其哲学逻辑一直遵循“已文化合法性”的书写范式。当然，分析一个博物馆展览应该综合考虑策展者、知识体系、时代、政治意识形态等要素的影响，但为说明生态博物馆与传统博物馆在展览上的关系，我们将关注焦点放在展示类型上。从某种程度上说，将物件置于原初社会的展示类型促成了生态博物馆相关哲学的产生。

王嵩山认为，藏品的展示可以分为三种基本类型，美学式的展出、综合的历史文物展出和全景式展出②。其中全景式展出指的是通过场景复原的博物馆技术，在博物馆空间内重现物件所在的原初场景。人类学家科申布拉特-吉布列特为了回应展览的整体性、阐释性和意义定位的问题，提出了“在原处”和“在场景”两种展示策略，前者指的是对藏品所在原场景的整体性环境再造，后者指的是将藏品置于博物馆场景的技术安排与解释框架内③。与王嵩山的全景式展出概念如出一辙，“在原处”的展示策

① 许功明：《当代博物馆文化之展示再现与价值建构：从现代性谈起》，《博物馆、知识建构与现代性》，台中：台湾自然科学博物馆，2005年，第396页。

② 王嵩山：《博物馆收藏学：探索物、秩序与意义的新思维》，台北：原点出版社，2012年，第53—54页。

③ Barbara Kirshenblatt-Gimblett. Objects of Ethnography. *Exhibiting Cultures: The Poetics and Politics of Museum Display*. Washington, D. C: Smithsonian Institution Press, 1991, pp. 388-390.

略也是将物件置于具体社会文化脉络中进行再现与阐释。总的来说，将地方“博物馆化”的生态博物馆哲学是传统博物馆空间场景复原技术的终极发展模式，即回到原初社会。

博物馆教育职能在西方社会的诞生与法国大革命是同步的，即教育职能与公共开放的博物馆，科学与艺术性展览以及共和制标榜的民主与公共性同步产生。纵观传统博物馆的教育方式，以20世纪80年代为分界线，之前博物馆对社会公众的教育模式体现为权威教化，之后则体现为体验式的学习[①]。这一思潮的转型在博物馆学领域体现为“以物为中心”向“以人为中心”的价值取向的过渡。我们在传统博物馆看到的仅是博物馆向其所在社会的公众进行开放，并为其提供学习与体验的机会。生态博物馆哲学则突破了教育对象的狭隘性或者单向性，在地方“博物馆化”的过程中，当地人也完成了自我认知（self-cognition）和自我教育（self-education）[②]。在生态博物馆哲学中，权威与教化的理念并未出现，取而代之的是“镜子（mirror）”与“窗户（window）”[③]，也就是实现当地人对自我历史、文化与社会的意识，实现外部世界和当地居民的交流和对话。

通过收藏、展示和教育三个方面的梳理，我们发现生态博物馆哲学观念的本质还是脱胎于传统博物馆的结构框架，是对传统博物馆的一种延续，或者是一种对缺陷的“补偿机制”。生态博物馆改变了“族人制之、外人藏之、异地展之”的基本模式，将资源状况较好的地方作为“博物馆化”的对象，将物件留在原初社会的文化脉络中，将藏品概念外延到遗产概念，并将地方上的人纳入到博物馆空间中。传统博物馆与生态博物馆之间的裂痕真有新博物馆学运动倡导者所说的那么大吗？恐怕也不尽然。犹

---

① 详见尹凯：《博物馆教育的反思——诞生、发展、演变及前景》，《中国博物馆》2015年第2期。

② Pan Shouyong. Self-cognition and Self-education at Ecomuseum: From “Information Center” to “Cognition Center”. *Science Education and Museums,* 2015(1).

③ 〔挪〕马克·摩尔著，张晋平译：《生态博物馆：是镜子，窗户还是展柜？》，《2005年贵州生态博物馆国际论坛论文集》，北京：紫禁城出版社，2006年，第113—114页。

如宋代理学与陆学之间的关系一样[1]，事件与现象本身如何，与后人的解读与阐释还是有所区别，这也就是笔者为什么执意回到“元叙事”，追溯生态博物馆诞生的谱系、哲学与历史的初衷。

四、自然与生态：环保主义的催生

如果说前面三部分是历史遗产，那么这一部分关于自然与生态的主题讨论则是一种社会和时代的需要，或者说是一种时代的思潮与氛围，同时也是生态博物馆之所以被命名为“ecomuseum”的关键原因。

博物馆对自然环境的关切由来已久，这一传统体现为自然史博物馆（natural history museum）对自然的收藏与研究[2]。就像动物园或植物园的展览目标所呈现的那样，大部分自然史博物馆将自然作为一个包括单独标本在内的秩序化谱系进行展示[3]。也就是说，一直到二战前后，自然史博物馆对自然的据有和表征仅仅停留在“词典”层面，以理解动物或植物的分类与秩序。1950年，美国自然史博物馆（American Museum of Natural History）馆长阿尔伯特·帕尔（Albert Parr）率先对自然史博物馆的角色进行了反思。在他看来，自然并非是未经开发的环境，而是人类的环境[4]。致力于社会议题的博物馆应当对自然环境的本质、变迁以及自然与人类之间的关系有所回应。

20世纪60年代是自然灾难空前的时代，石油泄漏灾难和有机氯农药污染在全球范围大规模扩散导致民众抗议现象的出现，他们要求国家、政府对眼前的危机做出应对。1970年3月22日，两千万人在“地球日（Earth Day）”这天涌上美国街头，要求国家制定新的法律来保护自然环境，治理新型污染。一些历史学家认为这一次地球日的环境运动标志着“环境保

① 葛兆光：《中国思想史：七世纪至十九世纪中国的知识、思想与信仰》，上海：复旦大学出版社，2001年，第241—249页。

② Paula Findlen. *Possessing Nature: Museums, Collecting and Scientific Culture in Early Modern Italy*. Berkeley: University of California Press, 1996, p. 1.

③ Peter Davis. *Ecomuseum: A Sense of Place*. London and New York: Leicester University Press, 1999, p. 7.

④ Albert Parr. Museum of Nature and Man. *Museum Journal*, 1950(8), pp. 165-171.

护主义（environmentalism）”思潮的开端，从美国的野生与风景保护到英国对濒临消失的自然栖息地的抢救，这一运动迅速在世界范围内成长起来。带有全球意味的环境保护主义涉及个体、保护组织、国家领导人以及国际政客，成为政治议程中的一个关键要素。

环境保护主义运动深刻影响了自然史博物馆，它们为应对社会需要而制定新的目标，比如采取新的展览方式，强调棘手的环境议题，建立博物馆与乡村之间的关联，参与其他保护机构的活动与教育项目等。生物多样性要求博物馆采取专业的生物学与地理学记录，系统组织常规机制来分析标本数据。

正如戴维斯所言，社会对自然环境的关注，一系列与环境保护主义有关的保护伦理、价值、活动以及机构的陆续出现对博物馆产生了深远的影响①。对生态环境的关切从野生和自然栖息地开始，逐渐涉及人类的整体环境概念，物理意义上的自然环境开始扩充到人类居住的环境与景观。换句话说，环境要素除了地理、栖息地、植物、动物以外，还包括那些人造环境，比如居住地与居民、建筑、文化制品、土地使用类型、家养动物等要素。关于生态与自然的哲学转变是极为关键的，环境危机所引发的社会思考以一种广义上的“刺激-回应”模式，将自然环境和人类环境共同纳入到博物馆的整体框架内。这一生态哲学观构成了后期生态博物馆理论与实践思考的基本框架，在《生态博物馆与可持续发展》②一文中，戴瓦兰对生态博物馆定义的修正即是这一生态哲学观演变的突出体现，自然生态（natural ecology）逐步演变成为人类或社会生态（human or social ecology）。

在笔者看来，20世纪六七十年代的环境保护主义热潮对生态博物馆的诞生产生了极为关键的影响，可以说是一个直接的导火索。它所带来的对人类社会生存环境的危机意识直接点燃了其他积蓄已久的历史传统；或者

① Peter Davis. *Ecomuseum: A Sense of Place*. London and New York: Leicester University Press, 1999, p. 7.

② 〔法〕雨果·戴瓦兰著，张晋平译：《新博物馆学和去欧洲化博物馆学》，《2005年贵州生态博物馆国际论坛论文集》，北京：紫禁城出版社，2006年，第83—87页。

说那些历史传统在遭遇到环境保护主义之际，被重新谱系化，以此将思想方向大体一致的革命合法化，并推动了博物馆认识论的转型。此时，传统博物馆的社会“无力感”被无限放大，涉及建筑、历史与工业的遗产保护运动如火如荼，重新定义与发现地方价值的地方主义持续升温，这些酝酿已久的理论与实践借着“环境保护主义”和“环境阐释”的东风，成功着陆，开始以生态博物馆的名义席卷世界。

我们需要注意的是，作为生态博物馆现象的助推器，环境保护主义热潮在孕育博物馆哲学的同时，也为后来生态博物馆的理解与阐释留下了无穷的隐患。从字面意思来看，作为前缀的“eco”似乎在向我们传递一种理念，生态博物馆是自然史博物馆的延续与发展，即主要致力于自然环境的保护与阐释。实际上却并非如此，作为一个术语与指称，“ecomuseum”这一概念表达的是它出现的背景——环保主义与政治需要，是“时代”为了方便起见而产生的术语①。如此看来，“ecomuseum”的概念或者定义是万万不能从字面意思来进行解读，否则就会发现歧义与误读。20世纪80年代中期，我国在引介、阐释这一概念时，曾试图以“生态”“自然”“环境”为关键词，用中国传统哲学为佐证，这在一定程度上曲解了生态博物馆的原意。

生态、环境在生态博物馆现象中具有非常重要的效用，但是仅仅从自然与生态的维度来定义生态博物馆是不够的。对历史传统的重建，对地方价值的发现，对传统博物馆的反思，对自然生态的回应共同孕育了生态博物馆理论与实践；只有兼顾这四个方面的传统、谱系与历史，才能理清生态博物馆的发生学机制。

在西方语境中，“eco”的元概念到底是什么？环境在生态博物馆语境中的定义、内涵与外延究竟什么？与环境有关的概念能否为我们勾勒出一幅关于地方的生态景观或文化景观？从词源学与阐释学方面来看，“ecomuseum”究竟从何而来，它的哲学本质究竟是什么？笔者在接下来的一节中，立足于这一名词的概念与意义，从词源学与阐释学的角度厘清生态博物馆的哲学本质与意义外延。

---

① Peter Davis. *Ecomuseum: A Sense of Place*. London and New York: Leicester University Press, 1999, p. 3.

第二节　词源学与阐释学：作为合成物的“ECOMUSEUM”

词源学（etymology）与阐释学（hermeneutics）是理解概念历史、哲学与发展的关键技艺。顾名思义，词源学的研究指向过去，即追溯词的词义和词形，以构拟它最古老的形式与意义；阐释学作为一种理解文本的哲学方法，其更关注概念或文本在演变过程中的“意义附加值”。

笔者之所以采取这两种研究方法，主要有两个方面的考虑：首先，在西方语境中，“eco”“ecology”“museum”之间的关联是如何建立起来的？它们各自的初衷是什么，以及它们合成后的价值与意义何在？作为合成物的“ecomuseum”，它的意指是否发现了变化与转移？其次，“ecomuseum”自从其诞生以来，就充满着不确定性与开放性，围绕“ecomuseum”的定义与概念颇多，这些相关研究在“ecomuseum”的“元概念”基础之上增加了什么要素，这些“意义附加值”的合理性与合法性何在？

为此，笔者将回到一些乏味但却有意义的讨论中，廓清那些繁杂至极、纠缠不清的术语、概念纷争，以寻得处于“澄明之境”的哲学本质。

一、词源学分析：从“ECO”到“PLACE”

为了了解何为生态博物馆，首先让我们回到西方的历史语境中，探寻“eco”的最初含义，以及与之相关的合成词内涵。作为一个“元概念”，“eco”最初是一个具有意义所指的独立概念。“eco”来自于希腊语“oikos”，原意是“房屋（house）”“生活空间（living space）”或“栖息地（habitat）”[①]。张誉腾在其著作《生态博物馆：一个文化运动的兴起》中认为“oikos”实际上具有“住家（house）”与“整体

① Peter Davis. *Ecomuseum: A Sense of Place*. London and New York: Leicester University Press, 1999, p. 3.

（entirety）”的意思①。然而，通过“oikos”的几个关键词定义，我们并未发现所谓的“整体”意思，与其说“oikos”具有整体性意蕴，倒不如说它为我们提供了意义生成的场所——“地方”。从这一角度说，作为元概念的“eco”实际上仅仅是一个“地点”的所指，这一概念根据所指对象的不同具有范围上的伸缩性和开放性，既可以是家庭单位所居住的房屋，也可以是家庭、村落乃至区域的生活空间，同时还兼有动植物栖息地和生活环境的野生和自然意味。作为“eco”的原型，“oikos”为后来生态博物馆哲学提供了“立足地方”和“重绘地方”的合法性，即以“具体地方”为载体来呈现生态博物馆哲学理论。

“eco”在接下来的词源结构上丧失了自足性，成为一个被其他词语借用的前缀，比如“ecology”“ecosystem”“economy”“ecosphere”“eco-tourism”等术语。其中，“ecology”作为一个合成词，较为忠实地继承与发展了“eco”的哲学核心。根据张誉腾的研究，1866年，德国生物学家恩斯特·海格尔（Ernst Haeckel）把“oikos”和“logia”合在一起，创造了“ecology”这个名词②。根据词典定义，“ecology”具有两个维度的定义：第一，研究生物与其环境的关系；第二，研究特定生物与其环境之间的关系集合③。19世纪下半叶，根据达尔文主义者的观点，生物学的研究在于考察生物与环境之间的关系。“ecology”所继承的遗产在一定程度上被窄化了，因为它的使用与规范被生物学学科所束缚，人与生活环境之间的关系探讨被逐渐遗忘，“房屋”和“生活空间”的意义被暂时悬置，“栖息地”概念被无限放大。

讨论到“ecology”，我们必然得提到另一个与其密切相关的概念——“environment”。“environment”首先指的是外在条件或环境（external

---

① 张誉腾：《生态博物馆：一个文化运动的兴起》，台北：五观艺术管理有限公司，2004年，第18页；尹绍亭、乌尼尔：《生态博物馆与民族文化生态村》，《中南民族大学学报》（人文社会科学版）2009年第5期。

② 张誉腾：《生态博物馆：一个文化运动的兴起》，台北：五观艺术管理有限公司，2004年，第18页。

③ Peter Davis. *Ecomuseum: A Sense of Place*. London and New York: Leicester University Press, 1999, p. 3.

conditions or surroundings），其次指的是影响动植物发展与行为的外在环境[①]。戴维斯认为这些定义并未带来什么有营养的、实质性的价值。但是，笔者认为，从“ecology”到“environment”的转变在一定程度上恢复了“eco”所具有的开放性，将其从生物学学科范畴中解放出来，并置于更大的视野中。对“外在条件与环境”的强调为后来“environment”概念从自然环境转向人类环境奠定了基础。

正如上文提到的那样，“environment”在环境保护主义的影响下扩展了其内涵与外延，居住地与居民、建筑、文化制品、土地使用类型、家养动物等要素与自然栖息地共同构成“environment”的整体性概念。随后，“environment”开始出现一些其他形式的表达，比如“context”“domain”“locale”“territory”“setting”“place”等，这些替代性概念反映了人们生活的自然环境、人工环境和社会环境的整体性视角。作为生态博物馆理论与实践的重要组成部分，“territory”不仅划清了生态博物馆的地理边界，而且还暗含着博物馆所在的主体与社区[②]。虽然表述方式稍有差别，但是“territory”与“environment”基本上共享了一套意义体系，那就是关注某个地域内的整体环境要素，并在此基础上考察内部不同系统之间的关系。这一替代性概念延续了“eco”所具有的开放性与伸缩性，生态博物馆哲学不仅包括地理范围内的一切事物，而且强调物理系统、化学系统、生物系统和人类活动之间的复杂关系网络。

20世纪60年代，遗产议题、社区议题、生态主张在一定程度上复活了传统意义上关于“eco”“ecology”“environment”的阐释与思考。博物馆的“环境阐释（environmental interpretation）”与“无地方性（placelessness）”这两种截然不同的概念与主张在这一时期实现了共谋，具有地图索引性质的“place”成为意识形态的书写载体和意义生成的关键地带[③]。

① Peter Davis. *Ecomuseum: A Sense of Place*. London and New York: Leicester University Press, 1999, p. 3.

② Peter Davis. *Ecomuseum: A Sense of Place*. London and New York: Leicester University Press, 1999, p. 3.

③ Peter Davis. *Ecomuseum: A Sense of Place*. London and New York: Leicester University Press, 1999, p. 15.

从“eco”的前身“oikos”到以“eco”为前缀而合成的“ecology”，“eco”的内涵在一定程度上因为学科的借用而被束缚，开放性的人类环境的概念被动植物的栖息地概念所取代。从“ecology”到“environment”，解放性的运动发生了，“eco”正式成为一个整体性的所指，即包括自然环境与人工环境，构成人类环境的总体。同时，“environment”的词源延伸了一系列替代词汇，或者具有更多附加意义的术语，比如“territory”。具有生态博物馆哲学价值的“eco”受多重思潮的影响，最终“place”作为一个意义生产的地带，其地位与价值成为一种共识。

从“oikos”到“place”，我们似乎是绕了一个大圈，再次回到了“eco”所强调的地方性价值，让我们有一种回到传统合法性的感觉。然而，事实上远非如此。围绕“eco”所进行的词语生产与词义阐释都是有意义的，它们的阐释效力不仅在于一味地增加“意义附加值”，而且还具有质疑、反思，甚至重建的意图。“place”中的地方性已经极大超越了“oikos”所设定的地方性范畴，而被赋予了更多的复杂关系与所指，比如认同、民主、去中心化、乌托邦、文化差异等抽象意图。

分析完“eco”所蕴含的生态博物馆哲学本质后，在下一部分中，笔者将继续对合成词“ecomuseum”中的另一个母体——“museum”进行词源学的分析与评述。

二、意义流变中的张力：从“MUSES”到“MUSEUM”

宝拉·费德林（Paula Findlen）在《博物馆：古典时期的词源学和文艺复兴时期的谱系》一文中认为，“museum”作为一个词，不仅是沟通社会生活与知识世界的桥梁，而且还是一个认识论上的结构逻辑，它包含一系列不同的观点、想象、图像、结构[①]。从社会学意义上说，博物馆是思想建构的产物，反映了社会的复杂关系，以及人们对此做出的观念感知。

---

① Paula Findlen. The Museum: Its Classical Etymology and Renaissance Genealogy. *Museum Studies: An Anthology of Contexts*. MA and Oxford: Blackwell Publishing, 2004, p. 23.

作为一个我们"日用而不觉"的术语，"museum"概念与许多关键词具有天然的联系，比如墓葬、艺术品、神圣、宏大、展览等。如果从其产生与发展的词源学和谱系学角度来讲，"museum"并非仅仅指代一个行为、一个场所或者一个文化机构。无论从称谓、词意、形态来说，还是从藏品、观念、政治来分析，"museum"实际上涉及的是社会演变的一般进程，体现了历史与社会的深刻变化①。作为社会文化要素之一，"museum"在一定程度上与既有社会的思想、知识与政治信仰具有一定的同构性。偶尔，当一些非理性因素对社会秩序形成挑战之时，"museum"往往会与这些非理性因素结合，出现革命性色彩强烈的现象，比如20世纪70年代的生态博物馆。

一般来说，"museum"是"muses"居住的地方，是来自古希腊缪斯女神的一份馈赠和礼物。然而，在费德林的观点中，古典时期的"museum"起源是双重的：首先，它是缪斯（muses）的居所，一个带有神圣性的避难所；其次，它又是著名的亚历山大博学院（Museion of Alexandria），一个学者聚集进行知识生产的空间②。换句话说，前者的"神话来源"实际上是一种历史主义哲学的反映，即以"庇护所"的"muses"来缓解直线历史发展的焦虑；而后者则具有一种世俗博物馆机构的雏形，即以文化机构形态对历史资源和异域珍宝进行收集、分类与秩序化。如果暂时用"muses"来指称"museum"的最初内涵，那么我们会发现处于起源节点的"muses"已经具有了神圣与世俗的双重性格。"对神话的迷恋"构成了"museum"的浪漫主义、人文主义的情结；"对知识的渴望"则赋予了"museum"一种启蒙主义、理性主义的气质。

中世纪，"musaeum"或"museum"一词极少出现，甚至任何法语词典中也看不到"Musèe"一词，这一时期它被降格为实用性场所，即与

---

① Paula Findlen. The Museum: Its Classical Etymology and Renaissance Genealogy. *Museum Studies: An Anthology of Contexts*. MA and Oxford: Blackwell Publishing, 2004, pp. 23-24.

② Paula Findlen. The Museum: Its Classical Etymology and Renaissance Genealogy. *Museum Studies: An Anthology of Contexts*. MA and Oxford: Blackwell Publishing, 2004, p. 25.

“studium”“studio”密切相关。16、17世纪，中世纪的崩溃与文艺复兴带来了确立西方人“自我形象（self-image）”的命题。“museum”作为一种文化载具，出现了分野：一种是面向西方历史传统的艺术博物馆，在术语上体现为“gallery”“theatre”“gallaria”；另一种是面向非西方异域空间的自然史或科学博物馆，在术语上体现为“gabinetto”“cabinet”“wunderkammer”[①]。17世纪后期，“museum”一词开始作为博物馆的固定表述最先出现在英国，牛津大学阿什莫林博物馆（Ashmolean Museum）首先采用了这一名词[②]。随后，这一名词开始在欧洲社会普遍使用，18世纪末，收藏、研究、展示、教育功能陆续出现在博物馆空间中，“museum”作为一个相对自洽的概念和结构得以最终形成与确立。

王嵩山从“museum”的中文翻译——“博物馆”入手讨论其背后的矛盾与张力。他认为，从字面信息上看，“博物”的意象为广袤、开展、丰饶、变化与多样；相对的，“馆”则有压缩、集中、切割、隔离与封闭的意味[③]。虽然基于文化传译与中国语境解读“museum”的意义，其合法性有待商榷，但不可否认的是，“museum”自身确实存在一种内在的张力。如前述及，“museum”的起源在一定程度上是二元的，而非一元的，这两个起源具有截然不同，甚至相互对立的性格与气质。神话色彩的避难之所与知识色彩的百科全书分别作为一种“人文（humanity）”与“理性（rationality）”[④]的隐喻，在博物馆空间内部以及历史进程中以不同的方式进行结构性的“展演”。文艺复兴时期，这两者体现为艺术博物馆与自然史博物馆的关系划分。在法国大革命后，这一对内在的结构机制以理性、秩序、民族国家、公众教育等要素为特色的启蒙精神和以艺术、

① 张誉腾：《当代博物馆探索》，台北：南天书局有限公司，2000年，第99页。

② 严建强：《博物馆的理论与实践》，杭州：浙江教育出版社，1998年，第32—36页。

③ 王嵩山：《过去的未来：博物馆中的人类学空间》，台北：稻香出版社，1991年，第1页。

④ 尹凯：《人文与理性：博物馆展览的诗学与政治学》，《现代人类学》2015年第3期。

文学、地方、民间习俗等要素为特色的浪漫主义之间的复杂关系不断出现在“museum”话语中。

人文与理性作为相互对立、相互协调的结构机制，构成“museum”的全部性格，同时也为“museum”提供了应对多元文化应有的灵活性与伸缩性。“museum”内在的张力关系让克利福德将其形容为文化“接触地带”①。毫无疑问，“museum”作为一个文化接触空间、意义集聚空间具有相当大的开放性与可能性，不同前缀组合而成的一些新词汇在表明自己价值取向的同时，也顺带继承了“museum”所具有的多重可能性的气质，比如“ecomuseum”“community museum”“village museum”等等。

从某种意义上来说，“ecomuseum”是这一对结构关系中地方与国家、边缘文化与主流文化相互作用的产物。基于“museum”的新词汇发明在某种程度上既表明了时代氛围与社会思潮，又表明了“museum”内在结构机制所特有的“变革土壤”的属性，任何新思潮的播种都可能在此生根发芽，茁壮成长。

三、“ECOMUSEUM”：典范定义

关于“ecomuseum”面世的一幕，戴瓦兰、弗朗索瓦·于贝尔（Francois Hubert）和约翰·杰斯特龙（John Gjestrum）都对其进行过描述。虽然场景稍有差别，但都认为“ecomuseum”的生成具有强烈的“侥幸”色彩。1971年，时任法国第戎市长的罗伯特·布贾德（Robert Poujade）和戴瓦兰等人为筹办该年于法国巴黎、第戎、格勒诺布尔等地举办的国际博物馆协会第九届年会（主题是“为了人类、今天和明天的博物馆”），会商如何将年会主题“环境”与博物馆做一个连接。在讨论过程中，戴瓦兰说：“一些人正在谈论ecological museums、green museums等，这些与法国的regional park museum、ecomuseum密切相关。”布贾德说，“我喜

① James Clifford. *Routes: Travel and Translation in the Late Twentieth Century*. Cambridge: Harvard University Press, 1997, pp. 188-219.

欢ecomuseum这一说法。”因此，这个词便诞生了[①]。1971年9月3日，已经升任法国环境部长的布贾德将“ecomuseum”一词正式介绍给国际与会者。1972年9月25—30日，国际博物馆协会于法国举办“博物馆与环境”为主题的国际研讨会，会议决议中首次记录了“ecomuseum”这一新词，并将其定义为“与环境有关的博物馆”[②]。自“ecomuseum”一词诞生之日起，它便展现出极大的包容性，比如将其诞生之前的所谓“地区自然公园（regional natural park）”的实践也纳入到概念范畴中。

“ecomuseum”的面世带有法国环境部长布贾德的私心，即为了促进自我形象的提升与政治议题的表达。自此，“ecomuseum”作为一个学说或运动得到了政府的承认，并开始在国际社会上进行传播。现在回头去看，“ecomuseum”这一术语的诞生确实是环保主义热潮下的一种权宜之计，但是它却带来了意想不到的冲击力。正如哈德森所言，人们的思想会因为一个新字眼的出现而聚焦于此，变得锋利[③]。“ecomuseum”正是这样一个具有感召力的词汇，数十年来，引来无数学者对其进行定义与诠释。

作为一个充满争议的标签或符号，“ecomuseum”的内涵、外延、核心、本质、要素、合法性等问题都需要在后期的传播与实践过程中一一进行完善与阐释。于贝尔曾经指出，“原本生态博物馆的首要关注是地域集体记忆（collective memory），但目前对生态博物馆在理论上的混淆与实务上的分歧，却在显示人类忘却历史的惊人能力。”[④]于贝尔的焦虑是合理的，但是如果没有开放性的思想碰撞与交流，那么，我们也无法切实比

---

① Shahab Nazariadli. Mehraneh Rayatidamavandi. A Survey on Current Situation, Problems and Requirements of Ecomuseums (With Particular Reference to Their Historical and Philosophical Backgrounds). *American Journal of Scientific Research*, 2011(19), pp. 91-103.

② ICOM. Extracts from the Conclusions of the Symposium “Museum and Environment”. *Museum International*, 1973, XXV(1/2), pp. 119-120.

③ Kenneth Hudson. Ecomuseums Become More Realistic. *Nordisk Museologi*, 1996(2), p. 11.

④ Francois Hubert. Ecomuseum in France: Contradiction and Distortions. *Museum International*, 1985(4), p. 186.

较与体会它的初衷以及成长的历程。在此，笔者首先介绍里维埃的经典定义。

里维埃曾对“ecomuseum”进行过三次界定与论述[①]，1973年，强调生态博物馆的生态学与环境；1978年，强调生态博物馆的实验本质（experimental nature），并将关注点逐步从地区自然公园转向地方社区；1980年以松散的“关键词”形式描绘了生态博物馆的一些基本要素，强调的是地方的历史、文化与自然环境[②]。接下来，让我们看一下这段优美的散文[③]：

> 生态博物馆是一个由公共部门和地方群体所形成的工具。公共部门提供专家、设备和资源，当地群体的参与则是经由其本身的抱负、知识和个人方式而定。
>
> 生态博物馆是一个工具，可以反映地方群体本身的观念，发现其本身的形象，能找寻到其所在的领域和其祖先在时间或连续的年代限制下的解释。生态博物馆是一面镜子，是当地群体拿来供游客更清楚地明白其本身的工业、习俗，并争取值得重视的认同。
>
> 生态博物馆是人类和自然界的表现，它将人类置于其自然环

---

① 在学界，里维埃定义生态博物馆的时间存在分歧。根据周佳桦的考订，这三个时间应该是1973、1975、1980年。详见：周佳桦：《法国生态博物馆——“演化型”定义及理论概念初探》，《博物馆学季刊》2017年第1期。笔者借鉴的是戴维斯的说法，即1973、1978、1980年。而其中主要分歧来自于第二个定义版本，1975年是撰述时间，实际完成是1976年，因此，也有学者采取1976年之说。至于为什么会出现1978年之说，笔者猜测是这个法文版本传到英语世界的时间。当然，具体原因还待未来具体考证。

② Peter Davis. *Ecomuseum: A Sense of Place*. London and New York: Leicester University Press, 1999, p. 67.

③ 参见Georges-Henri Riviēre. The Ecomuseum: An Evolutive Definition. *Museum International*, 1985(4), pp. 182-183. 〔法〕乔治-亨利・里维埃著，郑秀娴译：《生态博物馆——演化型定义》，《博物馆学季刊》1996年第1期，此文在《中国博物馆》1986年第4期翻译为《生态博物馆—— 一个进化的定义》。

境中。生态博物馆除了描述人工未施的自然界，也对传统和工业社会影响下的自然的形象加以描述。

生态博物馆是时间的表现，从人类出现之前、史前的、有历史记载的时代，最后达到人类的现在。它亦能提供对将来的想象，它并不刻意要形塑决策，其功能仅在于提供信息和精密的分析。

生态博物馆是对空间的阐释，这里的空间指的是一些可供停留或休憩的特殊场所。

生态博物馆是一座实验室，它可用来研究地方群体及其环境的过去与现在，亦可和外界的研究团体合作，致力于此一领域专家的培训工作。

生态博物馆是一个保存中心，其目的在于保存与发展地方群体的自然与文化遗产。

生态博物馆是一所学校，其目的在于投入地方族群的研究与保护工作，并鼓励其能更清楚地把握住自己的未来。

这座实验室、保存中心和学校是基于共同的原理，使地方群体所代表的文化能以较宽广的意义被了解。它的目的在于培养对此一文化之尊严与艺术表现的意识，不管这些尊严或艺术表现是由群体的哪一阶层所发展出来的。地方群体文化的多样性是无限的，因而其组成的元素可能随标本而异。所以这个由实验室、保存中心与学校所组成的三位一体的生态博物馆，并非是自我封闭的一种机制；它既接受也给予。

这段几乎在生态博物馆领域家喻户晓的“小散文”提出了“工具”“镜子”“实验室”“学校”“保存中心”等一系列意象，这些关键概念在于对地方的自然、社会、历史与地域进行表现与阐释。里维埃的“ecomuseum”概念是一个不断认识现象、解读理论，从生态观到实验性再到社会史的演化过程。里维埃脑海中的“ecomuseum”，从强调自然环境过渡到强调人类社会，特别是强调社区。作为一个行动家与实践派，他在最后一个定义中融入了一些实践经验，在某种程度上暗示了生态博物馆模式和实践的无限多样性（limitless diversity）。

然而，“ecomuseum”的经典范式也引发了经久不息的争议，那就是后期的解读应该照本宣科还是不断演进呢？周佳桦在最近的两篇文章[①]中打着“寻求本义”“正本溯源”的旗帜，向戴维斯的生态博物馆研究开炮。在周佳桦看来，戴维斯前后两版[②]巨作对生态博物馆定义的解读存在方法论的谬误，这个批评不可谓不严厉。周佳桦精通法文的优势让其能够直接阅读法文世界的文章，其中包括2000年法国学界于《民众与博物馆》（*Publics et Musées*）刊发的回顾生态博物馆发展的专刊。因此，周佳桦的一些探索是极为关键的，澄清了一些关键性问题。与此同时，笔者认为这个责难有失公允。首先，里维埃有关“ecomuseum”的定义的得出就是一个不断实践、不断总结、不断修正的过程，那么，后起学者基于自身学术视野和文化语境对“ecomuseum”的理解就无效了吗？其次，所谓的演化型定义即意味着“ecomuseum”阐释的开放和活力，如果一味拘泥于散文般的“正统之说”，是不是与其初衷背道而驰了呢？在笔者看来，生态博物馆的谱系与定义之争只会让认识更加全面，至于高低好坏，那只能留待后人去评判了。

四、“ECOMUSEUMS”：多重声音

毫无疑问，“ecomuseum”的定义在随后的岁月中成为学术界热议的话题。为此，笔者将在这一部分中回顾围绕“ecomuseum”产生的不同定义，分析这些“人人一把号、各吹各的调”的现象，在比较研究的视野下梳理与提炼这些概念的内涵与意图。

首先是与里维埃平肩作战的学术伙伴——戴瓦兰。事实上，戴瓦兰在自己的学术生涯中始终没有严肃定义过“ecomuseum”。他有关

① 周佳桦：《“生态博物馆”概念于法国源起之探源》，《博物馆学季刊》2014年第1期；周佳桦：《法国生态博物馆——“演化型”定义及理论概念初探》，《博物馆学季刊》2017年第1期。

② Peter Davis. *Ecomuseum: A Sense of Place*. London and New York: Leicester University Press, 1999；Peter Davis. *Ecomuseum: A Sense of Place (2nd Edition)*. London and New York: Continuum International Publishing Group, 2011.

“ecomuseum”的态度和观点主要来自于三个方面：首先是对“eco”这一极富歧义的前缀的持续修正，他认为“eco”既不是指经济（economy），也不是一般意义上的生态学（ecology），其本意是指人类或社会生态系统（human or social ecology）：即社区、社会，甚至人是该系统存在、活动与发展的核心[①]。其次是在1987年对“ecomuseum”的态度，他认为“ecomuseum”不是新博物馆学运动中一个特别的玩意或新奇的产品，而是一个运用更有想象力的新思想，激发更大胆的新方法的良机[②]。最后则来自于他评估“ecomuseum”的指标：社区数据库、变迁观察站、社区聚焦点和社区展示[③]。总的来说，戴瓦兰的理论与观点普遍受到学者的欢迎，这不仅源自于他对于社区、社区参与议题的发现，而且还得益于他的“新博物馆学”的国际视野。通过经验与理论的结合，戴瓦兰提出了一系列富有前瞻性与指导性的国际标准，是生态博物馆哲学的典范。

皮埃尔·米兰达（Pierre Mayrand）认为“ecomuseum”是在当地人的地域观念基础上延伸出来的一个集体工作室（collective workshop），它并非是一个终极存在而是一个需要实现的目标[④]。希拉·斯蒂芬森（Sheila Stephenson）认为，“ecomuseum”涉及特定地域内的收藏管理，比如植物、动物、地形、天气、建筑、土地使用类型、歌谣、心态以及工具等[⑤]。安德里·德瓦里（André Desvallée）在里维埃学术遗产基础上

① 〔法〕雨果·戴瓦兰著，张晋平译：《新博物馆学和去欧洲化博物馆学》，《2005年贵州生态博物馆国际论坛论文集》，北京：紫禁城出版社，2006年，第83—87页。

② Peter Davis. *Ecomuseum: A Sense of Place*. London and New York: Leicester University Press, 1999, p. 69.

③ Peter Davis. Places, “Cultural Touchstones” and the Ecomuseum. *Heritage, Museums and Galleries: An Introductory Reader*. London and New York: Routledge, 2005, p. 410.

④ Rene Rivard. Museums and Ecomuseums-Questions and Answers, retrieved form Peter Davis. *Ecomuseum: A Sense of Place*. London and New York: Leicester University Press, 1999, p. 69.

⑤ Rene Rivard. Museums and Ecomuseums-Questions and Answers, retrieved form Peter Davis. *Ecomuseum: A Sense of Place*. London and New York: Leicester University Press, 1999, p. 69.

提出，“ecomuseum”是一个具有时间认同、空间认同和镜子认同的博物馆，同时又是一个地域博物馆，“eco”象征作为生态博物馆根基的自然环境和人类环境①。上述三位学者对“ecomuseum”的界定都涉及了一个关键性要素，即地域，他们的论点在一定意义上符合“eco”所具有的原初定义，同时也回应了那个时代关于“地方”与“无地方性”的社会议题。

雷内·里瓦德（Rene Rivard）则另辟蹊径，从“museum”与“ecomuseum”的关系，以及术语比较出发进行概念的定义与类型的划分。“museum”是建筑、藏品、专家和公众的组成物，而“ecomuseum”则是地域、遗产、记忆和人们的集合体。在区分了“museum of ecology”、“ecological museum”和“ecomuseum”之后，他提出了生态博物馆的四种类型：发现型生态博物馆（discovery ecomuseum）、发展型生态博物馆（development ecomuseum）、专业型生态博物馆（specialist ecomuseum）和议题型生态博物馆（combat ecomuseum）。里瓦德关于“ecomuseum”的定义可谓是非常有效的，尤其是在区分传统博物馆和生态博物馆这两种类型的相关研究中具有广阔的市场。关于博物馆类型的划分也可以看出“ecomuseum”所具有的多重效力，可以作为处理历史、未来、发展、社会变迁等命题的工具（图2-1）。

1978年，国际博物馆协会自然史委员会（the Natural History Committee of ICOM）对“ecomuseum”进行了定义：“ecomuseum是一个以科学、教育和文化方式对特定社区的整体遗产（包括自然环境和文化环境）进行管理、研究和开发的机构②。”这一定义强调生态博物馆的机构性和工具性，即将其作为某种社区计划和社区发展的媒介与公众积极参与的工具，以物质文化语言和日常生活现实来促进未来发展。国际博协对“ecomuseum”的解读具有很明显的项目指导性和实践操作性，减少了里维埃所提出的多重意象，并将其作为一种带有媒介性和改革性的工具，通

---

① Peter Davis. *Ecomuseum: A Sense of Place*. London and New York: Leicester University Press, 1999, p.69.

② Peter Davis. *Ecomuseum: A Sense of Place*. London and New York: Leicester University Press, 1999, p.69.

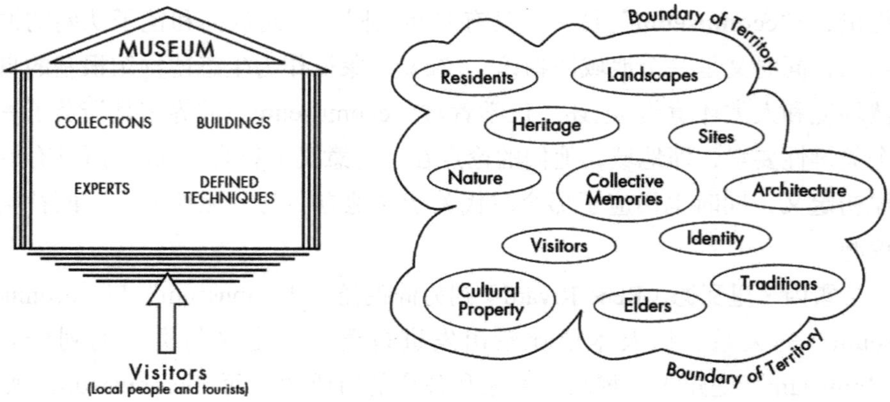

图2-1 传统博物馆与生态博物馆基本图式①

过这一机制实现某种“发现地方”“重绘地方”的尝试。

1981年4月，法国文化通讯部从官方层面定义了“ecomuseum”，即“ecomuseum”是一个在特定地域永久存在的文化机构，人们积极参与保护、研究和展示功能，尤其强调自然和文化遗产的整体，以展现其有代表性的某个领域或传承下来的生活方式②。法国的官方定义强调了社区居民参与的实际操作性与实践性，即如何在一个地域内进行所谓的整体遗产保护。同样是以“ecomuseum”为阐释对象，上述学者的讨论在于呈现概念所内含的哲学理念，而国际博协与法国官方的定义则旨在强调这一理念如何实现。

通过有关“ecomuseum”种种概念的解读，我们发现该哲学理念的阐释主要来自于学者、协会、官方，因此在内涵表述上具有理论概念和实践概念之别。具有深刻传统、哲学与谱系的“ecomuseum”自诞生起便承载了太多它所无法承担的“生命之重”，同时也暗含了多种表现形态与实践模式的可能性。从另一方面来讲，它的血液里流淌着一些固有的特质，比如“地方”基因，即这一学说、理念、精神、气质如何能够以地方作为竞

① Peter Davis. *Ecomuseum: A Sense of Place (2nd Edition)*. London and New York: Continuum International Publishing Group, 2011, pp. 82-83.

② Peter Davis. *Ecomuseum: A Sense of Place*. London and New York: Leicester University Press, 1999, p. 70.

技场，进行一次关于遗产话语、社会话语、博物馆话语、政治话语等方面的展演。

无论从理论还是实践层面来讲，“ecomuseum”确定了实践可能性的空间场所——地方。与此同时，“接触地带”的研究视角提供了窥探生态博物馆实践运作的棱镜，那些可见或不可见的关系纠葛尽收眼底。

第三节　生态博物馆：模式、评估与实践

从思想到理论、从理论到实践，生态博物馆的操作模式在这个过程中是极为关键的。毕竟生态博物馆不仅止于抽象与无形，而且还是一个有形的现象。如何将生态博物馆从理论转化为实践，则有赖于生态博物馆的操作模式，其模式的呈现有双重效力：一来澄清生态博物馆的定义，加深对生态博物馆理论的认知；二来窥探生态博物馆从理论到实践的“幕后推手”，勾勒生态博物馆实践的动力。

当生态博物馆真正成为一个可见的景观时，辨明生态博物馆的特质及评估生态博物馆的实践则是接下来要做的工作。生态博物馆实践并非是一个可以随意评论与指摘的现象，而是具有一套较为完整的评估体系。在本书中，笔者基本上没有动用这些评估体系来评判生态博物馆的成功与否，其原因在于，笔者的书写与态度是建立在项目参与者的局内人立场上的，但对那些经由调查研究而评价生态博物馆的局外人来说，生态博物馆的评估体系是至关重要的。也就是说，评估的有效性和指标来自于生态博物馆固有的哲学、思想与理论，而非那些自我构拟出来的衡量标准。否则，“欲加之罪”真是难以洗清了。

自从在法国孕育诞生以降，生态博物馆运动犹如燎原之势，其影响迅速波及世界其他地区，其实践也逐步在世界范围内扎根。梳理世界范围内生态博物馆的实践，旨在关注以下两个问题：其一，生态博物馆诞生的历史、谱系与哲学观念在转换为不同语境下的具体实践时，其哲学内涵是否发生了变化，以此回应这一章中有关生态博物馆概念认知的讨论。其二，本书的另一个重点是书写中国生态博物馆运动，因此，不同文化语境下的生态博物馆实践能够为我们提供一个全局视野，提供了比较研究的可能性。

一、生态博物馆的操作模式

谈及生态博物馆的实践，首先要处理的就是生态博物馆的诸多操作模式。正如本书屡次提及的那样，生态博物馆是一个由思想、理论与实践共同构成的自洽体系，这一体系具有某种自足性，同时还需要面对在不同层次间穿梭与适应的挑战。从思想到理论，尤其是从理论到实践，生态博物馆需要一种“沟通介质”来达成层次间的流转。生态博物馆的操作模式即是扮演这样一种角色，它不仅高度概括了生态博物馆的诸多假说，而且还以“可操作”的姿态指导具体实践。

在此，笔者将梳理几个比较常见的生态博物馆操作模式，它们与中国生态博物馆实践经常采纳的“法国模式”和“挪威模式”既有相似之处，又有不同之处。正如许多人所说，生态博物馆没有固定的定义和模式，总结自特定经验材料，抑或归纳自特定理论的操作模式不是万能的良药。如何能够辨明各模式之优劣，从而根据具体的地方特殊性和民族国家语境选择相称的操作模式才是恰当的良方。

加拿大博物馆学家米兰达在魁北克创建上比沃斯生态博物馆（The Ecomuseum de la Haute-Beauce）时，提出了著名的“创意三角（creativity triangle）”模式（图2-2）[①]。这一模式认为，生态博物馆是特定地域范围内一系列阐释活动的过程与结果。“创意三角”由阐释（interpretation）、地域（territory）、生态博物馆（ecomuseum）三个要素组成。位于顶端的阐释中心通过一系列活动（包括创建展示点）来增加地方或地域的公共意识，直到地域及其自然和文化遗产变得小有名气、为人所知，那么建立生态博物馆和动员社区参与的时机也就成熟了。一旦生态博物馆建立起来，那么，地方群体和专业人士就需要参与到阐释过程的反馈环节。

---

① Peter Davis. Places, “Cultural Touchstones” and the Ecomuseum. *Heritage, Museums and Galleries: An Introductory Reader*. London and New York: Routledge, 2005, p. 410.

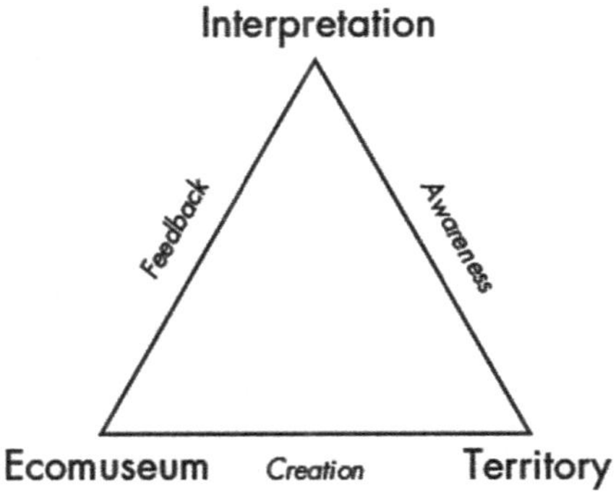

图2-2　生态博物馆“创意三角”模式①

随后，米兰达重新定义了他的“创意三角”，并将其置于“三年周期（three years cycle）”的理论框架（图2-3）内。其基本假设是在三年时间内即可将观念变为现实，漠然转为共情，并完成博物馆学三个阶段——前博物馆学（pre-museology）、博物馆学（museology）和类博物馆学（para-museology）的任务②。其中，前博物馆学指的是理论架构创建之前的阶段；博物馆学指的是基于博物馆和藏品建立架构，并随后开展研究和沟通的阶段；类博物馆学指的是超越了博物馆与藏品根基，不仅将其他文化机制和社区纳入其中，而且还包括新博物馆学的要素的阶段③。在米兰达的生态博物馆模式中，这三个阶段相当于之前“创意三角”的三个边。在此基础上，米兰达更进一步，提出了后博物馆学（post-museology）——社会角色能够作为主导力量而出现（博物馆研究员同时兼具社会工作者的身份）的阶段和超博物馆学（trans-museology）——社

① Peter Davis. Places, “Cultural Touchstones” and the Ecomuseum. *Heritage, Museums and Galleries: An Introductory Reader*. London and New York: Routledge, 2005, p. 410.

② Peter Davis. Places, “Cultural Touchstones” and the Ecomuseum. *Heritage, Museums and Galleries: An Introductory Reader*. London and New York: Routledge, 2005, p. 410.

③ Peter Davis. *Ecomuseum: A Sense of Place (2nd Edition)*. London and New York: Continuum International Publishing Group, 2011, pp. 86-87.

区中的个体都不再需要博物馆社会服务的“乌托邦”阶段①。

米兰达的生态博物馆操作模式的基本假设是生态博物馆实践是一个不断阐释的过程，创建生态博物馆之前经由外部力量提升地方在公众视野中的地位与价值，创建生态博物馆之后则号召地方群体在博物馆专业人士的帮助下共同阐释地方遗产与地方价值，进而实现地方群体对遗产价值、文化的“无政府主义”的自觉。结合“三年周期”理论框架，米兰达实际上是借生态博物馆模式之名，思考博物馆学的学科进程。同样是一个过程，米兰达借喻生态博物馆在地方上从无到有的过程，表达了自己对博物馆学历史演变过程的认识。

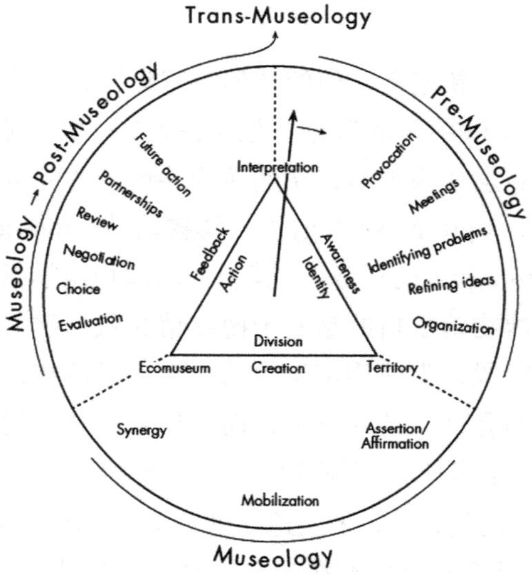

图2-3 生态博物馆“三年周期”理论框架②

法国作家居斯塔夫·福楼拜（Gustave Flaubert）有关项链的表述深刻启发了生态博物馆模式：构成项链的是链身（thread）而非珍珠（pearls）。如果可以将生态博物馆视为项圈，那么它就是一个串联体现地方特色的不

① Peter Davis. *Ecomuseum: A Sense of Place (2nd Edition)*. London and New York: Continuum International Publishing Group, 2011, p. 87.

② Peter Davis. *Ecomuseum: A Sense of Place (2nd Edition)*. London and New York: Continuum International Publishing Group, 2011, p. 86.

同要素的机制[①]——珍珠就是一个个展示点。这与奥尔然·哈姆林（Örjan Hamrin）的观点如出一辙，他认为，生态博物馆应该是一个具有更大遗产关怀的机制和方式[②]。在伯格斯拉根生态博物馆（Ekomuseum Bergslagen/Ecomuseum Bergslagen），作为链身的生态博物馆将地域内体现地方特殊性的15个左右的文化展示点联系在一起。如果结合里瓦德和戴维斯的生态博物馆定义，我们会发现，生态博物馆串联的对象则不仅是地点（sites）或文化展示点（cultural touchstones），而且包含其他要素，比如集体记忆、建筑、自然地点、认同、老人、传统、景观、遗产、文化遗产等。在生态博物馆的"项链模式（necklace model）"中，这些要素的共同在场绘制了地方的特殊性。除此之外，项链中还有一个不易发现但是至关重要的部分，即钩扣（clasp）。在这一模式中，地方群体即是钩扣，他们的参与、活动和组织整合了生态博物馆的具体实践。

福楼拜的隐喻启发了生态博物馆"项链模式"的提出（图2-4），在笔者看来，链身、珍珠和钩扣共同保证了生态博物馆"项链模式"的完整性，从而描绘地方的与众不同。同时，"项链模式"结合了里瓦德对生态博物馆的定义，进一步提升了哈姆林所提出的"斯堪的那维亚生态博物馆模式（Scandinavian Ecomuseum Model）"，这可谓是一项巨大的突破。

一个从生态博物馆过程入手，一个立足于地方的特殊性，两个生态博物馆模式不尽相同，却各有精彩。除此之外，生态博物馆模式还有大原一兴（Kazuoki Ohara）的"三核心说"[③]和戴维斯的"三圈说"[④]。生态博

---

① Peter Davis. *Ecomuseum: A Sense of Place (2nd Edition)*. London and New York: Continuum International Publishing Group, 2011, pp. 88-89.

② Örjan Hamrin. Ekomuseum Bergslagen: från idé till verklighet. *Nordisk Museologi*, 1996(2), pp. 27-34. Retrieved from Peter Davis. Places, "Cultural Touchstones" and the Ecomuseum. *Heritage, Museums and Galleries: An Introductory Reader*. London and New York: Routledge, 2005, p. 410.

③ 〔日〕大原一兴著，张伟明译：《当今日本的生态博物馆》，《2005年贵州生态博物馆国际论坛论文集》，北京：紫禁城出版社，2006年，第182—183页。

④ Peter Davis. Places, "Cultural Touchstones" and the Ecomuseum. *Heritage, Museums and Galleries: An Introductory Reader*. London and New York: Routledge, 2005, pp. 410-411.

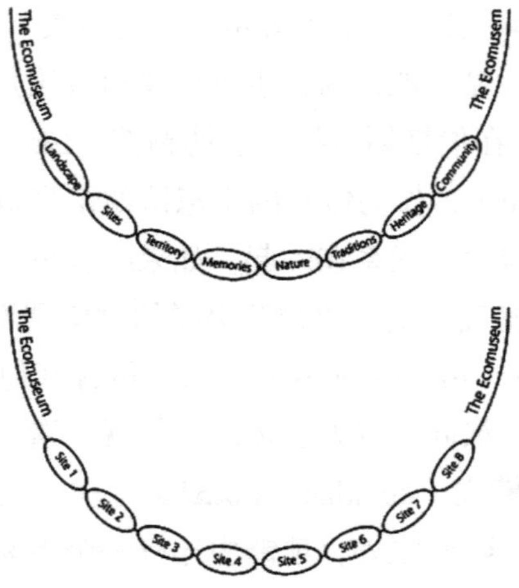

图2-4 生态博物馆的项链模式①

物馆模式不是固定的，即使同一个模式也会随着认知的深入而不断完善。至于不同生态博物馆模式所生成的一系列实践，我们留待后文慢慢揭晓。

二、生态博物馆的实践评估

简单来说，评估是要验证实际效果与最初设想之间的对应关系。因此，任何实践评估的依据都是双重的，一是内在于指导实践的思想与理论，二是每一个实践主体的特异性。生态博物馆也不例外，除了要在生态博物馆实践的诸多乱象中寻找“名副其实”外，生态博物馆评估还有第三重考虑，那就是通过评估来辨明“没有固定概念和模式”的生态博物馆的基本特征。

从生态博物馆评估的发展轨迹来看，用以评估的生态博物馆指标（ecomuseum indicators）数度更易。一开始，生态博物馆指标因实践案例太少而基本上来自于思想与理论的演绎；到20世纪90年代之后，指标因为实践的多样性而更加依赖具体的实践调查。回头去看这一脉络的演进，指

① Peter Davis. Places, “Cultural Touchstones” and the Ecomuseum. *Heritage, Museums and Galleries: An Introductory Reader*. London and New York: Routledge, 2005, p. 412.

标的逐渐增加是一个可见的证据，其具体变化过程如下：

在里维埃的早期生态博物馆学说中，生态学和整体论是生态博物馆的核心要素；在戴瓦兰的生态博物馆学说中，社区参与是生态博物馆的核心要素。这两大支柱界定了生态博物馆和传统博物馆的区别，也在一定程度上构成了生态博物馆运动的哲学框架和实践模式。科赛意识到了这个问题：虽然生态博物馆演进与传播会被冠以各种名号，但是法国博物馆学家里维埃和戴瓦兰对生态博物馆的理解是最重要的两个理想指标①。

随后，每一个生态博物馆实践呈现出来的特征都有可能会被纳入到指标行列中，成为衡量其他生态博物馆实践的标准。1992年，帕特里克·博伊兰（Patrick Boylan）列出了生态博物馆的五大特征概念：地域、分散与生态博物馆“收藏”的本质、阐释的跨学科路径、生态博物馆“顾客”的本质、地方民主和社区参与②。其中，每个特征内含有从传统博物馆路径（1分）到生态博物馆学路径（5分）的五个等级。评估结果按照总得分来衡量：不大于13分为传统博物馆，14—19分是关注环境的具有社区导向潜力的博物馆，20分及以上的是真正的生态博物馆。

1995年，哈姆林和马林·霍兰德（Malin Hulander）根据生态博物馆的特色提出③：

> 生态博物馆覆盖一定的地域范围，由选定的文化景观要素构成，阐明了事物在原初场景中的形态、位置以及如何发生。生态博物馆试图解释概念、位置与过程，试图保护、储存与重构，试图动员参观者，并使其方便接触文化遗产。它建立在文化与旅游互动的基础上，关心现存的状况，需要地方政府、协会、组织、公司、个人共同努力，依靠主动的志愿服务，旨在制造一个旅游

---

① Gerard Corsane. Using Ecomuseum Indicators to Evaluate the Robben Island Museum and World Heritage Site. *Landscape Research*, 2006(4), p. 403.

② Patrick Boylan. Ecomuseums and the New Museology—Some Definitions. *Museums Journal*, 1992(4), pp. 29-30.

③ Retrieved from Peter Davis. *Ecomuseum: A Sense of Place*. London and New York: Leicester University Press, 1999, p. 219-220.

者能够进入的小有名气的地区。吸引地方居民参与，创造地方认同感，吸引各个层次的学校与教育部门，保持与时俱进。新近的要素与特色及时纳入到短期或长期的发展规划中，旨在整体展示——兼顾一般与特殊，与地方艺术家、手工艺人、作家、行动家和音乐家保持合作。通过学术层次的研究传播，提升研究水平，旨在阐明技术与个体、自然与文化、过去与现在、昨天与今天之间的联系。

在戴维斯看来，这个清单并没有涉及自然环境、地域内的特殊需求、过去或当代环境议题、活态藏品的角色、生态博物馆收藏的本质等要素①。尽管存在这些不足，哈姆林和霍兰德率先提出的生态博物馆特色的清单为以后评估问卷的设计以及生态博物馆指标的提出奠定了基础。

1998年，戴维斯在上述两位同行的研究基础上设计调查问卷，向各生态博物馆负责人了解生态博物馆建设目标及其特色等基本情况。这份涉及生态博物馆本质的问题包括为什么在筹建之时使用生态博物馆术语，描述生态博物馆的主要目的，生态博物馆的工作重心是收集物质文化还是进行地方民族志调查，生态博物馆是否有利于地方的市场营销，社区参与生态博物馆的情况，生态博物馆是否有助于阐释地方的自然环境、自然资源，过去与现在生活的关系，生态博物馆与社会史博物馆之间的区别，生态博物馆是否能够给社区带来自豪感等②。1999年，在《生态博物馆：地方感》一书中，戴维斯提出适用于大多数生态博物馆的指标清单③：

生态博物馆中的地域没有必要以传统地理边界来定义；生态博物馆的分散展示政策必须与在地保护、阐释联系在一起；放弃

① Peter Davis. *Ecomuseum: A Sense of Place (2nd Edition)*. London and New York: Continuum International Publishing Group, 2011, p. 91.

② Peter Davis. *Ecomuseum: A Sense of Place*. London and New York: Leicester University Press, 1999, pp. 229-232.

③ Peter Davis. *Ecomuseum: A Sense of Place*. London and New York: Leicester University Press, 1999, p. 228.

传统的展示点所有权，展示点的保护与阐释经由交流、合作而达成；赋权地方社区和地方群体参与到博物馆活动中，创造他们的文化认同；保证跨学科和整体阐释的潜力。

2004年，戴维斯在充分调查的基础上修正了之前的评估研究，这些关键的原则和指标又被称为“二十一条（the twenty-one principles）”。作为评估工具，这些生态博物馆指标不仅可用于生态博物馆，而且适用于其他具有整合性的遗产管理项目。“二十一条”如下[①]：

当地社区控制；允许所有利益相关者和利益群体以民主的方式公开参与决策过程和活动；激励当地社区、学者顾问、地方企业、地方权威和政府机构共同所有和共同管理；强调遗产管理的过程而非用于消费的遗产产品；鼓励与地方手工业者、艺术家、作家、演员、音乐家合作；地方利益相关者充分依赖志愿者实质性的积极贡献；聚焦地方认同与地方感；确定一个具有共同地方特殊性的地理范围；兼顾地方的时空维度，关注随时间的变迁与延续而非简单地冻结时间；采取由中心馆和卫星馆（建筑和展示点）网络共同构成的分散型博物馆形式；促进遗产资源的在地保护、保存与维护；同等重视可移动、不可移动物质及非物质文化遗产资源；资源的可持续发展和有节制使用；为了更好的未来，允许改变和发展；鼓励持续记录过去和现在生活，以及地方群体与环境要素（包括自然、经济、社会、文化和政治）的互动；促进多层次研究（地方专家到学者的研究与理解）的开展；促进研究的多学科和跨学科路径；鼓励采取整体路径来阐释自然与文化关系；尝试阐明技术与个体、自然与文化、过去与现在之间的联系；提供遗产与有担当的旅游之间的交合点；有益于当地社区，譬如自豪感、复兴或增加经济收益。

---

① Peter Davis. *Ecomuseum: A Sense of Place (2nd Edition)*. London and New York: Continuum International Publishing Group, 2011, pp. 92-93.

戴维斯有关生态博物馆评估的研究也是一个演进的过程，从最初调查各生态博物馆的认知，到后来亲自进行田野调查，从最初的五个指标到后来的二十一个指标。这不仅是戴维斯个人的学术历程，也是学术随时代而演变的过程。评估指标从理论到实践的发展轨迹的背后是生态博物馆实践多样性与特异性的大量出现，它们成为生态博物馆评估指标的重要来源。

随后，生态博物馆指标进一步修正，生态博物馆项目参与者也开始将其用于自我评估。从总结性评估到形成性评估的变化让参与者在项目进行中就关注这些指标，生态博物馆实践的思想与理论也就得到了保障。如此看来，虽然生态博物馆评估有“辨明真身”的重要任务在身，但更多的是为解决生态博物馆实践中存在的问题：比如组织长期发展、权力问题等。不仅如此，生态博物馆评估正逐渐走出自洽体系，其开展真正有助于博物馆、遗产和地方社会的健康发展。

三、生态博物馆实践：从法国到世界

从法国到世界，生态博物馆开始了从理论到实践的实验之旅。在此，笔者仅根据本书的需要，谈及与之密切相关的实践案例，其他的暂不赘述。如有想进一步了解生态博物馆在世界各地实践的读者可参阅罗欣怡在2016年的最新研究①。

根据于贝尔的研究，生态博物馆在法国经历了三个阶段的转变②。其中，1967—1971年末是法国生态博物馆的第一代。在生态博物馆一词出现之前，作为法国第一代生态博物馆的地区自然公园实践已经开始。20世纪60年代末，里维埃以生态学与地域整体为哲学理念倡导了这次实践。这一时期的生态博物馆实践延续了欧洲大陆的生态与自然保护的策略，尤其是北欧斯堪森的户外博物馆理念。具体到操作层面，这一时期的实验项目

① 罗欣怡：《地方·文化·博物馆：博物馆的社会关怀与实践》，台南：台湾历史博物馆，2016年。

② 〔法〕弗朗索瓦·于贝尔著，陈音音译：《生态博物馆在法国——矛盾与曲解》，《博物馆学季刊》1996年第1期。

的推进几乎全部依靠管理机构来操作，生态博物馆与当地人之间的互动不够，比如马尔基兹生态博物馆（the Ecomuseum of Marquéze）因其生态学方式而被称为环境博物馆[①]。第一代生态博物将博物馆与地方整体联系在一起，又称为机构式生态博物馆、园区式生态博物馆、发现型生态博物馆、单向输入系统的生态博物馆。

1971—1977年是法国生态博物馆的第二代。在这一时期，生态博物馆的主要实践是由戴瓦兰主导的，社区参与和社区自治的关怀被纳入到生态博物馆实践中。虽然里维埃和戴瓦兰的生态博物馆主张前后有别，但生态博物馆实践呈现出来的是彼此的融合而非转向。1972年开始筹建、1975年正式成立的——克勒索-蒙锡人与工业博物馆（The Museum of Man and Industry, Le Creusot-Montceau）不仅是法国第二代生态博物馆的代表，而且是整个生态博物馆领域的典范。以其为代表的生态博物馆实践确立了影响深远的“分散型博物馆（fragmented museum）”实践模式，并形成了核心馆（the center）和卫星馆（antennes）的网络格局[②]。法国第二代生态博物馆又被称之为社区式生态博物馆、社区型生态博物馆、社区参与式生态博物馆、双重输入系统的生态博物馆。

20世纪80年代以后是法国生态博物馆的第三代，又被称为百家争鸣、经济萧条[③]、衰退的博物馆（museums of recession）[④]。经济再生、企业经营、财政投入、传统博物馆敌意、沉湎于过去等一系列外在与内在要素形成了一股对生态博物馆的包夹之势，生态博物馆成为当地政府操弄的

---

① Kenneth Hudson. The Dream and the Reality. *Museums Journal*, 1992(4). p. 28.

② Peter Davis. *Ecomuseum: A Sense of Place*. London and New York: Leicester University Press, 1999, pp. 66-67. 张誉腾：《生态博物馆：一个文化运动的兴起》，台北：五观艺术管理有限公司，2004年，第46—47页。Kenneth Hudson. Ecomuseums Become more Realistic. *Nordisk Museologi*, 1996(2), p. 17.

③ 罗欣怡：《地方·文化·博物馆：博物馆的社会关怀与实践》，台北：台湾历史博物馆，2016年，第18页。

④ 〔法〕弗朗索瓦·于贝尔著，孟庆龙译：《法国的生态博物馆：矛盾和畸变》，《中国博物馆》1986年第4期，第78—82页。这篇文章在台湾地区的翻译版本更为顺畅，术语更加准确。参见陈音音译：《生态博物馆在法国——矛盾与曲解》，《博物馆学季刊》1996年第1期。

礼物。“自上而下”还是“自下而上”的困境让生态博物馆实践要么处于被驯服的状态，要么处于无以为继的状态。其中阿尔萨斯生态博物馆（Écomusée D'Alsace）是第三代生态博物馆的代表。在诸多困难的包围中，阿尔萨斯生态博物馆倾向于回到过去的时空，并以旅游休闲为出发点[①]。较之于第二代生态博物馆共生、平等、地方重振的运作理念，阿尔萨斯走向了商业化与契约关系的道路，生态博物馆的精神逐渐模糊。

20世纪80年代末，法国生态博物馆出现混乱局面：不少自称生态博物馆的馆舍没有符合其核心意蕴，反之，一些不以生态博物馆命名的馆舍反而较接近生态博物馆之实。1989年，法国28座博物馆共同创设了生态博物馆联盟——法国“生态博物馆及社会博物馆联盟（the Federation of Ecomuseums and Museums of Society）”。截止到2016年，联盟成员近123位，以生态博物馆命名的40多个，加上一些具有生态博物馆性质的其他博物馆有80—90个[②]。随着20世纪90年代法国生态博物馆被整编到法国文化部博物馆司中，留存在生态博物馆实践中仅有的革命性也丧失了。传统博物馆与博物馆学并未在生态博物馆、新博物馆学的冲击下转变博物馆研究的基本范式，相反，生态博物馆被整合到传统博物馆世界。

欧洲大陆的生态博物馆实践[③]主要分布在法语区国家，比如挪威、瑞典、丹麦、芬兰、比利时等地。挪威作为中国生态博物馆真正起步的国外导师，梳理其生态博物馆的观念与实践有助于理解中国生态博物馆运动。从本质上来说，挪威是一个农业社会，在早熟的户外博物馆理念下，在20世纪上半叶就以“民俗博物馆”的名义建立了许多面向传统生活与地方遗产的博物馆。20世纪80年代，“去中心化”以及强调社会角色的生态博物馆思想传入挪威，“分散性博物馆”实践模式被广泛采用，同时又根据国

---

① 罗欣怡：《地方·文化·博物馆：博物馆的社会关怀与实践》，台北：台湾历史博物馆，2016年，第72—77页。

② 罗欣怡：《地方·文化·博物馆：博物馆的社会关怀与实践》，台北：台湾历史博物馆，2016年，第18—19页。

③ 还包括一些具有生态博物馆性质却不使用这一称谓的实践，比如德国、荷兰、西班牙、希腊等国家，这些实践暂时不作论述。详见：Peter Davis. *Ecomuseum: A Sense of Place*. London and New York: Leicester University Press, 1999, pp. 114-142.

别传统做了修正。1984年，六个挪威博物馆正式采取生态博物馆路径进行乡村遗产的保护，挪威图顿生态博物馆（the Totem Ecomuseum）即是其中的代表。图顿生态博物馆通过原地保护的展示逻辑完成了从户外博物馆向生态博物馆的转变，记录地方有形和无形文化认同成为乡村生活的主题。在具体操作层面，图顿生态博物馆采纳了资料信息中心（documentation centre）和展示点（sites）的模式，在杰斯特龙看来，具有多重共用的资料信息中心是其他生态博物馆展示点交流互动的大脑（brain）①。图顿生态博物馆馆长陶维·达儿（Torveig Dahl）在回顾这段历史时提到，生态博物馆在处理空间场景中地方分散的展示点，以及超越传统博物馆的机构和科学壁垒方面贡献颇多。通过挪威经验我们能够看到，挪威的农业社会基础、户外博物馆传统、中央与地方的认同张力等要素为生态博物馆的推行奠定了坚实基础。这些相似性的宏观背景提供了移植挪威经验的可能性，不同于法国，挪威确立了一种新的实践模式——排斥旅游发展、保护文化认同的生态博物馆类型，但这一思路在移植到中国时遭遇到了挑战。

严格来说，英国并未出现所谓的生态博物馆，法国的风潮并未跨越海峡传到英国来②。英法之间在认识论上的差异——实用主义和浪漫主义，个人主义和整体主义上的差别在某种程度上造成了两国的文化差异。就生态博物馆而言，两国之间文化发展背景和机制的不同也影响到了生态博物馆理论的接纳与实践的开展。英国早已具有了法国生态博物馆性质的机构，即国家信托基金会（National Trust）③。生态博物馆虽然并未在英国扎根，但法国生态博物馆理念或多或少地对其有所影响，并以另一种面向予以展现。

虽然生态博物馆并未在英国落脚，但却漂洋过海来到了北美、澳大利亚和日本等地。正如里瓦德所言，在全球生态博物馆的谱系中，魁北克

---

① John Gjestrum. *Norwegian Experience in the Field of Ecomuseums and Museum Decentralisation*. 1992, retrieved from Peter Davis. *Ecomuseum: A Sense of Place*. London and New York: Leicester University Press, 1999, p. 116.

② Kenneth Hudson. The Dream and the Reality. *Museums Journal,* 1992(4), p. 30.

③ 详见张誉腾：《生态博物馆：一个文化运动的兴起》，台北：五观艺术管理有限公司，2004年，第98—127页。

生态博物馆有其独特的位置，犹如新镶上的几颗珠玉，为生态博物馆的冠冕增添了光彩。生态博物馆在北美的实践集中在加拿大，其中最具代表性的当属上比沃斯生态博物馆。里瓦德通过比较研究总结了魁北克生态博物馆的八项特色[①]。笔者认为，其中较为突出的有以下几个方面：社区居民与社区的教育，自我与民主基础上的发展，专业化的培训以及协会与联盟的成立。法国生态博物馆的“去中心化”和魁北克生态博物馆的“专业化”在一定程度上让我们想起了中国生态博物馆代际划分标准，以及由此形成的固化分类——贵州模式与广西模式。米兰达有感于这一生态博物馆特色，提出了极富建设性的看法，即生态博物馆本身不是目的，而是达到目的必须完成的中介性目标[②]。在澳大利亚，西南生态博物馆（the South-West Ecomuseum）采取了生态博物馆的称谓，依靠社区参与以及“分散性展示点”的路径来促进自然环境的保护，旅游、教育与研究功能的发挥，以及社区的联合与自治。澳大利亚的生态博物馆项目在一定程度上促进了当地经济的发展、资源的保护与文化的认同，但是在对外宣传中，由于“生态博物馆”术语的高深与晦涩，而没有采用这一提法。

此外，戴维斯还讲述了生态博物馆在广大发展中国家的传播与实践，但是在他看来，这些实践往往由于政策与资金支持不够而破产。除此之外，诞生于后工业文明的生态博物馆哲学理念是否能够在这些发展中国家中扎根？原有的哲学主张是如何根据文化语境与社会现实而调适的？笔者将在接下来的文章中，以中国生态博物馆运动为例，来考察诞生于法国的生态博物馆是如何进入中国，以及三十多年来，其在中国的发展与演进。

---

① 详见张誉腾：《生态博物馆：一个文化运动的兴起》，台北：五观艺术管理有限公司，2004年，第88—91页。

② 详见张誉腾：《生态博物馆：一个文化运动的兴起》，台北：五观艺术管理有限公司，2004年，第81页。

第三章　理论与实践：中国生态博物馆运动三十年

生态博物馆学是一个不断产生和解决问题的过程，它绝非一蹴而就，而需一步一个脚印。它的发展历程并非直线进步式的，期间有中断、停顿、搁浅，甚至暗流涌动，有时还是一项长期而无法感知其效果的工作。对地方来说，生态博物馆永远是一个开放性的问题。[①]

我们可以“后见之明”轻易地说这些概念是天真而注定失败的，但无论这些主意多么不切实际、遥不可及，这梦想是崇高的，而且具有撼动国际博物馆界的影响力。[②]

---

① Andrea Hauenschild. *Claims and Reality of New Museology: Case Studies in Canada,the United States and Mexico*. Washington, D.C: Center for Education and Museum Studies, Smithsonian Institution, 2000, p. 41.

② Kenneth Hudson. The Dream and the Reality. *Museums Journal*, 1992(4), p. 30.

2016年，中国生态博物馆运动[①]恰好迎来自己的“而立之年”，回顾这三十年的生态博物馆运动，我们不禁唏嘘感叹。作为一个西方的舶来品，生态博物馆在中国大地上经历了理论引介、行动尝试、理论繁荣、全面反思四个过程。对一场博物馆学界的文化运动来说，三十年时间说长不长，说短不短。在这期间，与之有关的种种人物、事件、活动远不是一章篇幅所能够讲述清楚的。无论是以特定区域或聚落为题，比如贵州生态博物馆群、广西生态博物馆群、安吉生态博物馆群，还是以单个生态博物馆实践为题，比如梭戛生态博物馆、白杨坡生态博物馆，都能够产生出优秀的文章与著作。

笔者深感如此行文不仅会简化中国生态博物馆运动的复杂性，而且还会造成相关内容的前后重复。然而，权衡再三，执意而行。之所以将中国生态博物馆宏大历程浓缩在一章中主要有三个方面的考虑：首先，从行文的逻辑层面来讲，一味按照中国生态博物馆实践的代际划分标准进行书写，会造成“唯实践论”的后果——行文线索的断裂，在一定程度上割裂了理论与实践之间的互动关系；其次，无论从实际发展进程来看，还是从其理论与实践的双重属性来看，生态博物馆运动是一个整体，唯有整体视角方能揭示各部分之间的关系；最后，中国生态博物馆运动整体图景的绘制为后文田野经验材料分析提供了背景，这样的行文安排既避免了具体实践分析的突兀感与无序感，也在一定程度上增加了具体分析的广度与深度，形成点面结合的搭配。

另外需要说明的是，由于涉及的范围太过宽泛，这一章关于生态博物馆实践的论述部分来自文献材料，部分来自笔者亲身参与的项目体验与田野经验：民族地区的生态博物馆材料基本来自于文献材料、个人访谈和会议纪要，而安吉生态博物馆群、山西平顺太行三村生态博物馆、松阳生态博物馆群的材料则来自于笔者的亲身体验与田野经验。

中国生态博物馆理论研究与实践探索的发展可大致分为三个阶段：第一阶段是生态博物馆运动的探索期（1986—1994年），这一时期中国的生

---

① 由于学术能力和篇幅所限，本书中所论述的“中国生态博物馆运动”以大陆的情况为主。台湾的生态博物馆情况不会专门进行叙述，一些基本情况会根据需求穿插于行文之中。

态博物馆实践尚未付诸行动，生态博物馆处于理论引介阶段；第二阶段是生态博物馆运动的发展期（1995—2005年），这一时期中挪合作贵州生态博物馆群落正式建成，广西民族生态博物馆“1+10”工程建成的三个试点项目，与此同时，中国学者开始结合生态博物馆本土化实践进行理论与学术上的思考，贵州国际论坛的召开更将中国生态博物馆运动推向高潮；第三阶段是生态博物馆的繁荣期（2006年至今），这一时期，中国生态博物馆的理论与实践更加多样化。从理论层面看，多元反思的学术研究大量出现，这标志着中国生态博物馆运动进入一个新阶段。从实践层面看，生态博物馆从西南地区发展到中国东部地区和北方社会，本土化应用尝试更加多样。

中国生态博物馆运动应该如何书写？是根据上述的时间分期来梳理各个阶段所发生的社会事实，还是以具有代表性的关键人物和具有转折意味的事件作为书写标准，还是根据不同地区的生态博物馆具体实践来进行书写？可以说，无论哪一种行文方式都有可取之处，但也都有不可规避的缺陷。再三权衡，笔者决定采取一种更为综合的行文模式：首先介绍中国生态博物馆运动的领军人物苏东海，他所建构的“苏氏话语”[①]在一定程度上构成了中国生态博物馆运动的“理论圣经”与“研究底色”。其次，笔者将参照时间分期，从实践角度介绍2005年之前中国生态博物馆在民族地区的早期实践。在笔者看来，以贵州和广西为代表的民族地区的生态博物馆实践具有“表征民族”的特色。再次，笔者将重新回到生态博物馆理论的层面，回顾2005年贵州国际论坛的理论典范意义，以及随之而出现的以“发现地方”为特质的多元生态博物馆实践。最后，生态博物馆的诸多实践在行动派和理论派中都引发了一系列的讨论，构成了当今理解生态博物馆的重要的资源。从表征民族到发现地方，生态博物馆在中国的实践之路

---

① “苏氏话语”指的是知识史话语中苏东海对中国生态博物馆运动所做的一系列理论阐发的综合。以往的研究虽然也会涉及苏东海关于生态博物馆研究的某些表述与说明，但是缺少系统的梳理与解读，更不用说将其提升到“话语”层面。笔者在整体把握中国生态博物馆运动的总体脉络过程中，有感于苏东海在中国生态博物馆运动中的关键位置，因此，将其理论作为研究底色进行系统的梳理与解读，并在此基础上将其归纳为“苏氏话语”。

不仅提供了比较研究的可能性，而且共同构成了中国生态博物馆运动的内在逻辑与实践性格。

第一节　“苏氏话语”

犹如里维埃、戴瓦兰之于法国和国际生态博物馆运动一般，苏东海是中国生态博物馆运动的先驱与旗手，一度被尊称为“中国生态博物馆之父”。苏氏最早了解到西方生态博物馆理论，并将其引入中国；同时他也是最早将理论诉诸实践，进行生态博物馆建设的关键人物。在笔者看来，苏氏对于中国生态博物馆运动的最大影响当属其笔耕不辍的理论建构，这一系列的文章所暗含的哲学理论与思辨观念成为中国生态博物馆运动的“理论圣经”和“研究底色”，也在一定程度上成为佐证后来生态博物馆实践合法性的权威参照。要理解生态博物馆运动在中国的发展，这位如影随形的老者是我们无论如何也避不开的关键一环。2016年，《苏东海思想自传》[①]出版，这本活泼鲜活的回忆录使其严肃的理论思想更加丰满。在这一部分中，笔者分探索期（1986—1994年）、成熟期（1995—2005年）、反思期（2006年至今）三个阶段来论述苏东海对中国生态博物馆运动做出的贡献。

苏东海对中国生态博物馆运动意味着什么？中国生态博物馆运动的“苏氏话语”是如何形成的？“苏氏话语”为何能够成为一套生态博物馆话语，并持续发挥效力？他的全面反思是否改变了最初的认识？这一系列疑问将是笔者在下文中意欲探寻的问题。

一、苏东海与生态博物馆的传译

1986—1994年间是生态博物馆理论引介的时期，也是苏东海初识生态博物馆的时期。现在回头去看，生态博物馆与苏东海结缘，进而来到中国真是机缘巧合的一件事。1985年，中国革命博物馆进行机构改革，苏东海卸任陈列部主任，在王宏钧的推荐下，开始担任中国博物馆协会会刊的主

① 苏东海：《苏东海思想自传》，北京：文物出版社，2016年。

编[①]。在苏东海的主张下，会刊由《中国博物馆》和《中国博物馆通讯》构成[②]。从其自身学术史来看，这意味着苏东海从党史研究转向博物馆研究，从个体博物馆的研究转向整体博物馆的研究。也正是依靠苏东海一手打造的学术平台，生态博物馆开始由他本人介绍到中国博物馆学界。

这一时期是中国生态博物馆运动的探索期，即西方生态博物馆理论的引介阶段。苏东海关于生态博物馆运动的贡献首先在于将西方生态博物馆的理论引介到中国学界，开启了中国生态博物馆运动的“启蒙时代”。1986—1993年，《中国博物馆》共翻译发表了五篇西方生态博物馆文章，作者分别为里维埃、戴瓦兰、于贝尔、里瓦德和南希·福勒（Nancy J. Fuller）。虽然这些译文并未系统呈现西方生态博物馆产生的背景、谱系，但不可否认的是，这些文章代表了当时中国博物馆学界对国际博物馆学界最高水准的认识。

1986年，三篇以生态博物馆为题的译文出现在《中国博物馆》第2期，这为中国博物馆学界打开了一扇通往未知的门。第一篇文章是里维埃的《生态博物馆——一个进化的定义》[③]，也就是后来为人所熟知的关于生态博物馆的经典描述。

第二篇文章是戴瓦兰的《“生态博物馆”一词及其他》[④]。这篇文章延续了生态博物馆概念的不确定性与含混性，认为生态博物馆不过是一种“求变”的冒险，其核心在于服务社会与人类。通览整篇文章，字里行间流露出一种不确定性和焦虑性，动荡的时代与各种新知的模糊性为生态博物馆开辟了一条通往多重可能和开放的道路。

第三篇文章是于贝尔的《法国的生态博物馆：矛盾和畸变》[⑤]，这篇

① 苏东海：《苏东海思想自传》，北京：文物出版社，2016年，第200—202页。

② 苏东海：《苏东海思想自传》，北京：文物出版社，2016年，第203页。

③ 〔法〕乔治·亨利·里维埃：《生态博物馆——一个进化的定义》，《中国博物馆》1986年第4期。

④ 〔法〕于格（后译雨果）·戴瓦兰：《“生态博物馆”一词及其他》，《中国博物馆》1986年第4期。

⑤ 〔法〕弗朗索瓦·于贝尔著，孟庆龙译：《法国的生态博物馆：矛盾和畸变》，《中国博物馆》1986年第4期。

文章回顾了法国生态博物馆实践，还强调了生态博物馆的地域性造成了地方等级与差异，以及生态博物馆建设中永久展示的重要性。作为一篇反思性文章，于贝尔敏锐察觉到了生态博物馆理论与理论之间、理论与实践之间存在的矛盾、曲解与畸变。

1987年，《中国博物馆》又刊登了里瓦德的文章——《魁北克生态博物馆的兴起及其发展》[①]。该文介绍了魁北克生态博物馆运动的兴起（1974—1978年）、建立（1979—1982年）与发展（1983—1984年）历程，并分析了魁北克地区六个生态博物馆彼此的差异，以及魁北克生态博物馆模式所独有的开创性特色。在这些特色中，魁北克生态博物馆的博物馆学培训与教育特色成为其他国家一直学习的典范。

1993年，福勒结合已有的生态博物馆理论，论述了亚克钦社区生态博物馆建立的始末，并提出了生态博物馆成功的关键在于解决地方社区问题的意识，以及与学术指导者的合作[②]。福勒的研究并没有纠缠生态博物馆概念与内涵，而是从一个切实可见的个案过程来归纳并分析生态博物馆实践与理论要素，即在过程中实现社区认同与发展。

至此，在苏东海的影响下，中国生态博物馆理论完成从西方到中国的“文化传译”。纵观上述几篇文章，我们发现，所谓西方生态博物馆的理论引介仅仅局限在相关概念的探讨，以及它在法国产生，在加拿大和美国传播的事实描述。从中国生态博物馆的本土实践来看，这些略显狭窄的海外视域并未成为中国实践的理论指导和根基。因为中国的生态博物馆实践的直接导师从根本上来说是源自于斯堪的纳维亚地区的挪威经验，与生态博物馆诞生与起源的大本营——法国并无直接关系。因此，作为早期引介者与随后的实践者，苏东海并未一以贯之地采取相对统一的生态博物馆认识框架。据胡朝相记载，1993年，苏东海就“镇山文化保护”的回信中说，“建镇山露天民俗博物馆很有创意，但他也没有涉及生态博物馆的

---

① 〔加〕雷内·里瓦德著，苑克健译：《魁北克生态博物馆的兴起及其发展》，《中国博物馆》1987年第1期。

② 〔美〕南希·福勒著，罗宣、张淑娴译：《生态博物馆的概念与方法——亚克钦印第安社区生态博物馆计划》，《中国博物馆》1993年第4期。

问题。”[①]也就是说，在以《中国博物馆》为平台进行生态博物馆文化传译的这几年时间里，苏东海似乎并没有在中国建设生态博物馆的主张或念头。真正触动苏东海在中国进行实践尝试的契机来自于1994年在国际博物馆协会博物馆学委员会（ICOM International Committee for Museology）上与挪威生态博物馆运动专家杰斯特龙的相识。从1986年引介伊始，到1994年的深入交流与理解，亲自实践这种新思维的强烈愿望呼之即出[②]。

在理论引介方面，中国大陆的起步远早于台湾地区。在台湾，以“生态博物馆”为主题的理论介绍首次出现在1996年第1期的《博物馆学季刊》上，时任《博物馆学季刊》编辑的张誉腾组织翻译了1985年国际博物馆协会出版的《博物馆》（*Museum*）期刊中的一些文章[③]，包括里维埃、于贝尔、哈德森、里瓦德等人的论述。与此同时，张誉腾与项目规划小组成员将生态博物馆理念注入兰阳博物馆整体规划策略上，开始系统推进兰阳生态博物馆群的建设。虽然台湾地区对生态博物馆理念的引进稍晚于大陆，但从实践上来讲，两者几乎同时开展了生态博物馆实践。稍有不同的是实践方式，台湾将生态博物馆理念注入1992年启动的兰阳博物馆规划构想中，而中国大陆则采取新建的方式，在贵州建立内地第一座生态博物馆。

二、从实践到理论：“苏氏话语”的建构

一套话语的形成不仅仅需要有理论层面的持续滋养，而且还需要切实的实践与经验材料，两相碰撞方能产生火花。“苏氏话语”的建构开始于1995年，西方生态博物馆理论的刺激是一直存在的社会事实，具体实践的出现让话语建构成为可能。中国第一座生态博物馆落户贵州为苏东海提供了实践材料，引发了他的切实感悟，理论与实践的碰撞使“苏氏话语”得以成形。

---

① 胡朝相：《贵州生态博物馆纪实》，北京：中央民族大学出版社，2011年，第3页。

② 苏东海：《苏东海思想自传》，北京：文物出版社，2016年，第279—280页。

③ 张誉腾：《生态博物馆：一个文化运动的兴起》，台北：五观艺术管理有限公司，2004年，第161—162页。

1995年4月，生态博物馆项目课题组在对贵州近十个民族村寨考察的基础上完成了《在贵州省梭嘎乡建立中国第一座生态博物馆的可行性研究报告》[①]。该报告从生态博物馆的基本原则、梭嘎生态博物馆的特殊意义和可能性、设施建设和原状保护、组织结构、财政安排和未来展望六个方面分析了贵州生态博物馆建设的可行性。

随之，苏东海对中国生态博物馆的理论建构和阐释一发不可收。用他自己的话来说："关于生态博物馆，我说的太多，写得也太多了。"[②]但是为了更清晰地认识"苏氏话语"的建构，我们将再次回到苏东海的文字，从这些"太多的""碎片化的"文本中寻找生态博物馆运动在中国走过的轨迹。"苏氏话语"主要集中在几个方面：

第一，为中国生态博物馆理论与实践"寻根"。苏氏试图采取"比附"的修辞手法从中国本土的认识论中寻找中国生态博物馆出现的哲学之根。在1995年《关于生态博物馆的思考》和《在中挪博物馆学者报告会上的报告》两篇文章中，苏东海分析了生态博物馆产生的历史背景与时代背景，比较了传统博物馆与生态博物馆在理论与实践上的不同，追溯了中国生态博物馆本土认识和行为实践，援引《中国博物馆与环境科学》[③]《略论人类环境素质与博物馆》[④]等文章，以及村寨博物馆实践来为中国生态博物馆理论与实践寻根[⑤]，但令人遗憾的，这些看似具有"生态博物馆意识"的理论与实践却与西方的生态博物馆运动差之千里。究其原因在于生态博物馆运动的核心与精髓并不在于它的名字——生态博物馆（ecomuseum），而在于它所反思与倡导的内涵。

① 课题组，安来顺执笔：《在贵州省梭嘎乡建立中国第一座生态博物馆的可行性研究报告（中文本）》，《中国博物馆》1995年第2期。

② 苏东海：《国际生态博物馆运动史略》，《博物馆的沉思：苏东海论文选（卷二）》，北京：文物出版社，2006年，第485页。

③ 胡妍妍：《博物馆与环境科学》，《中国博物馆》1986年第2期。

④ 赵松龄：《略论人类环境素质与博物馆》，《中国博物馆》1990年第4期。

⑤ 苏东海：《关于生态博物馆的思考》，《博物馆的沉思——苏东海论文选》，北京：文物出版社，1998年，第252—253页；苏东海：《在中挪博物馆学者报告会上的报告》，《博物馆的沉思——苏东海论文选》，北京：文物出版社，1998年，第259—260页。

第二，从贵州的本土经验来总结生态博物馆的中国化与本土化问题，以此来探索中国语境下生态博物馆的具体实践模式。1999年，在《生态博物馆在中国的本土化》[①]一文中，苏东海提出了中国生态博物馆运动的本土化问题，从行政、文化、经济和生活四个方面论述了生态博物馆理念如何与地方社会、中国国情相结合，并提出了“生态博物馆的思想播种在中国的土地上，虽然种子是欧洲的，但开出的花是中国的”这一命题。2000年，在《努力把握生态博物馆的特征》[②]一文中，苏东海就生态博物馆的特殊性进行了论述，在他看来，生态博物馆的特殊价值体现在科研价值、文化价值和旅游价值三个方面。这几个特殊性的分析后来出现在2004年发表的《生态博物馆的理念与实践答记者问》[③]一文中，同时，苏东海在该文中提出：在贵州生态博物馆群实践基础上的归纳、总结与阐释将作为理论进一步指导今后的本土化实践。同年，在《生态博物馆的先进理念与现实的碰撞》[④]一文中，苏东海再次重申了中国生态博物馆运动的本土化议题。当中国的地方社会与外来文化发生碰撞时，不仅应该坚持生态博物馆专业化，而且还要在专业化的思维下动态地保护地方社会的文化与生活，在文化自觉的理念下实现当地居民的自我保护与发展。

第三，放眼国际生态博物馆运动发展轨迹，将中国生态博物馆实践纳入到国际视野中进行比较研究，并根据中国经验对生态博物馆概念、发展模式等关键命题进行思考。2001年，苏东海借国际生态博物馆运动三十年

---

① 苏东海：《生态博物馆在中国的本土化》，《博物馆的沉思：苏东海论文选（卷二）》，北京：文物出版社，2006年，第498—501页。

② 苏东海：《努力把握生态博物馆的特征》，《博物馆的沉思：苏东海论文选（卷二）》，北京：文物出版社，2006年，第503—507页。

③ 苏东海：《生态博物馆的理念与实践答记者问》，《博物馆的沉思：苏东海论文选（卷二）》，北京：文物出版社，2006年，第515—520页。

④ 苏东海：《生态博物馆的先进理念与现实的碰撞》，《博物馆的沉思：苏东海论文选（卷二）》，北京：文物出版社，2006年，第511—514页。

之际，着眼于世界，对国际生态博物馆运动发展进行了梳理[①]。苏东海以法国生态博物馆发展轨迹为例，进一步验证了里维埃关于生态博物馆是一个“进化定义”的哲学命题。随后，苏东海就中国生态博物馆走过的十五年进行了回顾，认为中国生态博物馆运动经历了从无到有的发展过程，而且未来生态博物馆的中国经验势必会丰富国际生态博物馆运动的内涵与外延。2002年，苏东海结合“博物馆与全球化”的国际博物馆日主题，就生态博物馆的定义进行了梳理与探讨。在中国本土实践的基础上，苏东海总结了中国生态博物馆遗产保护的四个特征：整体保护、原地保护、自我保护和动态保护，并在此基础上描述了“生态博物馆特征”：“生态博物馆是对自然环境、人文环境，有形遗产、无形遗产进行整体保护、原地保护和居民自我保护，从而是人与物与环境处于固有生态关系中并和谐的向前发展的一种博物馆新理念和新方法。”[②]苏东海这一关于“生态博物馆特征”的描述类似于里维埃生态博物馆的演化定义。虽然并非是一个真正的定义或概念，但却说明了生态博物馆的某些哲学内涵。2005年，在贵州生态博物馆国际论坛的小结中，苏东海再次就生态博物馆的定义、模式以及核心理念进行了阐发[③]。他秉持开放性的态度，认为生态博物馆没有一个标准定义，也没有一个标准模式；但在论述生态博物馆的核心理念时，苏东海还是表达了个人对生态博物馆纯洁性与逻辑性的坚持，警惕那些借生态博物馆之名而行其他目的之实的文化实践。为此，苏东海提出了生态博物馆核心理念的评估要素，即文化的原地保护与自我保护。这与戴维斯的观点不谋而合，以评估模式来保证生态博物馆自身的严肃性以及行动的有效性，在多元模式中找到共同的母体与内核。

---

① 苏东海：《国际生态博物馆运动史略》，《博物馆的沉思：苏东海论文选（卷二）》，北京：文物出版社，2006年，第485—497页。同样可见苏东海：《生态博物馆的理念与实践答记者问》，《博物馆的沉思：苏东海论文选（卷二）》，北京：文物出版社，2006年，第515—520页。

② 苏东海：《我对生态博物馆特征的描述》，《博物馆的沉思：苏东海论文选（卷二）》，北京：文物出版社，2006年，第508—510页。

③ 苏东海：《2005年贵州生态博物馆国际论坛小结》，《博物馆的沉思：苏东海论文选（卷二）》，北京：文物出版社，2006年，第529—530页。

第四，根据生态博物馆在中国西南边地的具体实践，提出了有关中国生态博物馆代际划分、建设与巩固关系、文化代理等一系列具体而又抽象的哲学思考。2005年，苏东海在《中国生态博物馆》[①]一书的前言中，除了回顾中国生态博物馆运动所走过的轨迹外，还提出了贵州第一代生态博物馆与广西第二代生态博物馆的概念[②]。贵州第一代生态博物馆突破了传统博物馆的局限性，实现了文化保护社区化和民主化的博物馆新理念，相较而言，广西模式则加强了生态博物馆的科学研究和展示传播水平，促进了遗产保护的博物馆专业化。同年，在贵州生态博物馆国际论坛上，苏东海以《建立与巩固：中国生态博物馆发展的思考》[③]为题做了主旨发言。在这篇文章中，苏东海对以前的一些研究进行了反思，承认了中国生态博物馆运动的西方理论基础，认为中国生态博物馆经验在于通过政府、学者等外来力量帮助村民保护文化与遗产的多样性。他基于中国现状承认了中国生态博物馆运动存在"文化代理阶段"，但同时敏锐地觉察到生态博物馆运动的"过程性"，认为生态博物馆成功与否在于"文化代理"到"文化自主"的过渡能否完成。为了达到这一目的，他提出了村民培训教育以及专业化指导等互动机制的重要性，即建立固然重要，但巩固才是成功的关键。

从最初极不自信地去自身文化语境中寻找合法性根基，到具体实践的本土化主张与阐发；从回顾国际生态博物馆运动发展，到从自我经验出发总结生态博物馆的定义、模式与核心理念；从引介到实践再到理论，苏东海几乎以一己之力构筑了中国生态博物馆的话语大厦。2005年，"苏氏话语"基本成型，并在以后的生态博物馆理论与实践中持续发挥效力。

三、"苏氏话语"的自我反思

自2006年以来，苏东海关于生态博物馆的研究与论述数量远远少于

---

① 苏东海主编：《中国生态博物馆》，北京：紫禁城出版社，2005年。

② 苏东海：《中国生态博物馆的道路》，《博物馆的沉思：苏东海论文选（卷二）》，北京：文物出版社，2006年，第521—525页。

③ 苏东海：《建立与巩固：中国生态博物馆发展的思考》，《博物馆的沉思：苏东海论文选（卷二）》，北京：文物出版社，2006年，第526—528页。

上一时期，但是在内容上却更为深入。如果说上一时期的理论井喷是苏氏与生态博物馆“相濡以沫”的阶段，那么，这一时期则是一种“相忘于江湖”的状态。从“苏氏话语”的整体来看，苏东海关于生态博物馆的认识经历了一个“变生为熟”“变熟为生”的辩证发展过程。有时候，隔岸观火似乎比身临其境来得更为透彻。

在这一反思阶段，“苏氏话语”在一定程度上变得更为完整，一些认识更为深入。这一阶段的核心文章主要有五篇，虽然很多的内容来自于前一阶段的再次阐释，但是有几个方面的内容依旧值得深思。

第一，开始从理论层面探讨西方生态博物馆运动产生的理论来源与谱系，并在此基础上论证中国经验的合法性，为中国的生态博物馆运动感到自豪。2006年，苏东海在《生态博物馆的思想来源及其在中国的传播》[①]一文中重新思考了生态博物馆的起源以及在中国的发展轨迹。在他看来，生态博物馆作为一种新思想，有三个方面的理论来源：对传统博物馆的批评，生态与环境危机，去中心化的社会革命。在回顾中国生态博物馆发展时，苏东海重申了他在2002年对生态博物馆特征所做的描述[②]，与之前不同的是，苏东海在这篇文章中将其正式作为“定义”而提出，试图在国际博物馆学界寻求对话。

第二，结合当下中国的社会文化背景与国家政策，将生态博物馆与其他的文化运动相联系，提出了生态博物馆多元化应用的可能。2006年，苏东海在《新农村、农村文化、生态博物馆》[③]一文中将新农村建设、农村文化发展以及生态博物馆联系在一起，认识到了西方生态博物馆思潮兴起的乡村主义运动和地方主义传统，重新审视了当下中国农村现状以及未来的发展。在论及生态博物馆与农村之间的关系时，苏东海突破了过去将生态博物馆局限于民族地区的传统观点，将其与中国广大农村的文化、经济、政治以及旅游联系在一起，从更大的社会文化场景来研究生态博物

---

① 苏东海：《生态博物馆的思想来源及其在中国的传播》，《博物馆的沉思：苏东海论文选（卷三）》，北京：文物出版社，2010年，第15—17页。

② 苏东海：《我对生态博物馆特征的描述》，《中国文物报》2002年3月29日。

③ 苏东海：《新农村、农村文化、生态博物馆》，《博物馆的沉思：苏东海论文选（卷三）》，北京：文物出版社，2010年，第7—14页。

馆在中国社会的应用。2008年，苏东海在《生态博物馆的思想及中国的行动》[①]一文中再次重复了西方生态博物馆思想的兴起，中国生态博物馆从无到有的发展过程。虽然论述路径与之前的文章大同小异，但是有一点需要指出的是，苏东海还关切到了当下中国生态博物馆运动的新探索，比如生态博物馆从民族地区向城市地区、富裕农村的延伸趋势；兼顾了社区博物馆与工业遗址类博物馆在处理文化遗产方面的贡献，认为中国生态博物馆运动正进入一个多样化的开放阶段。

第三，重新梳理了国际博物馆理论发展的两条路径，对新旧博物馆之间的关系进行哲学层面的阐发，这一思考为我们提供了打开中国生态博物馆代际划分之门的钥匙。2010年，苏东海在《国际博物馆理论发展中的两条思路线路述略》[②]中提出了国际博物馆学界发展背后的逻辑哲学，即经历了整合、分化与再整合后以博物馆功能为基础的专业化路线与以博物馆职能为基础的社会化路线之间的演化轨迹。争论的焦点在于博物馆要封闭自我以保持自身的专业性与纯洁性，抑或是走向社会与民主，将博物馆置于广泛的社会联系中。文章从历时性的角度梳理了半个多世纪以来国际博物馆运动的发展轨迹，圣地亚哥会议所提出的“整合性博物馆（integrated museum）”概念与新博物馆学运动（社区博物馆与生态博物馆）再次将民主化的博物馆概念从自为的博物馆大厦中解放出来，形成一种传统与现代共存的新局面。这篇文章虽然与中国生态博物馆运动的具体论述无关，但却极为精彩，为我们揭示了中国生态博物馆运动中命名与差异的内在逻辑。苏东海不仅从历史脉络的角度诠释了当下新旧博物馆观念之间的内在逻辑，而且还以此为依据，提出了区分中国生态博物馆运动第一代与第二代的标准，即第一代的民主化倾向与第二代的专业化倾向。

第四，作为一场“文化运动”的生态博物馆概念正式提出，即生态博物馆不再仅仅是博物馆领域的一场运动，而且还涉及地方主义、遗产保护、民主参与等相关问题。2011年，《中国博物馆》刊发了美国亚利桑那

---

① 苏东海：《生态博物馆的思想及中国的行动（特稿）》，《博物馆的沉思：苏东海论文选（卷三）》，北京：文物出版社，2010年，第96—105页。

② 苏东海：《国际博物馆理论发展中的两条思路线路述略》，《博物馆的沉思：苏东海论文选（卷三）》，北京：文物出版社，2010年，第169—183页。

州立大学的倪威亮（William Nitzky）就中国生态博物馆运动诸问题对苏东海的访谈。倪威亮从其田野调查的困惑与西方学者的观点入手，就中挪合作项目、中国生态博物馆运动特色、生态博物馆经费与管理运营、中国生态博物馆未来发展等方面与苏东海进行了交流[①]。这篇文章的主要贡献在于“作为一种文化运动的生态博物馆”概念的出现，也就是说只要符合前文所说的核心理念——原地保护、自我保护，那么这一文化运动就可以被称之为“生态博物馆运动”。在这篇文章中，随着倪威亮的提问，苏东海较为全面地思考了中国生态博物馆在实践与理论方面的困境，充分认识到了“作为一种博物馆实践的生态博物馆”概念是远远不够的，他看到了中国生态博物馆运动中理想与现实之间的差距与鸿沟。为此，他的视野开始变得宽广，从生态博物馆所关切的社会议题——文化遗产、地方主义、民主参与等方面入手，从所达成的目的来反向思考生态博物馆到底是什么。

这一时期的“苏氏话语”基本上处于一种开放的态度中，与上一时期“就事论事”的焦虑感与使命感截然不同。通过反思，苏东海既明确了生态博物馆的哲学核心，又将其作为一场文化运动。前者是一种中国经验在理论层面上的自觉与自信，而后者则看到了生态博物馆运动背后的社会文化。

四、经典与底色：再思苏东海的学术遗产

从20世纪八九十年代的理论引介，到20世纪90年代中期的应用实践，再到其后的理论喷涌与反思，苏东海的个人学术史历程见证了中国生态博物馆运动的发展轨迹。要研究中国生态博物馆运动，无论是从时间还是内容方面，苏东海的学术研究都是难以避开的根基。

虽然苏东海的一系列文章内容多有重复，而且文风、形式较为固定，但是其个人的实践与学术思考却形成了一套独具魅力的“苏氏话语”。为此，我们应该如何较为中肯地评价和反思中国生态博物馆运动中的“苏氏

---

① 〔美〕倪威亮：《中国生态博物馆的反思与瞻望——苏东海先生访谈》，《中国博物馆》2011年合刊。

话语”呢？这套话语体系究竟为我们澄清了哪些内容，同时又造成了哪些难以超越的困境呢？

总体来讲，“苏氏话语”包含了如下几个方面的关键内核：首先，论证了中国语境下的生态博物馆运动与西方生态博物馆理论之间的关系，这是近现代中国学术界普遍面临的议题。苏东海对此的回应经历了一系列的变化，犹如明清时期文人士大夫在面对西方“新知”造成的文化冲击一样，苏东海在面对生态博物馆“西风”时，率先想到的也是从传统资源中寻求资源，通过“嫁接”或“比附”的修辞来为此寻根。随后的贵州实践改变了这一略显自卑的心态，开始承认中国生态博物馆运动是国际生态博物馆运动潮流的一环，并且从实践入手，讨论了中国语境下的生态博物馆定义、模式与内核，以期寻求与国际学术界的对话。至此，中国生态博物馆运动可以说在苏东海一己之力下完成了自我合法性的论证，关于“文化保护与经济发展”的矛盾话语就此产生。

其次，“苏氏话语”在一定程度上完成了对中国生态博物馆代际之分、建设与管理模式、文化代理以及生态博物馆过程性等结构性命题的构建。实际上从最初对法国和加拿大的生态博物馆的引介就能够看出孕育后来生态博物馆运动代际之分的萌芽，2005年，苏东海正式提出了这一观点，并明确了划分的标准。已有的一些生态博物馆研究尚未真正理解这一划分标准的背后逻辑究竟是什么，究其原因在于没有关注《国际博物馆理论发展中的两条思想线路述略》一文，该文指出了国际博物馆学发展的两条路径，即民主化和专业化。在建设与管理模式、文化代理等问题上，苏东海充分尊重中国行政体制的现状与国情，承认了“政府主导”的优先地位，这也就为后来生态博物馆的常规化与意识形态化埋下了伏笔。生态博物馆过程性的论述在一定程度上有为生态博物馆运动失败开脱的嫌疑，缺少系统地运营机制以及相关的评量标准是“苏氏话语”中的一大缺陷。

最后，“苏氏话语”在反思与整合阶段充分认识到了生态博物馆运动的文化工具或文化运动的内在属性，将其从博物馆领域解放出来，置于更为宽广的学科领域、社会思潮、时代背景与国家政策的视域中。只要符合“自我保护和原地保护”的核心理念，生态博物馆运动的形态可以是多样的，甚至是开放性的。这一转型无疑将中国生态博物馆运动中所缺失的历史感、地方感、民主话语、地方叙事等相关哲学理念纳入到生态博物馆所涵盖的框架内，但与此同时，也造成了后来中国生态博物馆运动鱼龙混杂的尴尬局面。

思想作为一种相对主观的建构具有一定的偶发性与超越性，毕竟时代一直在变，周遭环境一直在变。作为一种思想底色的话语却变化缓慢，它在一直滋养我们的同时，也无时无刻不在束缚我们的思维。当新的思考在面临现实挑战而出现时，我们应该做的不是唯经典而马首是瞻，也不是将其抛弃。唯一正确的道路可能是边看经典，边观现实，集结两者的合力迈向未来。

第二节　表征民族：中国生态博物馆运动的早期实践

20世纪80年代末90年代初，无论是露天民俗博物馆还是生态博物馆的设想，抑或是中国有关自然风景和地方文化保护的种种举措都可以从更大的社会语境与政治话语中予以解释。倪威亮敏锐地洞悉到了这一切，生态博物馆理念在中国的应用和阐释已经超越了最初所关注的自然风景和独特的地方文化的保护，被卷入了一个更大的意识形态的发展潮流中[①]。但是他没有看到的是这种局面不仅限于遗产领域，也不是仅出现在贫困的民族和地区，而是普遍存在于当时中国社会的各个角落。

从深圳的民俗文化村到昆明的滇池民族景观，从民族文化保护到传统建筑仿古[②]，传统文化和民族文化遗产被纳入到文化振兴、经济发展的政策中，其导致的结果是遗产的张力与负担。自然风景与地方文化不仅成为展示国家建设成就的窗口，而且还被资源化和商品化，兼具地方扶贫与经济发展的任务。这个问题留待后文详细论述，在此以民族表征与修辞来描述生态博物馆在贵州与广西的早期实践历程。

---

① 〔美〕倪威亮著，龚乔、雷虹霁译，潘守永校：《对利用生态博物馆保护活态遗产这一政策的思考》，《国际博物馆（中文版）》2014年Z1期。

② Michael Hitchcock, Nick Stanley, Siu, King Chung. The South-east Asian “Living Museum” and its Antecedents. *Heritage, Museums and Galleries: An Introductory Reader*. London and New York: Routledge, 2005, pp. 320-322.

虽然我们并不想赋予中国生态博物馆过多的民族建构与民族治理色彩，但是无可否认，中国的早期生态博物馆实践确实发生在民族地区。我们无意在汉民族与少数民族之间制造差异，或者过多地强调两者之间的边界，早期实践的“表征民族”倾向虽然也具有地域性特色，但是更多的民族色彩究竟对我们意味着什么？这是一种无意识地选择，还是有意而为之呢？在此，笔者倾向于后者。中国生态博物馆运动如果进行阶段划分的话，早期“表征民族”的实践和后来“发现地方”的实践构成了两个有所区别的发展阶段。“表征民族”的实践实际上是一个发现异域他者的过程，是全球化与民族国家出于不同诉求而共谋的结果；“发现地方”则不然，其与中国社会的地方实践与地方治理同步，是一种发现地方价值的尝试。

民族地区的生态博物馆实践包括贵州生态博物馆群、广西生态博物馆群和内蒙古生态博物馆。笔者将重点分析贵州和广西生态博物馆群的实践，并在此基础上尝试对中国生态博物馆运动的早期实践进行分析。需要指出的是，笔者的论述并非追求面面俱到的完整性，而是有选择的、基于问题意识的书写，这些思考构成了下文分析生态博物馆实践过程的基础。

一、破冰之举：贵州生态博物馆群

关于贵州生态博物馆群的实践，我们听到了太多太多，赞扬的话语、批评的话语都有。每当笔者谈及生态博物馆，对方几乎都会在脑海中浮现出贵州生态博物馆群的影子，贵州模式在一定程度上成为了生态博物馆在中国开花结果的播种机。以贵州生态博物馆群或者其中一个生态博物馆为题的研究非常丰富，然而这些研究成果并不能让笔者满意：一些博士学位论文中充斥着英文翻译的错误、大段未消化的文献征引。其中，一篇文章竟然连里维埃和戴瓦兰是法国人还是挪威人都分不清，一本出版的专著竟然出现文图不符的情况，这些低级错误就算是无心之过也实属不应该。

涉及贵州生态博物馆实践的文献基本上来自于《中国贵州六枝梭戛生态博物馆资料汇编》[①]《贵州生态博物馆纪实》[②]。笔者将回到原始材

① 六枝梭戛生态博物馆编：《中国贵州六枝梭戛生态博物馆资料汇编》，贵阳：贵阳宝莲彩印厂印刷，1997年。

② 胡朝相：《贵州生态博物馆纪实》，北京：中央民族大学出版社，2011年。

料，同时结合笔者亲自参与的生态博物馆实践的经历，梳理与阐释中国生态博物馆实践运动的“破冰之举”。

正如上文所说，生态博物馆落户贵州实际上是一个极为偶然的结果，1995年，胡朝相和苏东海在北京的谈话孕育了中国生态博物馆实践运动。钟经纬将其作为一种“理念先行的异质”[①]进行评述，认为中国生态博物馆实践的开端即预示着中国生态博物馆发展的困境。这种看法不免有后见之明的嫌疑，从胡朝相和苏东海的回忆录来看，当时，他们在与国际学者交流后，对未来的实践信心满满，困境是在实践过程中逐渐显现出来的。一些学者对于贵州生态博物馆的选址问题往往一笔带过，通过胡朝相的记载，笔者发现选址暗含了中国生态博物馆实践的规律或法则，即由地方官员或文化精英提供一个或几个实践的选择，专家学者则经过比较从有限的几个选项中确定选址。其次，贵州生态博物馆的选址具有非常强烈的“文化社区”理念，即以文化而不是行政单位作为地方的衡量标准，这在当时来讲是一个相当先进的文化理念。与此同时，异域性与独特性成为选址的关键因素，即要不就是民族上的他者（镇山、摆贝、梭戛、堂安），要不就是时间上的他者（隆里）。

最终梭戛因其“完整的文化生态”和“世界性的遗产价值”[②]而先拔头筹，获得了建立第一座生态博物馆的特权。1995年5月1日，《在贵州省梭嘎乡建立中国第一座生态博物馆的可行性研究报告》确定了梭戛生态博物馆的基本模式，即由苗族资料信息中心与陇戛苗寨的原状保护[③]组成。

---

① 钟经纬：《中国民族地区生态博物馆研究》，复旦大学博士学位论文，2008年，第21—23页。

② 胡朝相：《贵州生态博物馆纪实》，北京：中央民族大学出版社，2011年，第21页。

③ “资料信息中心”英文为“Information Center”，自从1995年，“资料信息中心”在贵州实践出现后，“资料信息中心”与“村落整体保护”为代表的挪威模式在中国的村落空间内得到了沿用。但是在翻译或使用的过程中，“资料信息中心”又称为“信息资料中心”，广西民族生态博物馆实践中用的是“展示中心”，山西平顺太行三村生态博物馆中正式启用“认知中心”，沿用至今。“村落原状保护”在后期实践中演化为“村落整体展示与体验体系”。称谓上的变化虽然暗含着一些认识论上的变化，但是基本上还是保持了贵州实践的基本模式。

梭戛生态博物馆所确立的生态博物馆实践模式一直影响至今。随着该项目的正式批准，社区文化调查与资料信息中心的选址工作随之进行。该生态博物馆囊括六枝和织金的十二个村寨，总面积120平方公里，资料信息中心的选址经过了三次商讨，最终并未依照该《报告》的建议选择建在梭戛乡，而是建在了陇戛村。最终定夺的苏东海认为“在乡政府附近选址不符合梭戛生态博物馆的实际，不如在陇戛好”①。苏东海的这一决定考虑到了生态博物馆应该是一个文化保护事业，尽可能远离政府能够增加生态博物馆的村民认同和生活气息，然而，建在某个村落却造成了地方上的资源竞争与事实上的不平等，这一问题也影响了其后的发展。

同时进行了中挪合作项目的具体会谈与磋商，1997年6月10日，资料信息中心正式开工，陇戛寨的村民通过参与这项工作获得了实际的经济收入。在开馆之前，基本展览等工作也如期完成，场景复原、社区图解以及生活文化展构成了资料信息中心的陈列。1998年10月31日，生态博物馆开馆仪式如期举行，盛大的仪式在偏远的山区上演，生态博物馆在中国落地生根。1999年9月，课题组再次来到梭戛进行考察，并举行了一次座谈会，一是讨论梭戛生态博物馆建成后面临的旅游与文化冲突的困境，二是将镇山、隆里、堂安纳入到贵州生态博物馆群的建设范畴②。

1999年12月，镇山生态博物馆建设获批，随后生态博物馆的建设方案开始讨论与落实。镇山生态博物馆的资料信息中心选择在村寨西北200米的小山上，占地面积达5900平方米，2001年4月3日正式动工。镇山布依族生态博物馆的焦点集中在社区文化调查与资料信息中心的陈列中。围绕的主题在于民族地区的生态博物馆实践应该采取的是区域化的遗产保护，还是民族化的文化展示。戴瓦兰认为生态博物馆可以演化为整个民族的研究中心，而苏东海则认为展示中心应该局限在本村或特定区域内③。事实

---

① 胡朝相：《贵州生态博物馆纪实》，北京：中央民族大学出版社，2011年，第29页。

② 胡朝相：《贵州生态博物馆纪实》，北京：中央民族大学出版社，2011年，第65页。

③ 胡朝相：《贵州生态博物馆纪实》，北京：中央民族大学出版社，2011年，第92页。

上，镇山布依族的陈列具有强烈的民族化倾向，“发现地方”的生态博物馆实践却成为了民族文化的表征。2002年7月15日，镇山布依族生态博物馆开馆，中挪文化合作项目第二阶段顺利完成。

同年，中挪文化合作项目第三阶段正式启动，隆里在2000年保护规划的基础上开始了生态博物馆建设之路。在隆里资料信息中心的选址过程中，出现了杰斯特龙与达格·梅克勒伯斯特（Dag Myklebust）之争①。杰斯特龙认为资料信息中心应作为一处文化景观远离人们的社会生活空间，而梅克勒伯斯特则认为资料信息中心是村民的活动中心和精神家园，因此应进入村民生活。最终隆里的资料信息中心选取了古城内的电影院旧址，2003年3月21日正式动工，资料信息中心的陈列提纲也同步进行。基本陈列透露着高端技术和先进理念，其中，“讲故事”园地对口头文化传承的展示是前所未有的。2004年10月15日，隆里古城生态博物馆开馆，中国生态博物馆开始了古城保护的尝试。

同时，黎平县已经组织了堂安生态博物馆建设的前期工作，包括文化遗产调查等内容。2002年9月开始进行资料信息中心的选址，几次反复后将其确定在接待室上方，梅克勒伯斯特认为资料信息中心不远离村民生活即是为村民考虑，但实际上村民有自己约定俗成的公共活动空间，而且两者之间往往存在一定的偏差。中心的建设于2004年12月8日开工，占地990平方米，一律由堂安民间侗族工匠承担。作为贵州国际论坛的活动内容之一，2005年6月6日，堂安侗族生态博物馆顺利开馆。资料信息中心的陈列相对简单，包括自然环境和侗族文化展示以及纺纱织布演示两部分。至此，中挪文化合作下的贵州生态博物馆群正式建成。

在贵州生态博物馆群的实践期间，为加强对生态博物馆理论研究，2000年8月和9月，“中挪生态博物馆国际研讨班”分别在中国贵州六枝和挪威首都奥斯陆以及图顿生态博物馆举办。2000年9月，研讨班结束时，梅克勒伯斯特起草了贵州生态博物馆所遵循的《六枝原则》②，并获得一

---

① 胡朝相：《贵州生态博物馆纪实》，北京：中央民族大学出版社，2011年，第116页。

② 胡朝相：《贵州生态博物馆纪实》，北京：中央民族大学出版社，2011年，第212—218页。

致通过。直到现在，这一原则依然是我们在进行生态博物馆实践时所奉行的纲领性文件。

第一条　村民是文化的真正拥有者，他们有权利按照自己的意愿去解释和认同他们的文化。

第二条　文化的含义和价值只有与人发生联系并依据自己的知识得以界定和解释，文化的内涵必须得以加强。

第三条　生态博物馆的核心是公众参与。文化是一种共同的和民主的构造，必须以民主的方式加以管理。

第四条　当旅游业与文化保护发生冲突时，后者必须给予优先权。原件的文物是不应该出售的，但以传统工艺为基础的高质量的纪念品生产应该得到鼓励。

第五条　长期的和历史的规划是至关重要的，在长远上损害文化的短期的经济利益必须得以避免。

第六条　文化遗产保护必须融入整体环境的观点，在这个意义上，传统技术和物质文化资料是核心部分。

第七条　观众有道德上的义务以尊重的态度实施自己的行为。它们必须遵守一定的准则。

第八条　生态博物馆中没有固定的模式，他们因各自的文化不同和社会条件的差异而千差万别。

第九条　社会发展在生态博物馆的建设中将是一个先导条件，人们生活的改善必须得到更多的重视，但不能以损害文化价值为代价。①

行文至此，一晃十年转瞬即逝，短短的篇幅无法承载这十年间贵州大地上穿梭的人影，也没法书写那些曾经轰动一时的事件。通过这些繁杂过

① 在《六枝原则》中，第九条是可选项，在贫困地区的生态博物馆应该加上这一条，即消除贫困的任务。在欧美或中国东部沿海发达地区的生态博物馆实践中，这一条并不需要。参见胡朝相：《贵州生态博物馆纪实》，北京：中央民族大学出版社，2011年，第217页。

程的论述，贵州生态博物馆群犹如一幅全景画卷呈现在我们。除此之外，贵州还有一些其他形态的类似实践，比如地扪人文生态博物馆。笔者并不认为地扪的遗产保护实践属于生态博物馆范畴，更对“民间机构主导型生态博物馆”[①]这样的称谓持保留态度。正如仁和昕自己所说，“生态文化保护区比较贴切，但那时贵州政府正在搞生态博物馆，影响也很大，我们也就借用了。”[②]表现为文化保护、社区发展、生态旅游的项目或行动有很多，但并不能因为与生态博物馆的理念相似或时间相近就冠之以名，否则，这种行为只会损害生态博物馆的纯洁性。

与其他研究中单纯呈现这些人物与事件不同，笔者在行文过程中并没有为了呈现基本事实而面面俱到地摘录文献资料，而是就生态博物馆实践中一些最根本问题与思考而展开论述；因此这些评述时刻掺杂着笔者参与项目与田野经验的困惑：其中涉及生态博物馆的选址、生态博物馆的基本模式、资料信息中心的选址与陈列、中国生态博物馆实践话语的困境等一系列问题。从梭戛到堂安，我们能够看到项目组在实践中的逐渐成熟，无论最后的结果如何，至少在理论逻辑层面还是完成了自我的突破与超越。贵州的生态博物馆群在后来的运作与发展中陷入困境，一个个沦为所谓的“挂牌馆”而被遗忘在角落里，对比建设之初的热情，这一现象不免令人惋惜，也引发无尽的思考，笔者将在后文的论述中对此问题进行深入剖析。

二、守望家园：广西民族生态博物馆联合体

如何妥善处理境内少数民族文化的保护与传承一直是中国政府关心的文化工程，生态博物馆在贵州的实践影响了其他民族聚居地区保护与发展民族文化的思考。广西民族生态博物馆群的实践延续了表征民族的话语体系，他们对贵州生态博物馆群的解读是这样的：“中国贵州省的生态博物馆建设选点以民族个性鲜明、风情习俗和民族传统技艺与区域自然环境

---

① 段阳萍：《西南民族生态博物馆研究》，北京：中央民族大学出版社，2013年，第132—186页。

② 段阳萍：《西南民族生态博物馆研究》，北京：中央民族大学出版社，2013年，第138页。

和谐保存为基础条件。”[①]广西因其少数民族特色而合法地继承了贵州生态博物馆实践的衣钵，并成为中国生态博物馆建设的第二站。在这一部分中，笔者将梳理广西民族生态博物馆群的具体实践情况，一方面考察其建设过程与内在逻辑；另一方面借此与生态博物馆贵州模式进行对比，对两者之间的差异与联系进行分析。

广西生态博物馆群实践始于中国第一座生态博物馆——梭戛生态博物馆的影响，2001年的实地考察为生态博物馆走进广西埋下了种子。2003年，广西民族博物馆建设与生态博物馆试点建设同步进行，前者是一座以民族文化为主题的省级博物馆，而后者的试点建设项目则包括了靖西旧州壮族、南丹县里湖白裤瑶和三江侗族自治县苗江侗族三个民族聚居区域。广西生态博物馆群实践的动力与西方的文化自觉不同，但也与贵州不同。它的产生原因除了贵州模式的影响外，大致可归纳为以下几点：少数民族文化的抢救与保护、地方竞争与发展、非物质文化保护等文化政策、西部大开发的时代背景[②]。无论是作为平台的广西民族博物馆，还是作为试点的广西民族生态博物馆群，它们所表征的民族特色与民族文化被纳入到地方政府的总体规划中，成为地方文化与经济资本的关键要素。

广西生态博物馆群建设充分吸取了贵州生态博物馆群建设的经验教训，但是在具体生态博物馆的建设模式上还是采纳了已有的基本结构，即生态博物馆区域由展示中心和文化保护区两部分组成[③]。2003年12月，广西第一座生态博物馆南丹里湖白裤瑶生态博物馆展示中心正式奠基，该生态博物馆由占地约2001平方米的展示中心和化图、化桥、蛮降三个白裤瑶自然村的原状保护组成，并于2004年11月正式开放。倪威亮通过研究发

---

① 覃溥：《保护与传承少数民族文化的时代使命——广西民族生态博物馆“1+10工程”建设实践》，《守望家园：广西民族博物馆与广西民族生态博物馆“1+10工程”建设文集》，南宁：广西民族出版社，2009年，第5页。

② Wu Heng. *Museum and Change:Regional Museums in the People's Republic of China*. PHD dissertation, University of Bergen, 2011, pp. 252-257.

③ 覃溥：《保护与传承少数民族文化的时代使命——广西民族生态博物馆“1+10工程”建设实践》，《守望家园：广西民族博物馆与广西民族生态博物馆“1+10工程”建设文集》，南宁：广西民族出版社，2009年，第8页。

现，直到2008年，这一机构性的政府项目才在非政府组织的刺激下生成了一种良性的运作关系[①]。遗憾的是这种有益的转型并不是一个普遍情况。2004年底，三江侗族生态博物馆开始筹划，与之前在村落建立资料信息中心或展示中心不同，三江侗族生态博物馆将县城的博物馆作为生态博物馆展示点与资料收集中心，采取“馆村结合”“馆村互动”的方式。三江侗族生态博物馆的建设根据当地的实际情况，利用已有的设施与资源，采取了展示中心与保护范围异地相结合的模式[②]。这种具有“全县域生态博物馆群”模式的尝试在一定程度上影响了后来的生态博物馆实践。2004年3月，旧州壮族生态博物馆奠基，2005年8月建成并对外开放。旧州壮族生态博物馆展示中心建筑面积1006平方米，是一个综合性的建筑，旧州原地保护则局限于旧州村行政管理区内，保护壮族的建筑风格和民间传统工艺。

广西民族生态博物馆建设的初衷在于保护民族文化、拉动地区经济，前期的试点工作相当成功。比如三个试点项目在经济发展水平上有所区别，以此来验证地方经济对生态博物馆的影响。在建设模式上，三个示范项目也在尝试一些变化，比如三江侗族生态博物馆的展示中心采取的是异地管理模式，如上文所说，这种模式在一定程度上节约了资源，实际的效果却不好。在一个村民“以展示中心为生态博物馆”的大背景下，村落没有建筑物的出现，很多村民都感觉不到生态博物馆的存在。后期的调查及时发现了这一问题，并通过“社区博物馆”的方式弥补了原有尝试的不足[③]。2005年，三个试点项目顺利建成，并取得了阶段性成果。广西壮族自治区文化厅制定了“广西民族生态博物馆建设十一五规划”，正式实

---

① 〔美〕倪威亮著，龚乔、雷虹霁译，潘守永校：《对利用生态博物馆保护活态遗产这一政策的思考》，《国际博物馆（中文版）》2014年Z1期。

② 覃溥：《保护与传承少数民族文化的时代使命——广西民族生态博物馆“1+10工程”建设实践》，《守望家园：广西民族博物馆与广西民族生态博物馆“1+10工程”建设文集》，南宁：广西民族出版社，2009年，第9页。

③ 莫志东：《广西民族生态博物馆建设管理规范的研究报告》，《守望家园：广西民族博物馆与广西民族生态博物馆“1+10工程”建设文集》，南宁：广西民族出版社，2009年，第40—41页。

施广西民族生态博物馆建设“1+10工程”，即由广西民族博物馆与10座民族生态博物馆构成民族文化遗产保护的工作联合体①。随后的《项目建议书》从地域、民族、影响、辐射、效益等方面综合规划，另外确定了7个生态博物馆：桂东贺州市莲塘镇客家围屋生态博物馆、桂中融水苗族自治县苗族生态博物馆、桂北灵川县灵田乡长岗岭商道古村生态博物馆、桂南东兴京族生态博物馆、桂北龙胜龙脊壮族生态博物馆、桂西那坡达文黑衣壮生态博物馆、桂中金秀瑶族自治县瑶族生态博物馆。后期的生态博物馆的建设根据不同的实地情况，在投资模式、民族文化展示、展示中心建设、管理模式、居民参与等方面取得了不小的突破与创新。

至此，广西民族生态博物馆联合体模式基本成型，这一模式与“贵州生态博物馆群”有所区别，其最大的不同在于10个生态博物馆以广西民族博物馆为龙头，作为资源平台和网络的顶端在这一联合体中起到了管理、培训、业务、交流等方面的统领作用。从广西民族博物馆与各个生态博物馆之间的关系来看，广西民族博物馆以工作站、联络员的形式对各个生态博物馆进行长期跟踪调查研究，提高对外的宣传和资源的输入。从各个生态博物馆之间的关系来看，生态博物馆之间可以通过广西民族博物馆这一网络终端实现交流与互动，也可以直接进行考察与学习。

相较于贵州生态博物馆群，广西民族生态博物馆联合体是一个巨大的提升与飞跃。我们暂且不管广西民族生态博物馆群在具体运营过程中遇到的困境，这些现实层面的管理、行政与资金问题是无论如何都会出现的。从理论逻辑层面来讲，广西民族生态博物馆最大的突破在于生态博物馆的专业化倾向。苏东海根据后者提出了“贵州第一代生态博物馆”与“广西第二代生态博物馆”的代际之分概念②。较之于贵州模式的民主化倾向，广西模式因为传统博物馆的介入而提升了专业化和博物馆化的色彩。除此

---

①　农学坚：《对广西民族生态博物馆模式与可持续发展的探讨》、莫志东：《广西民族生态博物馆建设管理规范的研究报告》，《守望家园：广西民族博物馆与广西民族生态博物馆“1+10工程”建设文集》，南宁：广西民族出版社，2009年，第20页。

②　苏东海：《中国生态博物馆的道路》，《博物馆的沉思：苏东海论文选（卷二）》，北京：文物出版社，2006年，第521—525页。

之外，笔者认为广西民族生态博物馆还有两个方面的超越：首先是生态博物馆理念的灵活利用，比如展示中心的建设、文化展示手段，这些新的尝试是贵州模式所没有的。其次是生态博物馆建设而引发的意义生成机制，比如近几年频繁出现的民族志影像作品。

那么，贵州模式与广西模式之间的差别用代际之分来区别是否合适呢？它们之间的超越与断裂是出于何种考虑而做出的呢？笔者将在接下来的一部分中分析中国早期生态博物馆实践——贵州模式与广西模式之间的关系，并在此基础上提出笔者的一些看法和观点。

三、寻找异域：中国生态博物馆的民族策略

中国生态博物馆在民族地区的实践除了贵州和广西外，还包括内蒙古达茂旗敖伦苏木生态博物馆[①]。在论述中国早期生态博物馆实践的民族属性前，我们需要就“生态博物馆”与“民族文化生态村”之间的关系进行系统分析，比较两者之间的区别与联系。任何一个书写中国生态博物馆运动的人都会遇到如何处理云南的民族文化生态村实践的困境。“民族文化生态村”是尹绍亭等学者提出的概念，在云南省得以实践，并为人所熟知。《民族文化生态村——当代中国应用人类学的开拓探索实践之路》[②]一书就民族文化生态村的诸多疑虑一一进行了解答。民族文化生态村实际上是发展中国家的“新型乡村建设模式”[③]，既然是一个乡村建设模式，那为什么要加上“民族文化”的前缀呢？“民族文化生态村”的命名与称谓自身包含了适用范围上的矛盾与困境，除此之外，保护与发展之间的对反关系并非是“发展中国家”这一背景就可以轻易解决的。在笔者看来，“民族文化生态村”在云南的实践取得了一定的成果，带来了旅游场景下

① 于·乌日格庆夫：《中国北方第一座蒙古族生态博物馆——内蒙古达茂旗敖伦苏木生态博物馆》，《2005年贵州生态博物馆国际论坛论文集》，北京：紫禁城出版社，2006年，第48—49页。

② 王国祥：《民族文化生态村——当代中国应用人类学的开拓探索实践之路》，昆明：云南大学出版社，2008年。

③ 王国祥：《民族文化生态村——当代中国应用人类学的开拓探索实践之路》，昆明：云南大学出版社，2008年，第23—26页。

的文化展演与文化意识，但严格来说，它还是一种表征民族的行动，与生态博物馆一样落入了制造差异的民族国家话语结构中。

20世纪90年代，海外中国少数民族的研究为我们分析民族博物馆、生态博物馆和少数民族等相关议题提供了思路，比如布兰科特·威廉姆斯（Brackette Williams）的“国家建构学说”①和杜磊（Dru C. Gladney）的“二元结构阐释理论”②。莱斯特大学的博物馆学家马秀雅（Marzia Varutti）在解读中国西南地区的民族博物馆实践时，也延续了这一研究路径，认为博物馆是一个政治记忆和想象诉求积聚的天然场合，而且博物馆的想象与叙事在一定程度上支撑着民族认同的集体观念③。我们不能否认中国早期的生态博物馆实践在文化保护、地区发展等方面所做出的贡献，这些来自生态博物馆哲学理念的初衷是无法抹杀的，但是，如果细细回顾生态博物馆从贵州到广西的实践路径，尤其民族文化对西方学者所造成的文化震撼场景，即可发现，我们的实践客观上造成了一种展示民族异域与差异的结果。“极端原始”④“社会活化石”“原始民主”“鲜艳的色彩”“服饰项圈”“唱歌跳舞”“民族特色浓厚”“习俗古老”等描述频繁出现在当时的纪实文本中，同时这些要素也在一定程度上成为民族地区生态博物馆选址的重要考量标准。

总的来说，早期的生态博物馆实践具有表征少数民族的性格气质。第一，早期生态博物馆实践通过对过去传统和民族特色的过度强调，来凸显生态博物馆的差异性、独特性与价值性。梭戛生态博物馆的民族属性比较典型，背水、梳头等民族特色的表演强化了自我民族的异域性，映衬出外来者的先进与现代属性。杜磊认为汉民族与少数民族所构成的二元结构关

---

① Brackette F. Williams. A Class Act: Anthropology and the Race to Nation across Ethnic Terrain. *Annual Review of Anthropology*, 1989, pp. 401-444.

② Dru C. Gladney. Representing Nationality in China: Refiguring Majority/Minority Identities. *The Journal of Asian Studies*, 1994(1), pp. 92-123.

③ Marzia Varutti. The Politics of Imagining and Forgetting in Chinese Ethnic Minority Museums. *Outlines-Critical Practice Studies*. 2010(2), pp. 69-82.

④ 曹兵武：《梭戛——中国第一座生态博物馆印象》，《中国文物报》2005年10月21日。

系上具有等级性的互相论证的效用[1]。也就是说，汉民族作为一个现代性的概念，它的优越性或先锋地位是由异域的、非正常化的少数民族来加以强化的。

第二，生态博物馆实践通过地域的选择将少数民族固态化与具体化，将不可见的文化形态转化成为可见的地域范围，以便于组织、管理与开发。镇山生态博物馆关于民族文化和地域文化之争即是这一关键策略的体现。生态博物馆的“地方价值”理念在民族地区的生态博物馆实践中被“民族价值”所取代，这既可以看做民族国家表征民族的尝试，也可以看做少数民族认同与意识觉醒的体现。民族认同不仅是民族国家书写少数民族，获得秩序化的治理方式，而且在一定时期也可以成为地方少数民族以此来要求政治、经济、文化资本的筹码。

第三，无论是贵州生态博物馆群还是广西壮族自治区生态博物馆联合体，生态博物馆所倡导的“遗产概念”并未真正发挥。犹如列维-斯特劳斯对“数值减少效力”的论述，“比例越小，对象全体似乎越容易对付，由于量的缩小，在我们看来，它似乎在质上也简化了。”[2]以民族文化整体观保护为口号的实践实际上忽略了民族文化内部的复杂性，出现了挑选、简化的政治修辞，比如梭戛的长角头饰、白裤瑶的铜鼓、旧州的绣球、龙脊的梯田。

第四，民族地区的生态博物馆实践面临着保护与发展，脱贫与致富的先天性对立。中国特色的本土化之路也对此做出妥协，允许旅游业在不危害当地文化的前提下适度发展，通过经济刺激来带动当地人文化意识的觉醒。这一看似合理的应对之策，却带来了一种对异域他者的找寻与对民族文化的消费。这一发生在民族文化现场的商品化现象不仅仅是“以经济带动文化”那么简单，民族地区上演的五彩斑斓、欢声笑语的文化展演与旅游活动实际上将少数民族形象商品化，少数民族的女性往往和该民族服饰一起，成为被消费的商品。

---

① Dru C. Gladney. Representing Nationality in China: Refiguring Majority/Minority Identities. *The Journal of Asian Studies*, 1994(1), pp. 92-123.

② 〔法〕克洛德·列维-斯特劳斯著，李幼蒸译：《野性的思维》，北京：中国人民大学出版社，2006年，第28页。

按照詹姆斯·斯科特（James Scott）的观点，全球化与同质化的今天，民族国家应该承担起保护地方多样性的职责[①]，这一看似合理的推论却遭到了中国早期生态博物馆实践的挑战。自古以来，中国就有华夷之辩的传统，直到民族识别后的20世纪80年代，少数民族问题一直是中国统一多民族国家合法性论证的心结。当生态博物馆与少数民族发生联系的时候，关于中国民族建构的心态、想象则不自觉地涌现出来。我们不能说这种局面是刻意而为之的，也找不到相关的证据来证明这是早有预谋的，唯一能解释频繁出现的“表征民族”现象的原因，可能就是一种自古有之的文化性格或骨子里的“人观”。

从生态博物馆的诗学角度来看，这些实践在民族地区生产和制造着意义；从生态博物馆的政治学角度来看，这些实践却具有浓厚的民族国家色彩，充满着对少数民族的异域化与原始化的想象。正如上文所提到的，中国早期的生态博物馆实践与其说是对地方和空间的发现，不如说是对民族和时间的表述。

第三节　发现地方：中国生态博物馆运动的典范与多元

如果说中国生态博物馆早期实践的核心是“表征民族”，其后的实践则转向了汉人社会，旨在“发现地方”。从这里可以看出，笔者在本书中对中国生态博物馆运动所做的分类，即表征民族的早期实践和发现地方的多元之路。

在这一部分中，笔者试图从典范与多元两个层面分别探讨中国生态博物馆运动的后期发展。首先，2005年，贵州生态博物馆国际论坛的召开预示着早期实践的结束和新阶段的开始，这一类似“庆功会”的国际论坛是一个理论典范得以确立的象征，也是后期理论与实践走向分化与多元的标志。其次，2007年，中国开始了在东部经济较发达地区建设生态博物馆的构想，这一尝试从中国生态博物馆运动的逻辑来看，摆脱了早期实践中的民族色彩与贫穷话语。最后，走出民族地区后，中国生态博物馆开始了多

① 〔美〕詹姆斯·斯科特著，王晓毅译：《国家的视角：那些试图改善人类状况的项目是如何失败的》，北京：社会科学文献出版社，2012年，第8页。

元化的本土尝试，从浙江安吉到山西平顺，再到浙江松阳，对地方的诸多特色——产业发展、中原文明和传统乡村的考量主导了生态博物馆的进一步探索，生态博物馆对地方特殊性的关切开始逐渐凸显。

新的理论反思与实践尝试在中国生态博物馆运动的后期持续进行与发酵，这些各具特色的地方究竟能够在多大程度上延续生态博物馆的理念核心，它们所引发的讨论究竟能给中国生态博物馆运动带来什么？中国生态博物馆的未来如何？笔者将在接下来的章节中，利用田野调查的材料与参与项目的体验来考察后期生态博物馆运动的发展历程与真实面貌。

一、2005国际论坛：作为典范的生态博物馆理论范式

2005年，生态博物馆国际论坛在中国贵阳举行，来自15个国家近100位代表出席论坛。在以往的研究中，2005国际论坛并未被单独作为一个事件来进行思考，也就并未顾及作为整体的中国生态博物馆运动轨迹，以及2005国际论坛在整个运动历程中的地位与影响。因此，笔者从自身的研究框架与行文思路出发，试图从生态博物馆运动的整体论视角来审视作为事件的“2005国际论坛”，并考察这一事件对中国生态博物馆研究的理论与实践究竟意味着什么。

为此，笔者将根据专题简要概括与总结该论坛的全部内容（除苏东海的主旨发言与论坛小结外），在寻求共识与差异的基础上回顾这一决定中国生态博物馆研究范式的事件与文本。

第一，出现了关于发现社区、发现地方的生态博物馆论调。

作为生态博物馆运动和新博物馆学运动的见证者与参与者，戴瓦兰开始取代早期里维埃在生态博物馆学中的地位，尤其是通过三篇文章，奠定了他对中国生态博物馆运动的影响。比如他所论述的生态博物馆起源学说，概念学说，以及实践模式学说的文章[①]在随后的岁月中被大量引

① 〔法〕雨果·戴瓦兰著，张晋平译：《二十世纪60—70年代新博物馆运动思想和“生态博物馆”用词和概念的起源》，《2005年贵州生态博物馆国际论坛论文集》，北京：紫禁城出版社，2006年，第72—73页。

用，成为生态博物馆理念论述的典范；另一文章[①]反思了传统博物馆学的封闭模式与专业化模式，认为新博物馆运动标志着博物馆理论、技术与方法的变化——从建筑物—收藏品—展示转变为地域—遗产—居民，是一种服务地方社区的博物馆实践新形式；他在最后一篇文章[②]中修正了“生态（eco）”这一极富歧义的前缀概念，如前文所述，他认为生态本意是指人类或社会生态系统（human or social ecology）：即社区、社会，甚至人成为该系统存在、活动与发展的核心。

从上述的理论论述中，我们能够看到戴瓦兰所流露出来的“发现地方”和“文化之网”的倾向。戴瓦兰试图抛弃生态博物馆运动早期的法国传统，即里维埃模式，而是从国际新博物馆学理论与生态博物馆实践中寻找灵感，修正成为一种整体博物馆+社区的模式，强调服务社会与社区记忆相结合的重要性。随后，戴瓦兰更进一步，他的人类或社会生态系统概念开始接近美国文化生态学家朱利安·斯图尔德（Julian H. Steward）所说的特定环境与地域内生计模式、行为模式和文化模式的全观论（holistic view），以及格尔茨“意义之网” 的概念，在这个意义上，社区/生态博物馆成为一种不同文化相互映照、双向认知的工具或代理人。

第二，研究取向开始从概念与理论的探讨转化为对已有生态博物馆实践的评估，以“后见之明”提炼生态博物馆的哲学核心，并规范生态博物馆自身的纯洁性。

意大利社会和经济研究所教授毛里齐奥·马吉（Maurizio Maggi）和英国博物馆学教授戴维斯是这种观点的集中代表。在对当下生态博物馆运动成功与否的界定中，马吉提出了居民参与、领导与培训机制、持续发展策略[③]的指标。不仅如此，马吉还将“保护文化多样性”作为中国生态博

---

① 〔法〕雨果·戴瓦兰著，张晋平译：《新博物馆学和去欧洲化博物馆学》，《2005年贵州生态博物馆国际论坛论文集》，北京：紫禁城出版社，2006年，第80页。

② 〔法〕雨果·戴瓦兰著，张晋平译：《生态博物馆和可持续发展》，《2005年贵州生态博物馆国际论坛论文集》，北京：紫禁城出版社，2006年，第83—87页。

③ 〔意〕毛里齐奥·马吉著，张晋平译：《世界生态博物馆共同面临的问题及怎样面对它们》，《2005年贵州生态博物馆国际论坛论文集》，北京：紫禁城出版社，2006年，第88—90页。

物馆实践的特色，为贵州和内蒙古生态博物馆寻求理论合法性[①]。戴维斯认为生态博物馆的关键衡量指标在于当地居民知识提升与否[②]，另一篇文章[③]中还罗列了意大利地区五个生态博物馆评估研究的调查问卷与结果，以此来探索生态博物馆成功与否的评判机制。

这一研究典范标志着生态博物馆研究态度的转变——从“强调多种实践模式”到界定“真正意义上的生态博物馆是什么”，也就是说，生态博物馆概念不再是衡量生态博物馆成功与否的标准，生态博物馆在自我发展过程中的哲学思维与基本原则成为重要的考量要素。这一理论转向来自于不同国家和地区生态博物馆实践的反思，试图从生态博物馆的“变”与“异”中重新寻找生态博物馆的“不变”与“同”。理论与实践、理想与现实之间的张力促成了国际生态博物馆运动的研究转向，而且也为中国生态博物馆实践的后期考察提供了一条方法论路径。

第三，持续关注生态博物馆的概念与内涵，从多重视角出发，采取意象性的描述方式，界定生态博物馆的理论哲学与实践法则。

挪威博物馆学家摩尔以修辞学的手法阐释了“生态博物馆是镜子、窗户和展柜”[④]的观点。马克·摩尔（Marc Maure）的三重比喻不仅可以看做是生态博物馆的基本结构，也可以看做是生态博物馆是否符合规范与成功的衡量指标。英国博物馆学家科赛从传统博物馆、生态博物馆与社会三者之间的关系中提炼出了生态博物馆理论内涵，在比较的基础上提出了

---

① 〔意〕毛里齐奥·马吉著，张晋平译：《关于中国贵州省和内蒙古自治区生态博物馆考察报告》，《2005年贵州生态博物馆国际论坛论文集》，北京：紫禁城出版社，2006年，第251—255页。

② 〔英〕彼特·戴维斯著，张晋平译：《评价生态博物馆现状和“成功”的标准》，《2005年贵州生态博物馆国际论坛论文集》，北京：紫禁城出版社，2006年，第95—98页。

③ 〔英〕彼特·戴维斯著，张晋平译：《意大利生态博物馆现状评估》，《2005年贵州生态博物馆国际论坛论文集》，北京：紫禁城出版社，2006年，第105—108页。

④ 〔挪〕马克·摩尔著，张晋平译：《生态博物馆：是镜子，窗户还是展柜？》，《2005年贵州生态博物馆国际论坛论文集》，北京：紫禁城出版社，2006年，第113—114页。

“补偿机制”和“深入根髓”等关键概念[①]。传统博物馆的反思和整合性博物馆的概念使其充分体认到了生态博物馆与社会之间内在的勾连。意大利的玛格丽塔·科古（Margheriita Cogo）认为生态博物馆是一个过程、一个行动、一种现象[②]，其内涵的探索应该伴随实践的进行而不断有所推进。

这一时期生态博物馆内涵的探讨开始走出哲学演绎和理论建构的牢笼，生态博物馆理念在国际范围内的实践开启了经验归纳的研究路径。无论是来自哪一种视角，生态博物馆概念开始呈现出一种实践经验的属性与气质，这些经验归纳在一定程度上规范了以后的生态博物馆行动。同时，一些事件中的教训也开始逐步为学者所关注，比如生态博物馆在地域中制造的差异、等级等缺陷。

第四，除了西方学者的深刻理论洞见外，还有国际范围内生态博物馆实践的“他者之镜”，来自不同文化语境的多重尝试和中国生态博物馆学者的自我认识形成碰撞，实现了自我与他者的对话与交流。

法国诺曼底民族艺术博物馆、鲁昂工业遗产博物馆馆长阿兰·茹贝尔（Alain Joubert）按照社区文化多样和居民参与两项指标对法国生态博物馆进行了界定与分类[③]。挪威图顿生态博物馆馆长达儿认识到了生态博物馆时间表述的转向，即面向与回应现在和未来的变化[④]。瑞典前柏格斯拉根生态博物馆馆长伊娃·贝格达尔（Ewa Bergdahl）提出了生态博物馆理

① 〔英〕杰拉德·科赛著，张晋平译：《从“向外延伸”到“深入根髓”：生态博物馆理论鼓励社区居民参与博物馆事业（摘要）》，《2005年贵州生态博物馆国际论坛论文集》，北京：紫禁城出版社，2006年，第155—156页。

② 〔意〕玛格丽塔·科古著，张晋平译：《生态博物馆和地方政府》，《2005年贵州生态博物馆国际论坛论文集》，北京：紫禁城出版社，2006年，第132—136页。

③ 〔法〕阿兰·茹贝尔著，张晋平译：《法国的生态博物馆》，《2005年贵州生态博物馆国际论坛论文集》，北京：紫禁城出版社，2006年，第143—145页。

④ 〔挪〕陶维·达儿著，张晋平译：《生态博物馆原则：专业博物馆学者和当地居民的共同参与》，《2005年贵州生态博物馆国际论坛论文集》，北京：紫禁城出版社，2006年，第155—156页。

念是处理工业遗产、农业遗迹、历史遗迹的一种地区民主化的主张①。特丽莎·克里斯汀娜·摩丽塔·席奈尔（Teresa Cristina Moletta Scheiner）从拉丁美洲传统讨论了地方遗产的价值与发展，即生态博物馆或社区博物馆所倡导的博物馆学理念是一种介入地方社会，实现遗产可持续发展的工具和遗产保护人性化的行动策略②。日本横滨国立大学博物馆学教授大原一兴提出了日本生态博物馆面临的两个挑战③：模式的固化和等级，以及生态博物馆的定位。此外，印度、韩国、菲律宾、印度尼西亚的生态博物馆实践也被一一介绍。中国的声音除了苏东海对生态博物馆的定义、模式与核心的论述外，张誉腾在两个案例介绍的基础上提出了生态博物馆的民主特性和行动气质，探讨了生态博物馆所面临的困境④；宋向光站在传统博物馆学的立场来审视生态博物馆运动，认为生态博物馆工作视角是"大众"，核心是"实践"，导向是"发展"⑤。黄春雨提出了一个较为尖锐的问题，那就是"为社区居民而建"的口号到底是自发的还是外来的⑥。曹兵武结合中国生态博物馆的实践经历，提出了生态博物馆的"适应性"、"过程性"和"文化连续性"三个概念，以此来化解生态博物馆

---

① 〔瑞〕伊娃·贝格达尔著，张晋平译：《瑞典的生态博物馆》，《2005年贵州生态博物馆国际论坛论文集》，北京：紫禁城出版社，2006年，第149—154页。

② 〔巴西〕特丽莎·克里斯汀娜·摩丽塔·席奈尔著，张晋平译：《博物馆、生态博物馆和反博物馆：解决遗产、社会和发展的思路》，《2005年贵州生态博物馆国际论坛论文集》，北京：紫禁城出版社，2006年，第118—122页。

③ 〔日〕大原一兴著，张伟明译：《当今日本的生态博物馆》，《2005年贵州生态博物馆国际论坛论文集》，北京：紫禁城出版社，2006年，第179—183页。

④ 张誉腾：《台湾的生态博物馆：发展背景与现况》，《2005年贵州生态博物馆国际论坛论文集》，北京：紫禁城出版社，2006年，第33—38页。

⑤ 宋向光：《生态博物馆理论与实践对博物馆学发展的贡献》，《2005年贵州生态博物馆国际论坛论文集》，北京：紫禁城出版社，2006年，第53—57页。

⑥ 黄春雨：《理想与现实——生态博物馆必须的对接》，《2005年贵州生态博物馆国际论坛论文集》，北京：紫禁城出版社，2006年，第62—63页。

带来的“时间困境”[①]。

在会议上关于“差异与共识”的讨论汇集成《2005年贵州生态博物馆国际论坛论文集》，这本书一度成为中国生态博物馆运动的“红宝书”，构成后期书写生态博物馆的典范，频繁出现在各种关于生态博物馆表达的文本中。这些生态博物馆“教义”为后来中国生态博物馆运动的理论繁荣、多元化实践行动的开展，以及多学科的理论思考奠定了基础。

二、安吉模式：发达地区的生态博物馆实践

浙江安吉生态博物馆群建设是继民族地区早期实践后，在中国东部较发达地区的一次新尝试。安吉生态博物馆群的建设来自于2007年时任国家文物局局长单霁翔的构想。有学者认为，这一建设思想来源与梭戛建设思想来源如出一辙，是个人决策的产物[②]。但是笔者以为，这一决策出于两方面的考虑：首先，中国早期的生态博物馆实践落入到保护与发展不可兼顾的泥潭中，经济发达地域的尝试能够验证生态博物馆在中国的生命力和发展前景；其次，当时的浙江安吉正在进行“美丽乡村”建设，具有生态博物馆建设的可行性。也就是说，如果把安吉生态博物馆群的建设放置在中国生态博物馆运动的整体中来看，它的产生来自于当时学术界对中国生态博物馆发展前景的焦虑和不安。如果把安吉生态博物馆群的建设纳入到理论谱系和哲学思考的范畴中，那么它所关切的是一种地方乡村社会或区域经济如何进一步发现与发展的议题。因此，这两个方面构成了安吉生态博物馆群建设最重要的助推力，成也萧何败也萧何，作为原动力的要素往往会因为“过于激进”而出现冒进与失控的现象，这也为后期安吉生态博物馆群的发展困境埋下了伏笔。

笔者对安吉生态博物馆群的认识主要来源于两个方面的材料：一方面是已有的内部文本，包括《中国生态博物馆总体规划》（以下简称《规

---

① 曹兵武：《生态博物馆：谁的生态？——贵州生态博物馆国际论坛参会笔记》，《2005年贵州生态博物馆国际论坛论文集》，北京：紫禁城出版社，2006年，第261—263页。

② 于富业：《关于中国生态博物馆初步研究——以贵州生态博物馆群和浙江安吉生态博物馆群为例》，南京艺术学院博士学位论文，2014年，第73页。

划》）、《中国·安吉生态博物馆项目实施方案》（以下简称《实施方案》）、《生态博物馆建设试点方案》、《中国·安吉生态博物馆建设专家论证会纪要》等；另一方面是笔者的田野经历：2015年8月14日，笔者前往安吉参加广西民族博物馆“三区”文化人才支持计划生态博物馆馆长培训会，六天时间里参观了安吉生态博物馆群的一些专题馆和村落展示点，并与馆长王鹤、书记程永军进行了交流。

2007年8月，安吉县委县政府委托浙江大学规划与景观设计研究所编制《规划》，于当年12月编制完成。2008年10月，安吉生态博物馆中心馆举行奠基仪式，以“全县域”为建设范围的安吉生态博物馆群落正式启动。2009年，包括自然生态、历史文明和民俗文化在内的专题馆开始选点建设，值得注意的是，前期这些专题馆的确定是建立在浙江大学规划与景观设计研究所的设想基础上，并与安吉县“美丽乡村”建设同步进行。用程永军的话来说，那就是“选取了办的比较好的几个村民博物馆作为安吉生态博物馆的专题馆”[①]。2011年，安吉生态博物馆正式列入全国首批生态（社区）博物馆示范点，成为中国东部地区首个综合性生态博物馆建设示范点。2012年10月，安吉生态博物馆群中心馆开馆，部分专题馆建成开放。截止到现在，除了比较有代表性的专题馆和展示点外，其他一些建设工作处于停滞状态。同时，一些企业则积极建设产业类博物馆，并极力加入生态博物馆的整体系统框架中，比如2015年2月开馆的中国睡眠文化博物馆。

按照《规划》和《生态博物馆建设试点方案》的内容来看，安吉生态博物馆群的建设周期为2009年到2016年。从某种角度上说，安吉生态博物群的建设是“美丽乡村”在新阶段深入发展的需要，同时，“美丽乡村”建设和实践更需要以“生态博物馆”的方式为指导[②]。建设的总体结构为“一中心、四大类、十二展示区、多个展示点”，在这两个文本中，展示区和展示点是依照四大类模式进行筛选，即自然生态类、历史文明类、民

① 于富业：《关于中国生态博物馆初步研究——以贵州生态博物馆群和浙江安吉生态博物馆群为例》，南京艺术学院博士学位论文，2014年，第74页。

② 浙江省安吉县人民政府、浙江大学生态规划与景观设计研究所：《生态博物馆建设试点方案》，2010年，内部材料。

族文化类和产业生态类。这一“文化分项”原则主要考虑了安吉现状、资源的代表性、资源的有效利用性以及后期发展的可行性与持续性[①]。《规划》对于展示区和展示点的论述即是在分项的基础上进行的，自然生态类包括森林生态展示区、湿地生态展示区，历史文明类包括旧石器遗址展示区、古军事防御遗址展示区、古墓葬群遗址展示区，民俗文化类包括竹文化展示区、茶文化展示区、书画文化展示区、孝文化展示区、山民文化展示区、畲民文化展示区，产业生态类包括生态能源展示区、生态建筑展示区、生态村落展示区、现代竹产业展示区、现代转椅产业展示区。

一个县域的文化是整体的概念，甚至某个地域的文化也是一个系统性的整体，如果根据文化资源的典型性与突出性就进行文化意义上的拆分与切割，这在生态博物馆实践中是否妥当？也就是说，分类模式在生态博物馆的总体规划中出现，以达到指导区域内的资源提升与资源整合的目的是否妥当呢？这种划分文化要素并且简化某一地域文化复杂性的方法在一定程度上可以带来简单化与清晰化的效用，并且方便文化旅游与生态旅游的设计与发展，但是总体来说，它所造成的客观影响与早期民族地区生态博物馆实践对民族文化要素的简化如出一辙。

2012年，以潘守永教授为代表的中央民族大学多元文化研究所在原有资源调查的基础上编制《实施方案》，《实施方案》抛弃了所谓的“文化分项”原则，取而代之的是试图让生态博物馆与其所在地方建立联系。《实施方案》提出了“一个中心馆、十二个专题生态博物馆、多个村落文化展示馆”的总体思路[②]，在原有的资源评估基础上增加了“社会生态”的概念，实现整体的系统融合。截至2017年已经有14个专题博物馆，博物馆群进一步扩大，体现了生态博物馆作为文化过程而非结果的哲学理念。《实施方案》的落实塑造了我们现在看到的安吉生态博物馆群。中心馆建筑面积15000平方米左右，包括“苕水长流——安吉历史文化陈列”“山地春晖——安吉生态文化陈列”“铜华清而明　对镜理红妆——安吉出土

① 浙江省安吉县人民政府、浙江大学生态规划与景观设计研究所：《中国生态博物馆总体规划》，2009年，内部材料。

② 中央民族大学多元文化研究所：《中国·安吉生态博物馆项目实施方案》，2012年，内部资料，第19页。

铜镜陈列”三个基本陈列和一个临时展览。专题馆或卫星馆进一步明确，包括安吉竹文化生态博物馆、安吉白茶文化生态博物馆、上张山民文化生态博物馆、朗村畲民生态博物馆、上墅生态农业博物馆、马村蚕桑生态博物馆、天荒坪生态能源博物馆、永裕现代竹产业文化生态博物馆、鄣吴竹扇文化生态博物馆、安吉移民文化生态博物馆、安吉古军事防御生态博物馆、龙山古墓葬生态博物馆。展示点有尚书圩尚书文化展示馆、上吴百艺文化展示馆、安吉党史馆等。

我们应该如何认识浙江安吉生态博物馆群呢？中央民族大学多元文化研究所团队作为国家文物局“开展中东部地区生态、社会博物馆的调研”的专家团队之一，参与了安吉生态博物馆群的建设。潘守永曾在《“第三代”生态博物馆与安吉生态博物馆群建设的理论思考》一文中提出了安吉生态博物馆群的关键词：“遗产与资源特色及整合”“居民与政府的良好配合及文化自觉”“点-线-面式的博物馆群创新”“制度先行与良性运转”①。在这篇文章中，潘守永以比较的视野审视了安吉生态博物馆群的特色，以此来交代当时的社会文化语境，并且以关键词的形式宣告了“文化扶贫”“民族文化”“文化代理”等概念所象征的早期生态博物馆实践的终结。

在笔者看来，安吉生态博物馆群的最大成功在于它的开放性和系统性。具体体现在如下几个方面：

首先，安吉生态博物馆群因为与“新农村建设”“美丽乡村建设”之间的关系，具有了一种基层社会治理与服务的属性，从传统的博物馆事业转向为一种区域性阐释。新农村建设、美丽乡村建设是一个整体性、多学科合作的工程，安吉生态博物馆群以此为基础，将弥补其学科架构的不足，从而更全面地审视地方社会。

其次，安吉生态博物馆群的开放性在于对地方文化产业的发现、解读与纳入，这一切实的做法真正实现了生态博物馆的时间观转向，即面向现在与未来。虽然生态博物馆自诞生之日起就一直宣扬服务当下、发展未来的口号，但是中国早期生态博物馆实践的时间感基本上是“回到过去”，

---

① 潘守永：《“第三代”生态博物馆与安吉生态博物馆群建设的理论思考》，《东南文化》2013年第6期。

以对过去的表征来换取经济上的补偿。而安吉生态博物馆通过对地方产业的强调而具有了时间流淌的“现在式”和“将来式”的感觉，通过地方产业的加入，生态博物馆的时间困境被成功解决。

最后，安吉生态博物馆群的全县域规划初步认识到了所谓的地方社会“生态系统”的概念，即中国的乡村是处于国家行政体制的层层关系中。为此，考虑乡村离不开所谓的“上下关系”，即城乡联合才能够更好地发展彼此。在早期的生态博物馆实践中，“小地方”往往会通过某些人或某些机遇的出现而走向世界的舞台，一夜爆红也不过如此。但这样的一种模式有点类似于人类学早期对田野点的封闭式想象，即生态博物馆成为一个孤岛，忽视了它与更大社会系统之间的关系，无法取得一个整体论视角下的城乡系统整合。

笔者之所以将安吉生态博物馆群单独进行论述，也主要考虑到它在整个中国生态博物馆实践中的转折性地位。那么，如何评价安吉生态博物馆群的得失呢？它在昭示新时代到来的同时也存在自身的问题。

笔者认为它的困境主要有以下几个方面：第一，急于和早期的生态博物馆实践有所区别，产业类博物馆的一家独大让整个生态博物馆系统处于畸形状态。第二，由于安吉生态博物馆的编制和资金限制，专业化的培训以及中心馆与专题馆、展示点之间的联络流于形式，大部分专题馆与展示点处于无管理状态。第三，美丽乡村建设固然为生态博物馆建设提供了基础，但是这也使得生态博物馆理念并未深入民众，一些专题馆或展示点以美丽乡村的名义而存在。第四，全县域的生态博物馆群范围过大，一些较为偏僻的专题馆和展示点的自我造血能力相对较差，其发展现状令人担忧。第五，与生态博物馆群相关的配套服务设施建设滞后，“发现之旅（discovery trail）”[①]不尽如人意。

作为一个正在成长的事物，几乎没有生态博物馆不遭到批评。作为一个走出“民族表征”的实践标杆，安吉生态博物馆群的建设有理由获得

---

① 发现之旅（discovery trail）指的是将县域范围内生态博物馆核心馆与卫星馆，村落范围内生态博物馆中心与各个展示点联系在一起的路线以及相关的配套服务设施。参见〔日〕大原一兴著，张伟明译：《当今日本的生态博物馆》，《2005年贵州生态博物馆国际论坛论文集》，北京：紫禁城出版社，2006年，第179—183页。

欢呼，它的一系列困境也值得学者冷静思考并提出批评，毕竟，“发现地方”之旅刚刚起程，我们还有更远的路要走。

三、多元化的生态博物馆之路

自安吉生态博物馆群的地方属性得以凸显以来，中国生态博物馆实践彻底摆脱了民族符号带来的表述困境，犹如一匹脱缰的野马，在中国大地上自由地驰骋。如何发现地方的特殊性与重要性，如何在生态博物馆的认识逻辑上更加深入成为这一时期生态博物馆探索的主要诉求。在这一部分中，笔者将关注焦点转向亲自参与的项目：山西平顺太行三村生态博物馆和浙江松阳生态博物馆群。

自安吉生态博物馆群建设以来，中国生态博物馆实践开始了一种全新的模式，那就是地方政府委托国家文物局生态博物馆调研组进行项目考察，讨论项目建设的可行性，随后由项目团队负责具体的实地调查、规划方案制定等事宜。生态博物馆建设的前提是要对地方的自然资源、人文资源、历史资源等文化要素进行深入的搜集与整理，也就是人类学意义上的民族志调查，这是充分发现地方的关键所在。回头来看，以往的生态博物馆实践在建设之前就缺少了这关键一环，这往往会导致生态博物馆与地方之间的脱节，重绘地方的尝试被“生态博物馆”的光环掩盖而不见天日。因此，如果说后期的多样化地方实践在生态博物馆哲学上有所推进的话，那么，人类学意义上的田野调查即是一个极具代表性的进步。

2011年6月，山西省文物局局长王建武带领省文物局领导班子在平顺县石城镇下乡驻村时看到石城镇相对封闭的交通、地方特色浓郁的民风民俗和乡土建筑，这些与周边自然环境相互融合，形成了优美的、令人愉悦的人文景观，尤以地缘上相连的豆口村、白杨坡、岳家寨最为突出，遂初步决定依托这三个村建一座生态博物馆。2011年9月，时任中国文物报社总编辑曹兵武、中央民族大学潘守永、中国国家博物馆张晋平等专家应邀去平顺考察，初步确定了岳家寨、白杨坡、豆口村三个自然村为主要项目对象，统筹规划以“山区生境”和“山民文化”为主要内涵的北方汉族地区生态博物馆。2012年4月，北京生态博物馆专家以“山西平顺生态博物馆研讨会”名义再次来到山西，与山西省的专家共同讨论《太行山人文生态博物馆建设规划》[①]，并在此基础上启动生态博物馆建设项目。

该项目以地方委托的形式，由中央民族大学多元文化研究所负责生态博物馆规划方案的编制。2012年7月，倪威亮、潘守永、张晋平与中央民族大学等高校的八名在读博士生、硕士生共赴山西平顺。在为期20天的田野调查过程中，研究团队走访了豆口村、白杨坡和岳家寨，对三个村落的自然生态资源、物质文化资源和非物质文化资源进行了摸底调查。在这次调查的过程中初步确定了豆口村生态博物馆认知中心的选址，并在岳家寨发现了1955—1958年合作社时期的珍贵档案材料，研究团队在此基础上编制了《山西平顺太行三村生态博物馆建设规划方案》。2013年3月，团队成员又去山西平顺进行生态博物馆建设宣传片的拍摄，2013年5月，建设规划方案专家论证会在中央民族大学召开，时任国家文物局博物馆司司长的段勇肯定了山西平顺的生态博物馆实践，认为这是对生态博物馆多种模式的试点与利用的有益探索；其次他还表达了对于生态博物馆在当地选择"负责人"的重视，过去经验显示"负责人"在很大程度上决定了生态博物馆建设的成功与否[②]。自此，研究团队与山西平顺的三个村落始终保持密切的合作关系，项目的跟踪一直在持续，这也是以前的生态博物馆实践中所缺少的。每年都有学生利用寒暑假去这三个村落了解生态博物馆的建设情况，一系列的相关论文也在此基础上完成。2013年，豆口村的人民礼堂开始整修，2014年10月，豆口村生态博物馆认知中心建成开放，2015年，白杨坡认知中心（乡村记忆馆）建设完工，随后继续与研究团队合作，委托编制认知中心的陈列设计方案。

山西平顺太行三村生态博物馆的建设与完善依然在继续，这一次实践将生态博物馆再次带到了相对贫困的地区，看似是回到早期实践直面"保护与发展"的脉络，实际上内在逻辑发生了变化。在相对偏僻的北方汉人生活腹地，地方文化元素更多地体现为一种山区生活样态的记忆、保存与延续。

---

① 山西省平顺县文物旅游中心、北京华能中心：《山西省平顺县太行山人文生态博物馆建设规划（2011年11月—2018年12月）》，2012年，内部资料。

② 尹凯根据录音整理：《山西平顺太行三村生态博物馆建设规划方案专家听证会会议纪要》，2013年5月，内部资料。

2015年1月12日，浙江丽水松阳县有意委托中央民族大学多元文化研究所在松阳进行生态博物馆试点建设，同年3月，松阳县县长王峻与潘守永初步确定了生态博物馆建设的具体细节，包括项目的生态博物馆命名，生态博物馆与基础设施、产业、旅游之间的关系等问题[①]。2015年7月，以生态博物馆建设为目的的人类学田野调查正式开始，这一时期的工作重点包括两个方面：一方面，对两个先行试点村落的自然资源、历史资源、人文资源进行摸底调查，在此基础上撰写包括认知中心和村落整体展示与体验体系的规划；另一方面，根据现有资料以及与松阳县政府的沟通，进一步修改完善松阳生态博物馆群的总体规划文本。2015年11月，生态博物馆专家论证会在浙江松阳召开，曹兵武、安来顺等专家学者参加了这次会议，并充分肯定了项目文本。项目规划阶段只是生态博物馆实践中最为基础的一个开始，后期的建设、运营与管理依然需要持续性的跟踪调查，以便对可能出现的违背生态博物馆哲学的现象进行及时纠正。

从“后安吉时代”开始，“第三代”生态博物馆模式逐渐表现为全县域生态博物馆的建设实践，这被越来越多的地方模仿。这种较为开放的“系统”有其独特的优势，但是也需要根据每个地方的具体情况进行细微的调整。山西平顺太行三村生态博物馆建设虽然进展缓慢，但却依然在进行，而且这一实践还促成了生态博物馆哲学理念与认识论的提升。首先，将之前普遍采用的“资料信息中心”改为“认知中心”，进一步明确生态博物馆的地方定位；其次，开创了一种以人类学意义上的田野调查为基础的生态博物馆建设路径，这种深入的民族志属性将带来生态博物馆对地方“文化之网”的深入理解。最后，生态博物馆在一定意义上成为乡村研究的一种阐释模式，这一新型的文化运动在接下来的松阳生态博物馆建设中起到了重要的指导作用。这些自我认识的提升和生态博物馆哲学理念的发展让生态博物馆运动的本土化历程持续保持生命力。有人说，21世纪的中国是“乡村复兴，文化为王”的时代，中国的生态博物馆运动在新时期将走出过去表征民族的泥潭，转向地方、转向乡村，回到中国最根本的“乡土性”议题。

---

① 买岸笛根据录音整理：《松阳生态博物馆建设座谈会纪要》，2015年3月，内部资料。

迄今为止，中国生态博物馆运动已走过三十多年的艰难岁月，生态博物馆实践也有二十多年的经历。回眸望去，经验与教训并存。从“苏氏话语”到贵州论坛，从“表征民族”的实践到“发现地方”的尝试，中国的生态博物馆运动在政府、学者的推动下始终在前进。作为一个西方社会的概念体，生态博物馆是一个开放性的学说与思潮，它所包含的哲学理念与中国本土化的冲突开始逐渐显露。从被阉割的曲解到重绘地方的谱系，生态博物馆实践正在跟随社会的急剧变迁而自我发现与调整。滥用与激进是危险的，当生态博物馆运动被更为复杂的社会文化现象所裹挟的时候，我们更应该清晰地认识这一运动的初衷。从整体的、动态的过程中分析生态博物馆实践的多重性格与气质，并有效对其进行理解与阐释，以此来解释生态博物馆运动在中国究竟意味着什么。

第四节　生态博物馆的本土阐释

从根本上来说，生态博物馆是舶来品，是西方后现代主义思潮催生的产物，是西方历史遗产与当时社会境况共同孕育的结果。犹如生态博物馆实践空降地方，生态博物馆理论在中国社会亦无传统可循。生态博物馆在中国的引介、实践引发了一系列的本土阐释，尤其是2005年以后，这些生态博物馆的本土声音更加丰富与多样。

从1986年到2018年7月，以“生态博物馆”为篇名对中国期刊全文数据库进行检索，共有557篇报纸、会议、期刊与学位论文。研究领域复杂多样，涉及档案及博物馆学、旅游、文化、环境科学与资源利用、建筑科学与工程、文化经济、民族学等一系列相关领域，中国生态博物馆研究虽以博物馆学科为主，但却呈现出多科学、跨领域的研究视角。从论文发表时间与论文数量的关系来看，2005年成为中国生态博物馆研究的分水岭：2005年的文献总数达100篇，1986—2004年间，文献总数为65篇，2006年以后，每年的文献数量基本维持在30—40篇。由此也印证了2005年贵州生态博物馆国际论坛的召开在中国生态博物馆运动中的划时代地位。

中国学界对生态博物馆的书写基本上始于21世纪，并且呈现出多样化的趋势：总的来说集中在民族文化保护、村寨空间景观、生态美学、旅游发展、文化反思与批评、博物馆学等领域。作为一种文化运动和社会实践，生态博物馆的本土阐释不局限于博物馆学界，而是引起了其他学科与领域的关注。应该说，多学科、多领域的研究对生态博物馆来说是一件好事，正如笔者所主张的那样，生态博物馆的价值不仅“在此”，而且在很多情况下“在彼”。然而，其他学科或领域的有益阐发却不多见，这或许也是未来中国生态博物馆本土阐释的着力点。

不得不承认，综合论述这些多样性的本土阐释并不容易。既要考虑研究的价值，又要考察研究的视野；既要考虑篇幅，也要考虑结构；既要考察分类的标准，也要考虑彼此的关系。反复权衡下，笔者分为代表性的学者与观点、文化反思与批评以及博物馆学视域三部分来介绍与评析中国生态博物馆的本土阐释。在展开具体讨论之前需要交代如下两点：其一，自2004年第一篇以生态博物馆为题的学位论文[①]诞生以来，一些优秀的硕士、博士论文也成为生态博物馆研究中不可忽视的一部分，本书中亦包括对这些论文的介绍与分析，在此暂不单独介绍。其二，台湾学者对生态博物馆的阐释对笔者启发极大，尤其是张誉腾和周佳桦的研究，他们的真知灼见几乎在书中随处可见，在此暂不赘述。

一、学人与视野：独具一格的阐释

在学术研究中，总有一些独具特色的学者基于自身视野完成对某一社会事实或文化现象的书写。生态博物馆研究也不例外，翻看生态博物馆的本土阐释，这样的学者不在少数，可主要分为三种：基于村落景观、基于美学理论和基于旅游开发的生态博物馆阐释。

从建筑学与村落景观保护角度介入生态博物馆专题研究的代表人物是余压芳，2005年，余压芳在《自然村寨景观的价值取向及其对生态博物馆工作模式的启示》[②]一文中介绍了自然村寨景观的多重价值取向，以及不同主体与不同价值取向之间的关系，以此为生态博物馆保护村落景观遗

① 刘艳：《基于生态博物馆理论下的生态旅游开发与实证研究——以贵州堂安侗族生态博物馆为例》，西北师范大学硕士学位论文，2004年。

② 余压芳：《自然村寨景观的价值取向及其对生态博物馆工作模式的启示》，《中国博物馆》2005年第3期。

产的工作提供参考。随后的《生态博物馆研究进展及其对文化遗产保护理念的影响》[①]一文则将关注点放在生态博物馆理论与实践方面，并认为建筑学研究方法与视野将增强生态博物馆对传统乡村聚落文化遗产保护的作用。余压芳关于生态博物馆与村落景观保护的观点在她的《景观视野下的西南传统聚落保护——生态博物馆的探索》[②]一书中得到集中体现，在该书中，余压芳将研究范围限定在西南地域，试图以生态博物馆理论与实践来解决传统聚落保护与发展中的困境。在她看来，生态博物馆理念为我国西南传统聚落的保护与发展提出了一个值得探索的方向[③]。余压芳关于生态博物馆的研究经历了一个变化，前期主要想从建筑与景观设计方面为生态博物馆建设出谋划策，后期的研究则将生态博物馆作为一种解决村落景观保护与发展的重要途径。然而其著作并没有很好地实现两者的有机结合，未能阐明和凸显生态博物馆不同于其他文化运动或实践的优势和价值。

从文艺学与美学的角度研究生态博物馆现象的主要代表人物是韦祖庆。他的核心观点是将生态博物馆作为一个审美文本进行分析，生态博物馆建设应该以审美化生活为前提，以实现当地人的审美化生活意识[④]。同时，他提出了生态博物馆建设的核心在于操持文化的人，唯有当地人集审美对象与审美主体于一身，从而能实现文化的保护与自觉[⑤]。在《馆藏文物的审美取向分析——以贺州莲塘客家生态博物馆为例》[⑥]一文中，韦祖庆延续了他所谓的美学理论，将其用于解释生态博物馆资料信息中心的文

---

① 余压芳、刘建浩：《生态博物馆研究进展及其对文化遗产保护理念的影响》，《建筑学报》2006年第8期。

② 余压芳：《景观视野下的西南传统聚落保护——生态博物馆的探索》，上海：同济大学出版社，2012年。

③ 余压芳：《景观视野下的西南传统聚落保护——生态博物馆的探索》，上海：同济大学出版社，2012年，第151页。

④ 韦祖庆：《生态博物馆的美学取向——民族田野调查与非物质文化遗产保护》，《中国博物馆》2007年第1期。

⑤ 韦祖庆：《生态博物馆的美学内涵》，《贵州社会科学》2007年第8期。

⑥ 韦祖庆：《馆藏文物的审美取向分析——以贺州莲塘客家生态博物馆为例》，《贺州学院学报》2009年第3期。

物藏品。物的收集、挑选意味着当地文化与生态博物馆理念的审美取向。韦祖庆在随后的生态博物馆研究中将关注点放在了生态博物馆建设地的选址与建构上，《生态博物馆社区非必然经济弱势意象》[①]一文以贺州莲塘客家生态博物馆为例，认为生态博物馆选址并不天然具有经济弱势的意象；《生态博物馆：一个文化他者的意象符号》[②]一文采取20世纪90年代以来人类学、民族学研究少数民族的方法——内殖民化话语，认为生态博物馆实际上是一个建立异域他者、边缘文化的行动。韦祖庆的前期研究不过是借着"美学"与"审美"的幌子，论述生态博物馆作为窗户与镜子的属性；后期的研究则受到"他者与自我建构"理论的影响，落入了一种相对僵化的结构关系中。

更多的学者将生态博物馆与旅游开发联系起来，把它作为服务地方社会发展的一种形式：早在2000年，余青就提出生态博物馆在中国的实践为民族文化旅游开发与保护提供了一种持续模式，其研究属于北京大学以吴必虎为代表的旅游研究与规划中心的思路与模式。肖明艳在《贵州生态博物馆的村落旅游探讨》[③]和《基于贵州生态博物馆的村落旅游探讨》[④]中分析了利用生态博物馆发展村落旅游的必要性和可能出现的问题，并为村落旅游发展提出了相应对策，以此来推动文化遗产的可持续发展。黄亦君在分析了生态博物馆所面临的传统与现代、保护与开发的困境后，认为生态博物馆可以与旅游开发共存，实现可持续发展[⑤]。陈燕的研究将生态博物馆作为一种民族文化旅游开发的新型模式，应遵循保护性、原生态、选

---

① 韦祖庆：《生态博物馆社区非必然经济弱势意象——以贺州莲塘客家生态博物馆社区为例》，《广西民族师范学院学报》2011年第2期。

② 韦祖庆：《生态博物馆：一个文化他者的意象符号》，《广西民族师范学院学报》2010年第4期。

③ 肖明艳：《贵州生态博物馆的村落旅游探讨》，《广西民族师范学院学报》2012年第4期。

④ 肖明艳、但文红：《基于贵州生态博物馆的村落旅游探讨》，《贵州师范大学学报》（自然科学版）2012年第4期。

⑤ 黄亦君：《贵州生态博物馆文化保护与旅游开发关系研究》，《理论与当代》2014年第6期。

择控制、社区参与和效益回报原则，以实现文化与旅游的共同发展[①]。张瑞梅具体分析了生态博物馆与民族旅游的整合效益，在承认旅游发展对生态博物馆带来的积极影响外，还提出了一系列问题与对策[②]。茹静[③]、肖星[④]、周俊满[⑤]等人也从不同的侧重点论述了生态博物馆与旅游开发之间的关系。总的来看，旅游视角下的生态博物馆研究或谈旅游为地方带来了什么，或谈地方为旅游带来了什么，试图在这对关系中寻求平衡点，陷入了文化保护与地方发展的二元结构困境中。导致这种局面的主要原因是没有理解生态博物馆双重输入系统的核心何在，也没有理解作为一个文化过程的生态博物馆的本质。

总的来说，生态博物馆在这些具有独特视野的学者眼里，呈现出来截然不同的面貌。然而，这些研究既没有在生态博物馆的思想、理论层面上下工夫，也没有将其浓缩进而建构一种方法或路径。最终导致的结果是生态博物馆始终处于书写与思考边缘的位置，看似是研究生态博物馆，其实则不然。甚至可以说，以其他文化运动来取代生态博物馆，其路数和结论似乎没有很大的区别。

二、生态博物馆的反思与批评

随着生态博物馆运动在中国的实践，一些学者开始将生态博物馆所在

① 陈燕：《论民族文化旅游开发的生态博物馆模式》，《云南民族大学学报》（哲学社会科学版）2009年第2期；陈燕：《民族村寨旅游开发的传统模式与生态博物馆模式比较》，《玉溪师范学院学报》2009年第3期；陈燕：《生态博物馆：旅游开发于文化保护的和谐统一——建立云南元阳哈尼族梯田文化生态博物馆的构想》，《红河学院学报》2009年第2期。

② 张瑞梅：《生态博物馆建设与民族旅游的整合效应》，《广西民族大学学报》（哲学社会科学版）2011年第1期。

③ 茹静：《实现双重责任的途径——浅析生态博物馆与发展旅游》，《中国博物馆》2001年第3期。

④ 肖星、陈玲：《基于生态博物馆的民族文化景观旅游开发研究》，《广州大学学报》（社会科学版）2008年第2期。

⑤ 周俊满：《生态旅游：生态博物馆生态保护与旅游发展的平衡点》，《广西民族大学学报》（哲学社会科学版）2008年第3期。

地作为民族志调查的田野点，从文化研究领域对生态博物馆实践进行了反思与批判，主要代表人物是周真刚[①]、方李莉、潘年英、甘代军。

方李莉对非物质文化遗产保护、生态博物馆的认识主要建立在西南人文资源研究，尤其是梭戛田野调查[②]的基础上。她所抱持的观点大抵是生态博物馆的地方实践带来了急速的文化变迁，这种变迁不仅消解了传统文化，而且还使地方面临着文化殖民的潜在危险[③]。在她看来，以文化多样性保护和可持续发展为口号的生态博物馆工程，在具体实践的过程中偏离了它所宣扬的理念，对当地传统文化造成了毁灭。方李莉关于文化遗产与生态博物馆的认知建立在“文化变迁”与“文化接触”的基础上，陷入了一种传统与现代非此即彼的结构主义困境中。同时，传统博物馆理论以及文化遗产运动知识体系的缺乏，也让她仅仅能够在传统与现代、先进文化与落后文化的结构框架内思考问题，忽视了各方关系在生态博物馆所建立的“接触地带”内的互动、协商与重置的动态图景。

---

① 周真刚的研究虽然属于田野调查基础上的生态博物馆研究，但几篇文章大同小异，而且内容多有重复，尚未涉及比较实质的批评，暂不赘述。文章详见周真刚、胡朝相：《论生态博物馆社区的文化遗产保护》，《贵州民族研究》2002年第2期；周真刚：《试论生态博物馆的社会功能及其在中国梭嘎的实践》，《贵州民族研究》2002年第4期；周真刚：《生态博物馆与民族原生态文化的保护——以贵州梭嘎为个案》，《云龙学术会议论文集》，2003年，第223—230页；周真刚、唐兴萍：《浅说生态博物馆社区民族文化的保护——以梭嘎生态博物馆为典型个案》，《贵州民族研究》2004年第2期；周真刚：《生态博物馆社区民族文化的保护研究——以贵州生态博物馆群为个案》，《广西民族研究》2006年第3期。

② 方李莉等：《陇戛寨人的生活变迁——梭戛生态博物馆研究》，北京：学苑出版社，2010年；方李莉：《梭戛日记：一个女人类学家在苗寨的考察》，北京：学苑出版社，2010年。

③ 方李莉：《警惕潜在的文化殖民趋势——生态博物馆理念所面临的挑战》，《民族艺术》2005年3期；方李莉：《全球化背景中的非物质文化遗产保护——贵州梭嘎生态博物馆考察所引发的思考》，《民族艺术》2006年第3期；方李莉：《非物质文化遗产保护的深层社会背景——贵州梭嘎生态博物馆的研究和思考》，《民族艺术》2007年第4期；方李莉：《西部人文资源与生态博物馆研究》，《群言》2008年第9期；方李莉：《一个人的遭遇——梭嘎苗寨人类学考察日志节选》，《艺术评论》2007年第1期。

潘年英在《矛盾的“文本”——梭戛生态博物馆田野考察实录》[①]一文中提出了生态博物馆实践中存在着保护与开发，理念与现实两对矛盾，前者出现的问题在于文化保护成为手段而不是目的，后者出现的问题是生态博物馆实践在地方制造了“文化景观”和“社会等级”。在追踪观察基础上，潘年英在随后的两篇文章——《梭戛生态博物馆再考察》[②]和《变形的“文本”——梭戛生态博物馆的人类学观察》[③]中再次表达了对生态博物馆现状的悲观情绪。在延续过去两对矛盾的叙事基础上，潘年英看到了梭戛地区全面衰落，已经退化成为一个顶着“生态博物馆”文化资本光环的破败的民俗旅游村。潘年英对此进行了原因的追溯与分析，对生态博物馆的管理模式，地方政府的多重干预，以及生态博物馆建设的选点（偏远贫穷而非经济发达地区）进行了反思。潘英年的历时性追踪观察为我们提供了最为直观的材料与认识，并且在一定程度上回应了苏东海关于生态博物馆巩固重于建设的观点。与方李莉一样，两者的研究都落入了非此即彼的结构性框架内，而且对生态博物馆早期实践采取全面否认的态度，忽视了生态博物馆的开放性与过程性。

甘代军对中国生态博物馆运动的反思与批判集中体现在《生态博物馆中国化的悖论》一文中[④]，甘代军认为中国生态博物馆实践并未实现价值系统、物质系统与动力系统的有机结合。同时，中国生态博物馆在实践与逻辑层面均存在巨大的悖论，前者指的是传统与现代、主位与客位之间的矛盾与悖论；后者则指责生态博物馆行动者口中的“模式多样论”“阶段论”“层次论”不过是一种自我掩饰，为自己开脱的说辞而已。甘代军的这篇文章言辞激烈，将生态博物馆在中国的实践进行了大刀阔斧的批判。虽然生态博物馆运动确实存在问题，但却并非一无是处。首先，生态

---

① 潘年英：《矛盾的“文本”——梭戛生态博物馆田野考察实录》，《文艺研究》2002年1期。

② 潘年英：《梭戛生态博物馆再考察》，《理论与当代》2005年3期。

③ 潘年英：《变形的“文本”——梭戛生态博物馆的人类学观察》，《湖南科技大学学报》（社会科学版）2006年2期。

④ 甘代军：《生态博物馆中国化的悖论》，《中央民族大学学报》（哲学社会科学版）2009年第2期。

博物馆实践的效果本就不是自身成功与否而界定的，它是博物馆重绘地方的一种尝试；其次，生态博物馆建设的连带关系并非如作者所说的那般简单；最后，根据生态博物馆的核心理念，生态博物馆本就应该在“过程”与“长时段”的时间维度内进行思考，这是生态博物馆的内在理念，而非借口。

这些来自实际田野调查的生态博物馆反思与批评对于理解生态博物馆在中国的发展至关重要。这些研究不约而同地站在弱者或地方的立场上，批评生态博物馆造成的地方文化的变迁，甚至是破坏。而笔者认为，生态博物馆本身是一个极为复杂的思想、理论与实践，仅靠人类学的观察，并站在地方立场来解读生态博物馆，实际上割裂了生态博物馆自身的完整性。

三、博物馆学界的声音

博物馆研究领域是如何书写与解读生态博物馆的呢？根据各位学者的学术与理论背景，大致可将其分为三类：一是学院派的生态博物馆理论认知，代表人物有安来顺[①]、黄春雨、宋向光、金露等，其研究集中在理论综述与反思方面；二是行动派的生态博物馆实践感悟，代表人物是胡朝相，其研究来自于切身的实践经验；三是集理论与实践于一身的综合认知，代表人物有曹兵武、潘守永等，其研究兼具理论与实践互动阐释的效力。

安来顺关于生态博物馆的思考可以从两篇文章中得以窥探，《国际生态博物馆四十年：发展与问题》[②]一文讨论了四个方面的内容：国际生态博物馆运动产生的内外环境，生态博物馆基本概念的界定与辨析，不同国家生态博物馆的实践探索，以及当今国际生态博物馆发展过程中遇到的问题。安来顺在《一种以社区为核心的开放型博物馆——国际生态博物馆

① 笔者在文献搜集的过程中发现，作为早期贵州生态博物馆群建设的课题组成员兼翻译，安来顺对生态博物馆的经验研究少之又少，甚至没有以贵州生态博物馆实践为个案的研究。基于这种原因故将其纳入到学院派类别中进行书写。

② 安来顺：《国际生态博物馆四十年：发展与问题》，《中国博物馆》2011年合刊。

40年探索》[①]中从另一个角度解读了生态博物馆的面向。在比较传统博物馆与生态博物馆的基础上，安来顺提出了生态博物馆的两个核心理念——社区为中心和全方位开放。随后，他认为生态博物馆应该在空间维度、时间维度、遗产认知、学科界限等几个方面推行开放性和平民化的管理与探索。黄春雨的《中国生态博物馆生存与发展思考》[②]和《理想与现实：生态博物馆必须的对接》[③]追溯了生态博物馆在西方的产生背景，并提出了中国生态博物馆运动的几点思考，比较具有启发性的观点是对“文化景观”概念与框架的分析与解读。宋向光站在传统博物馆学的立场来审视生态博物馆运动，将其与“经验博物馆学”进行比较，认为生态博物馆工作视角是“大众”，核心是“实践”，导向是“发展”[④]。从根本上说，生态博物馆也是博物馆的一个重要子类，并且在一定程度上丰富了一般博物馆学的理论和方法。宋向光对生态博物馆运动的评价落脚在其对传统博物馆学的刺激上，而并未就生态博物馆的具体实践进行过多的论述，这也侧面表明了他的学术背景与理论范式。金露在《探寻生态博物馆之根——论生态博物馆的产生、发展和在中国的实践》[⑤]具体论述了新博物馆学运动产生的背景、主要类型以及生态博物馆在中国的实践情况；《生态博物馆理念、功能转向与中国实践》[⑥]一文则分析了生态博物馆在西方的产生、功能转向，以及在中国的实践。金露的研究为我们提供了新博物馆学运动的几种主要的博物馆表现类型，但是她对中国生态博物馆实践的“代际”划分却值得商榷，完全没有理解苏东海所说的中国生态博物馆背后的理论

---

① 安来顺：《一种以社区为核心的开放型博物馆——国际生态博物馆40年探索》，《中国文化遗产》2011年第6期。

② 黄春雨：《中国生态博物馆生存与发展思考》，《中国博物馆》2001年第3期。

③ 黄春雨：《理想与现实：生态博物馆必须的对接》，《中国博物馆》2005年第3期。

④ 宋向光：《生态博物馆理论与实践对博物馆学发展的贡献》，《中国博物馆》2005年第3期。

⑤ 金露：《探寻生态博物馆之根——论生态博物馆的产生、发展和在中国的实践》，《生态经济》2012年第9期。

⑥ 金露：《生态博物馆理念、功能转向与中国实践》，《贵州社会科学》2014年第6期。

与实践逻辑。刘渝[①]、苏琨[②]等学者也撰文从宏观层面上对生态博物馆的概念、发展轨迹、中国的现状进行了综述与分析，但却鲜有创新与启发。

生态博物馆早期实践的主要参与者胡朝相是行动派的代表。作为贵州省文化厅的官员，胡朝相是中国早期生态博物馆实践的推动者与参与者，《贵州生态博物馆纪实》[③]一书详细梳理了贵州生态博物馆群建设的背景、过程以及与之相关的管理、运行和会议信息。他的一系列文章均来自于贵州生态博物馆群的实践与观察。在《生态博物馆理论在贵州的实践》[④]一文中，胡朝相认为生态博物馆是一种兼具民族文化保护与脱贫致富的工具；在《论生态博物馆社区的文化遗产保护》[⑤]一文中，他提出了文化遗产保护的教育培训，以及遗产保护的法规与乡规民约；在《贵州生态博物馆的实践与探索——为贵州生态博物馆创建十周年而作》[⑥]中提出了生态博物馆建设与发展的长期性观点，认为生态博物馆发展要经历生态博物馆管理构架形成的初创期、生态博物馆实现本土化的过渡期、居民意识提升且自我保护文化的成熟期三个阶段。作为贵州生态博物馆群的推动者和参与者，胡朝相对生态博物馆的解读以及事实记述非常详细，然而在发现问题和阐释问题上有所欠缺。

集行动与反思、实践与理论于一身的生态博物馆学者寥寥无几，最具代表性的是曹兵武、潘守永。

2005年，曹兵武参加贵州论坛，并根据会议专家的发言对生态博物馆现象进行了初步思考。随后，曹兵武陆续参与了一些社区博物馆和生态博物馆的实践项目，其关于生态博物馆的认识与理解更加深入和宽广。其

---

① 刘渝：《中国生态博物馆现状分析》，《学术论坛》2011年第12期。

② 苏琨、郝索：《国内外生态博物馆研究综述》，《安徽农业科学》2012年第29期。

③ 胡朝相：《贵州生态博物馆纪实》，北京：中央民族大学出版社，2011年。

④ 胡朝相：《生态博物馆理论在贵州的实践》，《中国博物馆》2000年第2期。

⑤ 胡朝相：《论生态博物馆社区的文化遗产保护》，《中国博物馆》2001年第4期；周真刚、胡朝相：《论生态博物馆社区的文化遗产保护》，《贵州民族研究》2002年第2期。

⑥ 胡朝相：《贵州生态博物馆的实践与探索——为贵州生态博物馆创建十周年而作》，《中国博物馆》2005年第2期。

中，在曹兵武的思想中，有几个方面是值得特别关注的。首先，他关于生态博物馆的认识是在新博物馆学的框架下展开的，因此，生态博物馆在西方社会中的诸多概念之争变得无关紧要。在他看来，生态博物馆与社区博物馆一样，体现的是对社区与地方的整体关照。为此，生态（社区）博物馆理念对中国新时代的文化建设、社区建设、城市建设来说至关重要[①]。其次，从2011年以来，曹兵武开始关注一种新的文明形态——生态文明，在他看来，生态文明是一个集生态、业态和心态于一体的整体体系。这一基于地方社会的全面、协调、可持续发展的体系与生态博物馆的理念不谋而合[②]。最后，实际上，曹兵武对生态博物馆的关注基本上没有停留在“生态博物馆是什么”这一本体论层面，在他看来，生态博物馆更像是一种方法和他山之石，其效力集中在博物馆和遗产研究层面。具体而言，在生态博物馆理念的启发下，曹兵武对博物馆的经典议题——物人关系做出了一系列的阐发[③]。在转向遗产研究以后，曹兵武借生态博物馆对地方社

① 曹兵武：《博物馆作为文化工具的深化与发展——兼谈社区博物馆与中国传统文化现代化问题》，《中国博物馆》2011年第4期；曹兵武：《留住城市历史之根铸造城市文化之魂——福州三坊七巷探索以社区博物馆综合保护与传承城市文化遗产》，《国际博物馆（中文版）》2011年第2期；曹兵武：《重构大变动时代的物人关系与社群认同——谈社区博物馆与新型城镇化及城市社区文化建设》，《中国博物馆》2014年第2期。

② 曹兵武：《业态·心态·生态》，《中国文物报》2011年10月7日；曹兵武：《生态博物馆与生态文明建设》，《中国文物报》2013年3月20日；曹兵武：《业态-生态-心态——兼谈文化遗产综合性保护利用传承体系与生态文明建设》，《中国文化遗产》2015年第1期；曹兵武：《重新认识地方 重构物人关系——以三门峡火烧阳沟黄土文化生态博物馆规划和建设为例》，《中国博物馆》2016年第3期；曹兵武：《生态博物馆探索与生态文明建设——兼谈文化遗产的活态保护与传承问题》，《中国博物馆》2018年第1期。

③ 曹兵武：《博物馆是什么?——物人关系视野中的博物馆生成与演变》，《中国博物馆》2017年第1期；曹兵武：《人学vs物学：反观与映照》，《中国文物报》2017年9月12日；曹兵武：《博物馆需要建立“物”与“人”之间的关系》，《中国博物馆》2018年第2期；曹兵武：《博物馆中的物人关系——信息化与生态文明视角下的若干思考》，《中国国家博物馆馆刊》2019年第1期。

会文化的整体关照来探究遗产保护与利用的本土道路[①]。

从转型中国的社会关系到生态文明建设，从博物馆的物人关系到遗产的保护与利用，曹兵武的视野不仅源自于社会变迁的紧迫感，亦有对学术议题的敏感性。在这一学术历程中，生态博物馆似乎是一个如影随形的存在，启迪着他的诸多思考。

潘守永最早的生态博物馆论述始于2007年，将传统博物馆对社会变迁的表达运用到生态博物馆的阐释中，用人类学理论对生态博物馆实践进行解读[②]。随后，潘守永从博物馆、遗产保护与人类学等多学科的视角阐释生态博物馆实践，以及与之相关的一系列社会文化议题。在《生态博物馆及其在中国的发展：历时性观察与思考》[③]中，潘守永梳理了全球化视野下的生态博物馆运动以及中国生态博物馆的探索之路，延续了生态博物馆作为镜子的“写文化视角”，扩大了镜像中的他者范畴。在他看来，生态博物馆所制造的不仅是场域内不同力量复杂互动关系，而且还有“文化遗产状况”和“当代博物馆”等多重影像[④]。在这篇文章中，潘守永已经走出了传统生态博物馆运动的研究路径，从遗产、后现代等多学科的宽广视角思考问题。在《遗产的社会效益和少数民族：中国乡村的新博物馆运动》[⑤]一文中，潘守永对比了两个村落——公米啊（Gong-mi-a）和小黄在建成博物馆前后的变化，立足于“整体社会感”的概念，从历史的角度来建构生态博物馆对地方村落的感知。在《生态博物馆只是一种理念，而

---

① 曹兵武：《本体·信息·价值·作用——关于文化遗产保护传承的几个理论问题》，《中国文化遗产》2019年第1期。

② 潘守永：《博物馆作为镜子——中国生态博物馆的他者观》，《中国人类学评论（第3辑）》，北京：世界图书出版公司，2007年。

③ 潘守永：《生态博物馆及其在中国的发展：历时性观察与思考》，《中国博物馆》2011年合刊。

④ 潘守永：《生态博物馆及其在中国的发展：历时性观察与思考》，《中国博物馆》2011年合刊。

⑤ 潘守永：《遗产的社会效益和少数民族：中国乡村的新博物馆运动》，《国际博物馆》2011年第2期。

非一种固定的模式——对话潘守永》[①]一文中，潘守永回顾了中国生态博物馆走过的道路，总结了过去的经验与教训，在他看来，生态博物馆自身的纯洁性——文化工具，以及社区居民的参与将会是未来生态博物馆努力的两个方向。《生态博物馆在中国》[②]一文回顾了我国生态博物馆的整体情况，以及生态博物馆运动在中国的成绩，对当前生态博物馆存在的问题和建立生态博物馆的核心要素进行了论述，提出了人、自然、文化在生态博物馆工作中的系统关系。《当代非物质文化遗产保护传承与生态博物馆建设困境》[③]从实践出发，结合理论研究，探索了生态博物馆和社区博物馆在非物质文化遗产保护方面的优势与困境。2013年，潘守永在参与主持安吉生态博物馆建设的背景下，完成了《"第三代"生态博物馆与安吉生态博物馆群建设的理论思考》[④]一文。这篇文章不仅提出了生态博物馆的"安吉模式"，而且开始对地方的遗产与资源进行整合与提升，开始了产业发展的创新性思考。2015年，潘守永根据多年生态博物馆研究的经历，结合生态博物馆建设的具体情况，对传统的生态博物馆"资料信息中心"的概念进行了反思，在《生态博物馆自我认知与教育：第三代生态博物馆认知中心的实践探索》[⑤]一文中提出了从"资料信息中心"到"认知中心"的内在发展逻辑。2017年，潘守永立足于生态博物馆的中国经验，就整体保护与文化赋权之间的张力、中国生态博物馆的代际划分、生态博物馆理念与经验差异、生态博物馆在中国的未来前景等现象与议题进行了评判与反思[⑥]。与其他行动派不同，潘守永的人类学学科背景使其能够在主

---

① 毛俊玉：《生态博物馆只是一种理念，而非一种固定的模式——对话潘守永》，《文化月刊》2011年第10期。

② 潘守永：《生态博物馆在中国》，《中国文化遗产》2011年第6期。

③ 潘守永：《当代非物质文化遗产保护传承与生态博物馆建设困境》，《赣南师范学院学报》2013年第4期。

④ 潘守永：《"第三代"生态博物馆与安吉生态博物馆群建设的理论思考》，《东南文化》2013年第6期。

⑤ Pan Shouyong. Self-cognition and Self-education at Ecomuseum: From "Information Center" to "Cognition Center". *Science Education and Museums,* 2015(1).

⑥ 潘守永：《生态(社区)博物馆的中国经验与学术性批判反思》，《东南文化》2017年第4期。

位解释和客位观察之间游走，这种整体的视野孕育了生态博物馆书写的另一种景观。

四、本土阐释的得与失

总的来说，自2005年生态博物馆理论范式基本形成以来，各位学者从不同的学术领域对生态博物馆运动的理论与实践进行解读，基本上达成了如下共识：

第一，生态博物馆运动是一个源自于现代性反思的西方产物，在中国的具体实践需要经历本土化适应的过程。第二，目前，贵州生态博物馆群早期实践的贡献在于它目前遭遇的困境与教训，后来者的行动是在批判反思的基础上不断前进的。第三，生态博物馆的讨论基本上都涉及了应用范畴中所面临的矛盾：保护与发展、传统与现代、理念与实践。第四，生态博物馆是一种介入地方的文化工具，承载着遗产保护、文化记忆、地方发展、关照社会等一系列任务。第五，生态博物馆运动在中国的发展充满了挫折，具体的实践与理论诉求之间发生了严重的偏离。

与此同时，生态博物馆的本土阐释存在诸多人云亦云的观点。这不仅对我们清晰地认识生态博物馆无益，相反还会把我们带入到结构性的困境中。在综合已有研究的基础上，笔者认为中国的生态博物馆运动还应当从以下方面进行解读。

第一，如前文所述，为了回应生态博物馆在中国的本土化之路，需要就生态博物馆在西方社会的谱系、哲学与历史进行梳理。

第二，中国生态博物馆史的发展往往被书写成为一系列相关事件简单罗列的事件史，忽视了知识史、事件史和思想史构筑的完整结构，应构建中国生态博物馆理论与实践的整体框架，从而为理解具体而特定的生态博物馆现象提供书写的合理性与合法性。

第三，作为实践项目，生态博物馆建设是一个接触地方、理解地方、重绘地方的复杂过程。与以往人类学家客位视角不同，项目参与者的角色让笔者可以从容地描述与评价生态博物馆建设的始末，以此来展现生态博物馆是如何在地方建构“接触地带”的。

第四，将生态博物馆介入地方的理念纳入到区域研究与阐释的范畴，打破以往博物馆学界对生态博物馆的独占局面。这种视角不仅形成了地方研究的历时性比较，而且还延伸了生态博物馆的研究视野。

第五，生态博物馆不仅是一项基于地方社会的文化运动，而且从根本上说是传统博物馆在新时期的变体。分析生态博物馆的效力，切不可置传统博物馆于不顾，应兼顾博物馆与地方两个母体对于生态博物馆的影响。

如果说第二章、第三章侧重生态博物馆理论方面的整体梳理，那么在接下来的两章中，笔者将把研究的视角从生态博物馆理论转向其实践，论及生态博物馆体系的第二块拼图。“生态博物馆”这一名称在中国的实践中是否合适？在它所构建的“接触地带”里，那些可见的和不可见的主体是如何认知这一行动的？它对地方的强调有哪些不同的解释？地方政府想要通过生态博物馆实践寻求什么？中国乡村社会是否具有了自我发现与自我认同的意识？生态博物馆的地方感和历史感到底意味着什么？生态博物馆转向地方与乡村的路径说明了什么？这些问题将通过丰富的田野材料来回答。

第四章　作为接触地带的生态博物馆

在新博物馆产业时代中，视觉主题与文化资本的生产息息相关，观览的空间使生活展示因为规划而形成一个地方图像。从图像本身的内在因素而言（例如日常生活展示等），这些因素形成一种“关系”，使得这个图像具有对话能力（被赋予理解的地方意象符号）。[①]

当一个以坚定而强大的基本信仰武装起来的政治组织对抗一群怀疑主义者，而后者唯一的基本信仰是怀疑所有的基本信仰，那么预测赢家将是一件很容易的事。批判分析的任务不是证明基本信仰的不可能性，而是为基本信仰寻找一个更加令人鼓舞和充分的基础，它使得解释和政治行动充满意义、具有创造性并成为可能。[②]

---

① 许传阳：《传播：新博物馆与地方》，新北：韦伯文化国际出版有限公司，2014年，第176页。

② 〔美〕戴维·哈维著，胡大平译：《正义、自然和差异地理学》，上海：上海人民出版社，2015年，第2页。

无论是表征民族还是发现地方，生态博物馆的实践在本质上是一种出现在地方社会的“文化制造”。如果我们不得不借用一些词语来表达的话，那么“空间”“地带”等词汇或许能够有所帮助。虽然我们不得不承认把空间探讨引入到生态博物馆理论中会引起巨大的混乱，但是生态博物馆运动从本质上来说就是一种制造空间的实践，即在乡村社会制造了一个可见的或不可见的“他者空间”。这一章将探究作为“空间”“地带”的生态博物馆到底为地方带来了什么？乡村社会的面貌是否发生了变化？随着外来机制的输入是否会出现社会关系的瓦解或重构？

一味地讨论“价值”“效果”往往是徒劳无功的，如果运用“评价过程”这一研究方法，我们就会看到生态博物馆在地方实践中发挥的作用：那些带有永恒性质的价值是什么，以及如何被建构起来的，复杂的社会生态系统的支点究竟何在，变迁的洪流是否嵌入到日常生活的叙事中。因此，生态博物馆实践的具体考察不应该是“流水账”似的罗列项目建设的背景、时间、人物、产品、管理、保护、发展、制度、章程等一系列固化的要素，而要有一定的问题意识和理论意识。笔者在此并不想重构宏大的理论，而是试图从具体的切身体会和经验材料中来理解生态博物馆在地方社会所制造的“空间”“地带”中到底发生了什么。这种研究路径将让大家进入到生态博物馆所制造的乡村或区域阐释的框架中，当然，对关键学术议题的回应一直也会贯穿行文的始终。

笔者作为生态博物馆项目的参与者，切身经历了生态博物馆在乡村社会“从无到有”的过程。从前期准备到后期追踪调查，就生态博物馆的书写来说，笔者兼顾“内”与“外”两个身份，这种双重角色与地位给予笔者“基本信仰”，这一具有“永恒价值”意味的“意识形态”带来的是冷静与客观的均衡。一味地批判并不能带来任何关于意义与效力的沉静思考，承认基础上的反思或许更具有创造力。

第一节　显与隐：生态博物馆表述的场景性

“生态博物馆表述的场景性”的提出源于国内学界对生态博物馆内涵与外延的认知，以及具体实践中的一些争论。不同的学者、官员、村民对生态博物馆实践的认知是不同的，这些不同带来的是多重所指的混乱，接触层面的反复商讨与妥协，甚至包括一些根深蒂固的误解。在这一节中，笔者将就生态博物馆引发的一系列意象进行论述，在此过程中分析和评价生态博物馆在不同场景下的诸多面向。

一、认知与理解：地方政府的生态博物馆观

作为生态博物馆项目的基础，人类学意义上的田野调查方法在山西平顺的生态博物馆实践中首次出现，这也是之前生态博物馆实践缺失的。人类学意义上的田野调查与单纯的文化调查或遗产调查是截然不同的，前者强调的是一种整体观视野下的文化意义阐释，而后者则更加偏重有限的具体要素的罗列。除田野调查外，在生态博物馆项目建设中还包括一个特别重要的环节，那就是会议，包括与县领导、镇领导、村领导、村民的各层级会议。在这些标志着项目启动的会议中，与会者讨论了生态博物馆是什么、它将为地方带来什么等问题。其中与地方政府层面的会议将是这一部分着重介绍的内容，虽然生态博物馆秉持的是“居民参与”的宗旨，但是地方政府是项目建设的主导者，包括资金、管理与专业培训都需要地方政府的支持。因此，笔者将通过几次座谈会分析中国生态博物馆建设中地方政府对生态博物馆的认知和理解。

2012年8月，笔者与项目组成员一起前往山西省平顺县做生态博物馆建设前的田野调查。出发之前做了一系列详细的准备，包括《入户访谈提纲》《生态博物馆参与和认知调查表》《关于搜集当地自然与人文资源的提纲》等材料。在夜幕早已降临的傍晚，我们一行人从长治火车站出来，坐上平顺县政府派来的专车，车子随着灯红酒绿的繁华街道驶向平顺县。山区公路的上下颠簸早已让笔者苦不堪言，一个多小时到达目的地后，笔者看到了依偎在高山脚下的平顺县街景。陡峭的街道和街道两旁早早关门的店铺构成了我对它的最初印象。静静靠山而居的朴实与简单深深触动了笔者，三年后的2015年，笔者再次来到平顺县，固执的寻找当初下车后的位置，虽然未果；但是看到陡峭的马路和繁华的街道，笔者还是有一种“回到过去”的感觉。人类学领域的重访大概就是要寻找这种深埋在内心的情感纽带，以及在此基础上体察那些悄然发生的社会变迁吧。

到达平顺县城的第二天便召开了与平顺县、石城镇、豆口村三个不同层级的座谈会。这些会议让笔者开始思考生态博物馆表述的场景性问题。

在平顺县一级的座谈会上，讨论生态博物馆项目建设的与会代表有项目组团队、平顺县领导和石城镇领导。在这次会议上，项目组首先介绍了生态博物馆在国际和国内的实践情况，以及此次项目的基本计划。听取报告的县政府作为生态博物馆项目的委托者、决策者和指导者，在某种程度上是项目能否顺利推进的关键。因此，项目组采用了近乎官方与正式的措辞来表述生态博物馆的概念、内涵以及它在保护地方自然景观和人文景观上的作用：比如“生态博物馆实现对自然环境、人文环境、物质遗产、非物质遗产的整体保护、原地保护、动态保护以及居民自己保护，是与传统博物馆不同的理念和模式。”[①]同时，为了获得县政府的大力支持和协调，便于项目推进，项目组在介绍的过程中强调地方政府在项目建设中的主导作用。反观平顺县领导的发言，他们关注的重点一方面是平顺县丰富的历史资源和文化资源，并罗列了一些数据[②]：

平顺县第三次全国文物普查共登录各类不可移动文物503处，其中，已公布为全国重点文物保护单位10处，省级重点文物保护单位5处，市级重点文物保护单位13处，县级重点文物保护单位46处，申报第七批全国重点文物保护单位8处。

另一方面是关于生态博物馆在山西平顺建设的定位，比如“要争取建设成为我国‘第四代’生态博物馆和北方汉族地区生态博物馆的标杆。”[③]在地方政府与项目组的会议中，基本是各自为战、自说自话，缺乏沟通、协商和交流，双方并未就生态博物馆在地方的出现有更多深入

① 尹凯根据录音整理：《山西平顺太行三村生态博物馆建设座谈会（平顺县）》，2012年8月，内部资料。

② 尹凯根据录音整理：《山西平顺太行三村生态博物馆建设座谈会（平顺县）》，2012年8月，内部资料。

③ 尹凯根据录音整理：《山西平顺太行三村生态博物馆建设座谈会（平顺县）》，2012年8月，内部资料。

地、实质地讨论。

由于地方层次不同，下午在石城镇举行的座谈会稍有不同，石城镇政府的介绍偏重于城镇由于地理条件的封闭而形成的地方特色与风土人情。生态博物馆项目组则开始有选择的放弃学术性和专业性的生态博物馆表述，采取“保护文化”“保护整修老房子”“整修村容村貌”等语言来介绍生态博物馆的概念。在座谈会中，没有官员关注生态博物馆是什么，它的核心价值是什么等基本问题，更谈不上自我的认知与理解。

在平顺项目稍后，笔者还参与了浙江松阳生态博物馆项目。在松阳县政府与生态博物馆项目组的几次座谈会中，关于生态博物馆的称谓、内涵等问题都有过对话与协商。2015年7月6日，王峻县长等松阳县政府领导与项目组成员召开项目开始前的座谈会。王峻谈到了他对生态博物馆的理解[①]：

> 去年四五月份我们在讨论松阳县生态文明之路怎么走的时候提出了一个概念，我暂时叫它为“全县域的农耕文明博物馆”。我对这个博物馆的看法不是着眼于学术，我将它放在经济、社会、文化建设的综合建设一体化的角度上思考，对博物馆的概念理解更加宽泛，当然我们的生态博物馆不是以展陈为主，我的理解可能更丰富。我感觉，生态博物馆比较费解，是否应该叫“生活形态博物馆”更加容易理解。

从学术角度来讲，这段文字看起来平白无奇，甚至略显实际，但是这却是地方政府在生态博物馆概念上所做的自我的理解与反馈。这是之前的生态博物馆项目建设从未有过的，与其将这一突破与浙江省松阳县的区域优势联系起来，不如将其归因于时代带来了地方社会的认识提升和意识自觉。对比山西平顺政府和浙江松阳县政府在回应“生态博物馆是什么”的不同表述，笔者清晰感受到生态博物馆所制造的接触地带正在生成积极而具有创造力的意义。王峻的考虑在于如何将一个学术性概念与地方资源整

① 尹凯根据录音整理：《松阳县生态（乡村）博物馆群建设座谈会》，2015年7月，内部资料。

合在一起，并且在宣传的时候让干部与群众更容易接受这样一个学术性的概念。最后协商的结果是将该项目命名为“生态（乡村）博物馆群”，既凸显了生态博物馆的理念，也将地方的传统村落考虑进去，实现了对话与协商之后的折衷。

通过项目的推进，生态博物馆将地方政府官员纳入到了接触地带中，形成地方政府与学者之间交流与对话的空间。这原本是一个双向的互动环节，但在实际操作中却以理论介绍与灌输为主。学者通过学术性与专业性的知识介绍让地方政府了解生态博物馆是什么，它的核心价值理念是什么，以及它如何建设与管理。在西方社会可能不会出现这一画面，究其原因在于它们的生态博物馆实践基本上来自于一种社区的自我意识与主动诉求，“自上而下”的动员与培训是不需要的。而在中国，这是项目建设过程极为关键的步骤。具有学者属性和专业属性的项目组在此过程中扮演的是一个知识输入者的角色，地方政府是一个具有地方资源的代理人的角色。地方政府应该像松阳县政府所表现的那样，就地方特殊性的实际情况来完成与生态博物馆理念的对话与协商。山西平顺县政府在接触地带的表现更像是一个“沉默的学生”，这样的局面不利于生态博物馆与特定地方的接触。

作为建设地方特殊性和主体性文化的过程[①]，生态博物馆立足的遗产保护与管理的民主化原则在与地方政府的协商与对话过程中基本上处于相当被动与边缘的状态。地方政府的这种行政态度往往导致生态博物馆被纳入到国家行政系统内，一般情况下，所谓的文化自治空间和民主化的诉求被地方政府其他需求取代。

二、村民的出席：作为记忆的座谈会

上文集中讨论的是接触过程中项目组和地方政府之间的互动关系，接下来，笔者将随着项目的过程推进，把视野转向乡村社会和村民。按生态博物馆的哲学理念，村民是生态博物馆的主人，地方文化赋权带来的是村

---

① 〔美〕倪威亮著，龚乔、雷虹霁译，潘守永校：《对利用生态博物馆保护活态遗产这一政策的思考》，《国际博物馆（中文版）》2014年Z1期。

民的主动参与、自我保护与发展。但实际情况却是他们往往是被动的出席者，而且他们对生态博物馆一无所知。在以往的生态博物馆实践中，村民座谈会这一环节是很少出现的，也就是说，生态博物馆并未在项目组和村民主体之间制造一个面对面交流的机会。笔者之所以将村民座谈会作为一个单独问题进行着重论述，是因为一个事件的启发。接下来，笔者将完整呈现这一事件，并就此考察村民座谈会的效力。

2015年10月，出于跟踪调查和论文写作的目的，笔者再次来到白杨坡和豆口村了解生态博物馆与乡村、村民之间的关系。在这期间却发生了一件意想不到的、非常有趣的事情。早上，笔者在白杨坡接待中心吃完饭开始进村溜达，远远就看见岳铁堂扛着农具走来。三年前我们项目组曾经对他进行过访谈，而且在他家摘过李子吃。笔者心里一阵暗喜，“遇到人”一般就意味着田野工作的开始。我热情地上前打招呼，没想到换来的是一脸的茫然和疑问，我慌忙介绍了自己，并提起了三年前的初访，他才缓过神来和我交谈，并邀请我没事去他家里玩。

第二天，阴云密布而且有零星小雨，笔者就去了他家，岳和气由于天气原因也没下田，跟着一起来了。闲聊之际，岳铁堂突然神神秘秘地和我说：“别看我们村子偏僻，我们村过去还来过外国人呢。”当时笔者的第一反应就是2012年项目组的田野调查，但是笔者并未马上点破，问他是什么时候的事情。他回忆道：“好多年了，说是来建什么博物馆。”然后，笔者点明了具体时间，以及当时的基本情况，他不住地点头，还夸倪威亮的汉语说得好，并且记起来了那天晚上的节目表演和放电影的种种事情。这件事让笔者充满了兴趣，并由此引发了对生态博物馆事件记忆的思考。从他的表述中，我们能够看出外国人的出现在相对封闭的乡土社会中意味着惊奇，脱离他们日常生活的一些意外之举往往会成为他们今后茶余饭后的谈资。这也在一定程度上暗示了惊奇和意外对于村民记忆过去的重要性。当我三年后再次来到白杨坡时，几乎没有人能够认出我，也几乎没有人记得那一年的项目建设。

这件事情最初并没有引起笔者的注意，直到与几天后在豆口村的访谈联系起来看，一个有关生态博物馆实践的关键议题得以显现。与白杨坡的“背阳”环境不同，豆口村中街堂是一片阳光的海洋，从上午九点到下午五点，在这里晒太阳、抽烟、聊天的人络绎不绝。在阳光带来的这片村落公共空间里，笔者和他们一起晒太阳、聊天，在介绍自己的时候，大部分在座的村民都回忆起来：“啊，你是三年前一起来建博物馆的，好像晚上还在大队部吃的晚饭，和你们一起的是不是还有一个外国人啊，汉语说的挺好。”为什么同样一件事情，两个村子的人对此会有如此大的差异呢？这引起了笔者的思考，当然豆口村生态博物馆认知中心已建成开放是原因之一，更重要的大概是当时豆口村召开了项目组与村民的座谈会，而在白杨坡则缺少了这一环节。

记得三年前在豆口村，傍晚时分，我们一行人到达目的地，热情的村支书招呼我们去大队部。村里的妇女主任带着一些村民在大队部开始张罗着做饭，现场表演手工拉面，我们一人盛一碗面在大队部的院子里吃的时候，村里的广播响了起来，村支书召集村民八点来大队部开会。这次村民座谈会异常的火爆，整个大队部的会议室早已人满为患，很多人站在会议室外的走廊上。在支书简短介绍完情况后，潘守永作为项目规划与建设的负责人重点讲了两个内容：一方面介绍了一下生态博物馆作为一种新型的博物馆形态，是如何与老百姓有关的；另一方面则是以外来者的口吻鼓励老百姓发现他们所居住的乡村和自身文化的重要性[①]。随后是自由发言时间，每一个项目组成员都加入到村民激烈的讨论中，为他们解释什么是生态博物馆，以及生态博物馆为什么要选择豆口村。翻看当时的田野笔记，笔者发现作为一个外来事物的传译者，项目组的解释有的比较接地气，有的照本宣科，村民的回应一般是“保护文化好啊”“现在的孩子们都出去上学，他们都不知道传统文化了”等。这次的座谈会持续了两个多小时，当村民们三五成群散去时，仍在不住地交流。

而在白杨坡时，村支书为欢迎我们，晚上把镇上的表演队请来，随后在接待中心的广场上为村民放了一部电影。也就是说，由于村支书的“过度热情”和“自作主张”，项目建设的村民座谈会没有像豆口村那样如期开展，项目组也没有对此进行纠正和协商，而是按照既定程序，第二天分组挨家挨户入户访谈。因为缺少了座谈会这一环节，所以村民对生态博物馆建设记忆不清，甚至三年后已叫不上我的名字来。还好有倪威亮这个外

① 尹凯根据录音整理：《平顺县豆口村村民座谈会》，2012年8月，内部资料。

国人，让他们还能够从记忆深处“联想”起生态博物馆这一现象。那如果没有他，是不是这次生态博物馆建设项目在当地人的脑海里就石沉大海了呢？这一结论我们不得而知。

两个村落的比较带来的是对制造接触地带，及其影响效力的思考。在上述两个案例中，豆口村村民座谈会的召开是生态博物馆实践中的一个突破：首先，它生产了一个接触空间，让来自理论世界的声音和来自乡野的声音实现了交流，契合了生态博物馆的哲学概念；其次，它的召开在某种程度上让村民对生态博物馆的记忆更加清晰，以一种事件的形式实现对项目建设的集体记忆，而不是经由一个外国人的刺激而得以实现；最后，接触空间的效力往往具有延续性，并非仅仅来自于空间内所达成的协议，而是会持续到下一个阶段，比如第二天张妙兰的出现。反观缺失村民座谈会这一关键过程的白杨坡，生态博物馆制造的接触地带并未在项目组和村民之间形成有效沟通。因为无人对村民现场“科普”，白杨坡村民一直处于事件的边缘，未被邀请的村民意味着他们从最开始就与项目建设绝缘，更遑论后期的参与、赋权和民主了。

在中国生态博物馆运动中，村民是带有双重性格的符号：一方面，生态博物馆哲学强调村民的自我保护与自我发展，赋予了村民的主体地位；另一方面，生态博物馆实践却并未有效地创造村民主动参与和互动的机会与空间。要从实践过程中缓解这一矛盾，村民座谈会是极为关键的一个过程和环节。从理论逻辑层面来讲，村民作为传统村落和传统文化的主体，他们对地方乡村的感知是深入而细致的，将他们齐聚一堂，意味着村民在项目建设中的出席和参与。从实际效果的层面讲，村民座谈会的召开实际上是一个动员村民积极性，并与项目组相互熟悉的过程，这不仅能为接下来的入户访谈和遗产登记提供方便，而且还可以借此发现有文化自觉的村民。从政治修辞的层面讲，“被邀请”实际上暗含着一种隐喻，村民座谈会的全体出席意味着村民的平等与民主，每个村民都有权利知道接下来要发生的事情，打破了村干部对项目的垄断和独占。

村民座谈会在生态博物馆项目建设中极为关键，这是深入地方社会基层单位的首要工作。它的效力或许体现在座谈会过程中的一些口号、介绍、对话、协商中，或许体现在它的政治隐喻和文化再生产方面。笔者的启发源自于村民关于过去事件记忆的不同反应。通过两个村落的比较研究发现，集聚一堂的村民座谈会在村民的出席、民主的参与、村民的发现、项目的开展、熟人关系的建立等方面具有极为重要的影响。

三、“巴别塔”困境：我们真的错了吗？

语言的不同造就了沟通的失败，最终导致了人神分离的局面。在现代社会，翻译看似解决了不同语言之间的交流问题，但是思想层面上的交流却成为一个永恒性的困境。这种交流沟通上的“巴别塔”困境出现在了笔者对生态博物馆的过程评价中，同时这也是一个生态博物馆如何表述的场景性问题。

2015年7月，笔者跟随项目组前往松阳县进行生态博物馆建设的田野调查，我们延续了之前的村民座谈会程序。笔者关于“巴别塔”困境的思考正是出现在吴弄村召开的村民代表座谈会上。当时，项目组成员在介绍田野调查目的的时候谈到①：

> 吴弄村生态博物馆调研大致包括不可移动文物普查、非物质文化遗产传承人的采访、老物件登记三个内容，这次座谈会主要是为了初步了解基本情况，通过与村干部与老同志的交流了解大家对生态博物馆的看法。

在介绍生态博物馆的概念时，说②：

> 生态博物馆主要是通过有形建筑与活态文化展示两个方面来表现，我们还会找出一个建筑作为展览中心，根据展示内容在里面设置生活形态、民俗活动。

---

① 尹凯根据录音和笔记整理：《松阳吴弄村民代表座谈会》，2015年7月，内部资料。

② 尹凯根据录音和笔记整理：《松阳吴弄村民代表座谈会》，2015年7月，内部资料。

当项目组成员介绍完毕后，时任松阳县博物馆馆长的王永球对这一介绍表示不满，因为当地人根本不懂“遗产”“非物质文化”“活态文化”这些概念究竟是什么。随后，她用当地人比较熟悉的话语重新表述了一遍[①]：

> 生态博物馆包括以下几个方面：村落周边环境要保护，这是生态；村里的文化要进行挖掘，展示出来给别人看。老房子完成产权的转移，挖掘它们的故事，建立村落展示馆。这样外面的人来得多了，可以促进经济发展。我们希望你们提供想法，我们根据你们的想法来落实这些事情。

如何向村民表述和传译何为生态博物馆？是采用学术概念的解释来试图完整而准确地传达有关生态博物馆的哲学理念，还是采用一种村民能够“听懂”并感兴趣的方式来表达呢？如果采纳第一种方式，那么我们可以预想的结果就是：村民根本听不懂你在说什么，他们在倾听时一脸茫然，在反馈时王顾左右而言他，对话与交流就流于形式。如果采纳第二种方式，生态博物馆的整体概念将会被肢解、曲解和简单化，这并非危言耸听。我们对王馆长的“传译”稍加分析即可发现她的说法看似准确，实则值得商榷。

王馆长作为当地人，她的表述与传译在某种程度上代表了地方政府的认知。从“顺利交流”的层面来看，这一表述明白无误，村民代表们都能够“听懂”，但是这样的表述是否合适呢？在她的话语体系中，我们发现了五个要素，生态、文化、展示馆、经济和村民意愿。这实质是对生态博物馆的概念简化，首先生态并非是所谓村落周边环境那么简单，用哈维的话来说它是人类活动在自然中的嵌入[②]，也就是要用生态地理来理解文化系统；用戴瓦兰的话来说，生态既不是指经济，也不是一般意义上的生

---

① 尹凯根据录音和笔记整理：《松阳吴弄村民代表座谈会》，2015年7月，内部资料。

② 〔美〕戴维·哈维著，胡大平译：《正义、自然和差异地理学》，上海：上海人民出版社，2015年，第135页。

态学，其本意是指人类或社会生态系统[1]。其次，文化的挖掘、生态博物馆的建设首先是为了当地人自我认知，培养一种基于地方特殊性的文化意识，接下来才应该是一种视觉性的展示策略，便于将地方特殊性以可视化的景观形态呈现出来。最后，在她的表述中，村民仅仅是一个“提供建议者”的角色，真正的行动者和行动主体是地方政府，这是对生态博物馆所宣扬的自我保护、自我发展等哲学理念的简化与误读。

作为项目组和村民之间的中介，王馆长已经做到了最好。这种两难的境地在生态博物馆实践中随处可见，是一种难以规避的结构性困境。毫无疑问，在过去的村民座谈会、村民访谈中，我们一直使用的是当地人能够“听懂”的表述方式，这是人类学田野调查的圭臬。从实践层面上来说，这么做能够让村民理解我们所说的，并且对我们所做的产生兴趣。从学理层面来说，试图用当地人的语言和逻辑来解释一个陌生的概念和现象，并纳入到他们的文化图式中是一种人类学田野调查的伦理规范。可以说，懂得与当地人交流的方法和策略是衡量民族志调查与书写的重要标准。笔者就此回忆了在与村民交谈中是如何表述生态博物馆的。在山西平顺和浙江松阳的调研过程中，为了能够让当地人“听懂”，在表述“生态博物馆是什么”时出现了一定程度的简单化和目的化的倾向，形成了一套针对村民场景的生态博物馆话语。由此，一些诸如“生态博物馆是要在你们的村里建一座展示你们自己文化的博物馆，你们没事去看看，外面人来旅游的话可以去看看”“生态博物馆主要是保护老房子，这些明清大院具有很高的历史价值，保护好了来发展旅游”“保护你们的传统文化，让外面的人来感受你们的自然风光和传统文化”等场景性话语在乡村社会频频出现。

如果在此基础上更进一步的话，我们不禁会提出更多问题：村民为什么只把可见的资料信息中心或认知中心当做生态博物馆全部？村民为什么对村落里的老房子视而不见，而一味地想出去盖新房子呢？村民为什么往往将生态博物馆与旅游、经济发展等相关议题联系在一起来进行表述呢？对于这些问题的解释，一般研究经常将其归结为中国社会并没有产生适合

---

① 〔法〕雨果·戴瓦兰著，张晋平译：《新博物馆学和去欧洲化博物馆学》，《2005年贵州生态博物馆国际论坛论文集》，北京：紫禁城出版社，2006年，第83—87页。

生态博物馆意识的土壤。这种解释当然没有问题，生态博物馆在中国的运动本来就不是内生与自发的，但是这种解释是否足够呢？如果回到生态博物馆的实践过程中对这一问题进行评价的话，我们会随之提出一个问题，村民们的这些认知和理解难道不就是我们当初为了让他们能够“听懂”而“传授”给他们的吗？这种可能性的存在让笔者不得不面对一个残酷的事实：村民对生态博物馆的误解可能来自于我们当初为了让他们“听懂”而做出的简化表述。

事情到底是什么样子的？我们究竟应该如何应对这一结构性的困境呢？如果忠实于哲学理念本身，村民根本无法理解复杂而晦涩的表述；如果按照村民的认知水准来解释，那么势必会出现生态博物馆理念的简化与曲解。犹如上文所罗列的场景性表达一样，我们在实践过程中的“识时务”的解说可能正是困境的根源。正如笔者所说，生态博物馆研究如果是在不了解项目具体操作的前提下开展，那么一些批判与质疑往往是无效的。真正进入实践过程的细节和程序中，才能回答一些看似简单的常识性问题。在生态博物馆项目组和当地村民的接触地带中，笔者认识到了一个无法处理的“巴别塔”困境。像吴弄村民代表座谈会上那样表述，难道错了吗？为了让村民听懂而不得不简化生态博物馆内涵，难道错了吗？在这一层面的接触空间中，我们如何能够表述的合乎规范，既能够准确无误的传达理念，又能够让对方听懂理解呢？在接触的过程中，我们同样面临着一个文化接触的普遍困境，那就是“结构并接”问题①。

在生态博物馆的地方建设论述中，我们往往听到一种论调：当地文化在面对生态博物馆这一新鲜事物的时候，在文化上处于弱势。比如吴弄村支书所说②：

> 我们不知道具体什么是生态博物馆，我们能做的是“你们提出问题，我们回答问题”“你们提出建议，我们做出回应”。

---

① 〔美〕马歇尔·萨林斯著，蓝达居、张宏明、黄向春等，译：《历史之岛》，上海：上海人民出版社，2003年。

② 尹凯根据录音和笔记整理：《松阳吴弄村民代表座谈会》，2015年7月，内部资料。

在大家习以为常的认知模式中，这样的常识性论调的基本命题即是地方文化被生态博物馆纳入到全球化和民族国家的表述中。但真实情况是否如此简单呢？实际上，当我们在项目建设的接触过程中以一种当地人能够听懂的话语进行表述时，作为文化他者的我们实际上被当地社会所“结构化”了。犹如库克船长，我们的项目建设在一开始就已经被夏威夷岛上的土著“杀死”了。如果不被“杀死”，我们的接触与交流能否如愿以偿地被村民“听懂”？如果在曲解自我认知的基础上完成了接触与交流，那么我们的死值得吗？现成的答案是没有的，它可能在通往远方的路上，还好，我们仍在前行。

第二节　地方意象：展示空间的建构与阐释

生态博物馆发现地方、重绘地方的过程实际是一个制造表征和意象（image）的过程。意象在心理学中指的是人们通过视觉、听觉、触觉、味觉等各种感觉器官在大脑中形成关于某人、事、物的整体印象而形成的认同；在传播学中指的是讯息传递过程的产物[①]。按照这种思路来理解的话，生态博物馆所建构的地方意象则指的是为传递地方的概念、印象或认同，通过多学科的调查、研究、整合而形成的展示空间。与知识指涉的真实有效性不同，地方意象是一种外在事物主观化、简单化的象征形象[②]。也就是说，地方意象是一种根植于地方感知的心理呈现，那么它是否不可企及呢？事情也不尽然。虽然地方意象与真实的地理知识存在着本质性的差异，但是它可以通过展示空间的建构得以视觉化。作为一种媒介，地方意象通过展示的传译而生产地方真实。

生态博物馆运动是一种重新发现地方认同与价值，并在政治学上具有民主化修辞的运动。因此，生态博物馆在地方社会制造的空间在某种程度上达成了地方意象展示的效果。在生态博物馆实践模式中被称为“资料信

① 许传阳：《传播：新博物馆与地方》，新北：韦伯文化国际出版有限公司，2014年，第68—69页。

② 许传阳：《传播：新博物馆与地方》，新北：韦伯文化国际出版有限公司，2014年，第67—68页。

息中心”或“认知中心”的展示空间在一定程度上延续了传统博物馆的实务规范，即通过可见的秩序化来传递某种不可见的文化意义。在现实层面上，展示空间的建构与主观阐释或许会带来一种挑选与意识形态的政治学偏差，但是我们却不能由此而否定其意义生产的诗学意味。

生态博物馆在地方所制造的接触地带中，上述提及的交流与协商空间固然重要，但实际的展示空间也必不可少。为什么这么说呢？当你来到某个陌生地方时，真实而多样的环境会立刻对你造成文化和认知上的震撼。因此，所谓的“刻板认知”“整体印象”是进一步发现地方的基础与前提，也就是说，在深入复杂的地方之前，需要有一个简单的模式作为整体性的印象。在生态博物馆构筑的接触地带中，生态博物馆“资料信息中心”或“认知中心”的展示空间即扮演了这样一个角色，将复杂的地方秩序化，呈现给流动的社会个体。

毫无疑问，展示空间通过秩序化来向外界呈现地方意象，但这并不是展示空间的全部，生态博物馆所制造的接触地带不仅是外向型的，而且具有内向型的性格，即为地方居民服务。从更大的角度来看，展示空间并不是“资料信息中心”或“认知中心”的全部，它只是其中一个很重要的功能组成部分。接下来，笔者将把生态博物馆意图在地方构筑的展示空间作为论述重点，讨论不同时期、不同地方的“资料信息中心”或“认知中心”究竟是如何形成的。在此基础上，通过文献材料与田野调查来回答诸如生态博物馆的展示空间是什么，它究竟在现实中发挥了什么作用，它的哲学初衷是什么，经历了什么变化，理想与现实是否达成了一致等问题。

一、地域、接触与场景：我们在效仿谁

在以往的研究中，由于整体视角的缺失，中国生态博物馆的场景性问题并未论及。在中国生态博物馆的实践中，地方意象的呈现与表征实际上暗含着两种不同的逻辑路径：一是整体的群落模式，二是具体的村落模式。这两者分别对应的是法国和挪威的生态博物馆哲学，地方意象的不同层次在一定程度对生态博物馆接触地带的制造提供了不同的资源。这两种不同场景下的实践逻辑有何区别？生态博物馆对地方接触地带的塑造为什么会出现两种不同的路径？它们的差异是否如此明显？联系和区别分别表

现在哪儿？笔者将通过对生态博物馆在中国的实践经验，理清生态博物馆在不同地域层次制造的接触地带，以及与之相关的展示方式与表现形态。

在法国盛开的生态博物馆花朵，在不同的语境下结出了不同的果实，犹如生态博物馆哲学所宣称的那样，生态博物馆实践没有固定模式。中国在早期引介的是法国、美国和加拿大的生态博物馆理论，但是随着苏东海与杰斯特龙的结识，择其一而行之的西方范式自然而然成为挪威模式。杰斯特龙和挪威生态博物馆实践的影响开始于中国生态博物馆运动的历史原点——贵州梭戛生态博物馆。杰斯特龙对图顿生态博物馆的评价充分了说明了生态博物馆的基本模式：资料信息中心和生态博物馆要素或文化展示点（ecomuseum elements or cultural sites）[①]。资料信息中心是记录中心，收集口述史、照片、档案材料、家谱资料，同时也是临时展厅、音乐学校和音乐厅；其他的文化展示点为生态博物馆提供特殊性要素。在杰斯特龙看来，具有多重功用的资料信息中心是其他展示点交流互动的大脑（brain）[②]。在梭戛生态博物馆，资料信息中心作为苗族档案室、工作人员办公室、简介性展览和视听室、餐饮和商店、盥洗和其他服务性空间等多重功能的空间而出现[③]，它与长角苗文化的十二个村寨的原状保护共同构成了梭戛生态博物馆的全部整体。作为“典范”，梭戛生态博物馆的模式在早期生态博物馆实践中被广泛模仿，镇山、隆里、堂安对资料信息中心选址[④]的诸多讨论就极为明显地揭示了挪威模式在早期实践中的广泛复制。

虽然贵州因为后来几座生态博物馆的兴建也被冠之于“群”的概念，但是这更多是一种数字和物理意义上的叠加，并非是“群落”哲学指导

① Peter Davis. *Ecomuseum: A Sense of Place*. London and New York: Leicester University Press, 1999, p.116.

② Peter Davis. *Ecomuseum: A Sense of Place*. London and New York: Leicester University Press, 1999, p.116.

③ 课题组，安来顺执笔：《在贵州省梭嘎乡建立中国第一座生态博物馆的可行性研究报告（中文本）》，《中国博物馆》1995年第2期。

④ 胡朝相：《贵州生态博物馆纪实》，北京：中央民族大学出版社，2011年，第69—158页。

下的集聚现象。后来的广西民族生态博物馆逐渐有了生态博物馆的宏观意识，但是“联合体”概念的提出更多局限于博物馆专业化方面，并未真正领会法国生态博物馆实践的哲学理念。

法国模式在中国的出现源自于浙江安吉生态博物馆群的建设，以潘守永为代表的中央民族大学多元文化研究所修正了《生态博物馆建设试点方案》中提出的“一中心四大类十二展示区”的架构，而提出了“一个中心馆、十二个专题馆、多个展示点”的建设结构。如上文所述，这种改变一方面打破了“文化分项”的框架，另一方面使法国哲学中的核心馆和卫星馆等思路被纳入到中国生态博物馆实践中。因此，浙江安吉生态博物馆群才是第一个具有“群落”意义的生态博物馆实践，它开启了法国模式在中国发展的新时代。这一模式在处理全县域的自然与人文资源时具有非常大的解释力，整体架构的系统性与开放性延续到了浙江松阳生态（乡村）博物馆群的建设思路中。如果说挪威模式成为中国生态博物馆的效仿对象是一个意外，那么法国模式则是基于一定的地方现实做出的有针对性地选择。我们不得不承认法国模式在处理以“县域”为单位的生态博物馆实践中的解释力，同样，我们也不得不承认浙江安吉生态博物馆群的开创性地位。但是法国模式真是无可挑剔的吗？它所划分的中心馆（核心馆）、专题馆（卫星馆）、展示点之间是否存在着制造等级差异的嫌疑？地域范围的广袤与专题馆、展示点的分散布局之间的矛盾如何处理？这些问题可能还需要在未来的发展道路上慢慢讨论、阐释与应对。

那么，在中国，挪威模式和法国模式的差异表现在时间上的先后，还是实践地区的不同呢？恐怕这两者都无法对其进行解释。如果仔细分析即可发现，这两者的差异体现在地域范围上，即生态博物馆会根据不同的地域范畴，采取不同的制造接触地带的模式。2012年，山西平顺太行三村生态博物馆建设并未采取法国模式，因为生态博物馆实践的具体场景是村落，而非县域。而当生态博物馆面对的是县域范畴时，法国与挪威的两种模式将会共存，即当生态博物馆与县域接触时，县城卫星馆与乡镇（村落）专题馆构成主要的空间展示模式，而当生态博物馆与具体村落发生接触时，那么村落的展示中心与村落整体保护则成为主要的建设思路。

总的来说，生态博物馆对地方展示空间的制造具有地域的场景性，

"地域"指的不是不同的地方实践，而是生态博物馆实践所涵盖的地域范围。如上文所呈现的那样，中国生态博物馆运动从地域范围的角度来讲，可以分为两类：村落生态博物馆实践和县域生态博物馆群实践。前者采取的是挪威生态博物馆的实践模式，即资料信息中心与村落原地保护模式；后者采取的是法国生态博物馆的实践模式，即核心馆和卫星馆模式。第一种实践模式广泛出现在民族地区的早期实践中，第二种模式开始于浙江安吉生态博物馆群，并沿用到了浙江松阳生态（乡村）博物馆群的建设思路中来。在中国生态博物馆的后期实践（包括浙江安吉）中，挪威模式和法国模式共存于不同层次的实践场景中：全县域的总体规划采取的是县城中心馆（核心馆）和地方专题馆（卫星馆）的法国模式，而在地方专题馆、展示点层面上，采纳的是资料信息中心（认知中心）与原地保护的挪威模式。

挪威和法国的哲学经验在中国会伴随不同地域、场景而交替出现，甚至同时出现，这种效仿对象的双重属性构成了中国生态博物馆运动独具特色的"中国经验"。

二、可见的接触空间：资料信息中心及其他

在乡村地域层面上，以挪威模式为代表的资料信息中心和村落文化原状保护的"标配模式"成为了一种"中国经验"，这套制造乡村社会意象的路径逐渐被尊为"正统"而被纷纷效仿，普遍出现在贵州、广西、山西、浙江等地的乡村呈现与表征实践中。其中，资料信息中心因其可见性和专业性而成为乡村社会建构自我的主要空间。毫无疑问，资料信息中心在中国语境中有点生态博物馆"出生证""身份证"的意味，正如潘守永所言，"它是每个生态博物馆所必需的。"[①]那么，可见的资料信息中心在复杂的生态博物馆哲学理念中占据什么地位呢？它在地方社会是如何建构出来的？生态博物馆的资料信息中心对当地人造成了何种误解？在认识论层面，它在中国语境下经历了何种流变？

---

① Pan Shouyong. Self-cognition and Self-education at Ecomuseum: From "Information Center" to "Cognition Center". *Science Education and Museums,* 2015(1).

资料信息中心在生态博物馆哲学中占据什么地位呢？简单来说，作为乡村社会的可见空间，资料信息中心由传统博物馆的收藏展示空间和服务于旅游的接待设施两部分组成。也就是说，在乡村建构的资料信息中心包括了对内与对外两个向度的效力。对内，它作为一个可见的博物馆建筑，实际上将整个村落从“社区”转化成为“博物馆社区”，对村落文化传统与集体记忆的保护与收藏成为关键。资料信息中心的社区导向路径（community-based approach）带来的是地方赋权，促进社区群体进行文化遗产资源的保护与可持续发展①，如中国早期实践中的记忆工程和文化绘图工程（cultural mapping project）②。对外，资料信息中心的旅游导向路径（tourism-based approach）带来的则是不同文化的接触，资料信息中心通过视觉化的物件陈列或视听展示让当地的复杂文化变得清晰可见。如果用“意象”来形容的话，那就是一种地方意象的制造空间，是生态博物馆在地方塑造的最为直观的可见空间。

资料信息中心是每个生态博物馆所必需的，因此，生态博物馆项目建设的一个关键环节和过程即是对生态博物馆的资料信息中心进行选址和主题讨论。在资料信息中心的建设上一般存在着两种方式：一种是通过新建，在地方社会中制造一个可见的文化景观，如贵州的一些资料信息中心；另一种是通过对村落建筑的活用，在已有的建筑、空间基础上完成从民居到资料信息中心的转换，如山西的豆口村。从第一种模式到第二种模式的思路转换大致发生在安吉生态博物馆群的建设过程中，其中暗含着一种认识论的转型。在之前，资料信息中心作为生态博物馆的可见象征，虽然一直强调不能破坏当地的乡村面貌，但“新建”往往暗含着一种新事物在地方社会的出现。吊诡的是，虽然早期资料信息中心多为新建，具有强烈的证明其诞生的“符号性”和“象征性”的功能，但是它对博物馆社区

---

① William Nitzky. Community Empowerment at the Periphery? Participatory Approaches to Heritage Protection in Guizhou, China. *Cultural Heritage Politics in China*. New York: Springer, 2013, p. 211.

② William Nitzky. Community Empowerment at the Periphery? Participatory Approaches to Heritage Protection in Guizhou, China. *Cultural Heritage Politics in China*. New York: Springer, 2013, p. 218.

的记忆工程和文化工程是相当重视的。反观后期的资料信息中心，虽然在原有村落建筑基础上实现转化，表面看似是资料信息中心的“内向型”趋势得到了强调，但是这种融入乡村的姿态却并未带来有关社区文化的调查与保存，反而在积极塑造与外来者的文化接触。

资料信息中心的展示主题究竟如何确定也是生态博物馆建设过程中的一个难题。纵观中国生态博物馆运动历程，展示主题的争论主要集中在两个方面：一是导览性质的介绍，二是提炼村落特色。导览性质的展示主题是一个百科全书式的乡村地图，具有时间和空间二维向度。以浙江松阳西田村展示主题的确立为例，如果采取导览性质的展示主题，那么其重点立足于呈现西田村的历史与现状，包括村落的发展历史、分布在村落地域内的民居、田地、自然景观、乡村遗产等。如在展示空间内标注“有故事的民居”，那么外来者就可以根据地图上的位置与导引，来到那一民居，亲历现场，在欣赏民居的建筑特色的同时了解关于这个民居的故事。如果采取村落特色的展示主题，那么，资料信息中心需要根据村落内自然与人文资源的整体评估选择具有突出代表性的一个方面予以展示，比如西田村是医药世家叶起鸿的故乡，按此路径就可以打造一个医药世家、传统中草药为主题的博物馆。总体来说，乡村社会的资料信息中心或认知中心一般来说还是以导览式的百科全书介绍为主，但是在安吉的产业类专题馆、展示点中，特色主题的展示因其强调特殊性而成为首选。

“资料信息中心就是生态博物馆”这一误解普遍存在于村民的脑海中。这除了和上文所提到的项目组沟通困境有关外，还可能存在一些其他方面的原因。在县级政府的理念认知和具体实践中，生态博物馆就已经被简化成了资料信息中心。笔者参观安吉生态博物馆群的专题馆和展示点时曾遭遇到“上车、找路、下车、打电话找人开门、在资料信息中心看完、锁门、上车、下一个点”的生态博物馆之旅。在整个过程中，包括随行的安吉生态博物馆群中心馆的工作人员都没有提出任何异议，没有人谈及村落里还有哪些展示点或者资料信息中心所在的博物馆社区。除此之外，在生态博物馆项目的进程中，关于资料信息中心的“奠基”“动土”“讲话”“开馆”等带有仪式性符号的话语也往往误导了村民，“落成开放”则意味着生态博物馆建设的结束。笔者在回访山西平顺豆口村时，大量的村民访谈也证实了“资料信息中心就是生态博物馆”这一说法。有的村民说，“你说的生态博物馆就是人民礼堂，里面有一些我们村的介绍”“生态博物馆带来了什么？没有啊，除了那个博物馆，没有什么，我还是盖不起房子”“博物馆？你看博物馆找张妙兰，她给你开门，你去看就行了”。作为豆口村生态博物馆的“文管员”，张妙兰是一个见多识广、有传统文化意识的村民代表。在对她的访谈中，她也没有谈及村落整体保护是生态博物馆的一部分，正如笔者看到的那样，《山西省平顺县太行三村生态博物馆建设规划方案》中有关村落古建筑主题、生态景观主题等[①]村落整体保护设想仅仅停留在纸面上，在实际操作中并未被纳入到当地的生态博物馆认知与实践中，甚至都没有出现在豆口村认知中心的相关介绍中。

纵观中国生态博物馆运动历程，资料信息中心作为生态博物馆的可见空间经历了一个认识论上的流变，即将“资料信息中心”更名为“认知中心”。这一想法率先由曹兵武提出[②]，并于2012年山西平顺生态博物馆建设的讨论会上再次确认[③]。在随后的一些论述中，曹兵武基于博物馆教育职能认为，“一些地方新建的生态博物馆应将传统的资料信息中心变成认知中心或探索中心作为其核心设备，以便居民和观众增强通过提高认知而受到教育的意识。”[④]这一认识论转向的集中阐释则由潘守永完成，潘守永有感于浙江安吉生态博物馆群的实践，认为认知中心而非资料信息中心是一个增加社区价值、鼓励村民和外来者从整体上理解社区的文化工具（cultural tool），强调自我认知、自我教育、互动关系。对地方社区而言，认知中心的任务在于收藏、记录、研究、展示、传播、塑造地方历史

① 中央民族大学多元文化研究所：《山西省平顺县太行三村生态博物馆建设规划方案》，2012年12月，内部资料。

② 潘守永：《生态博物馆及其在中国的发展：历时性观察与思考》，《中国博物馆》2011年合刊。

③ 王超据《中国文物报》报社会议整理：《山西平顺生态博物馆讨论会纪要》，2012年4月10日，内部资料。

④ 曹兵武：《教育还是学习，这是个问题》，《中国博物馆》2015年第2期。

和文化遗产，鼓励村民发现当下与未来的社区①。首次将这一概念真正付诸实践的是山西平顺太行三村生态博物馆，并在后来的生态博物馆实践中正式取代资料信息中心的称谓。对此，《山西省平顺县太行三村生态博物馆建设规划方案》里对认知中心有一个较为详细的说明②：

> 生态博物馆资料信息展示中心，其主要职能是储存社区文化记忆、整理和研究社区文化遗产、传播社区文化信息。它在专家和当地居民的指导、配合下，开展文化遗产调查、信息收集整理、社区文化研究、文化资讯出版等方面的工作。在平顺生态博物馆建设中将采用“认知中心”的概念，相较于资料信息展示中心，认知中心除具有与前者类似的诸多功能和职责外，更将“地方认知”作为博物馆展示的主题，试图通过对地方性知识、民间风俗、饮食文化等内容的展示突出当地居民对地方历史、文化的认同感，并将该认同借以生态博物馆这一载体加以延续。因此，平顺太行三村生态博物认知中心刻录着社区记忆与族群文化，是社区居民寻找历史的空间，是凝聚社区居民的载体。

至此，笔者分别从哲学内涵、建构方式、地方误解以及认识论更易四个方面论述了生态博物馆的可见空间——资料信息中心或认知中心。接下来，笔者将以山西平顺豆口村认知中心为个案研究对象，讨论认知中心是如何出现在地方社会的，其意义的建构与阐释是如何在生态博物馆实践过程中逐渐完成的。

---

① 潘守永对于认知中心的集中阐释与解读来自于人类学整体观与他者观的关切，其认识逻辑与曹兵武基于博物馆教育的思考有所区别。详见：Pan Shouyong. Self-cognition and Self-education at Ecomuseum: From “Information Center” to “Cognition Center”. *Science Education and Museums,* 2015(1).

② 中央民族大学多元文化研究所：《山西省平顺县太行三村生态博物馆建设规划方案》，2012年12月，内部资料。

三、从人民礼堂到认知中心：乡村建筑的生命史

2014年11月20日，太行三村生态博物馆之一的豆口认知中心正式挂牌开放。对此，山西省的多家媒体单位进行了报道（图4-1），将其称之为我国北方汉民族地区第一家“活体博物馆”“山西省首座生态博物馆”①。这一消息不禁让笔者有一种冲动，那就是重访豆口村。2015年10月，笔者来到豆口村，访谈了认知中心的文管员张妙兰，了解豆口认知中心建设的来龙去脉，因此，在这一部分，笔者将回顾豆口认知中心建成的过程，在整体上把握豆口认知中心是如何经历从无到有的发展历程。

2012年，山西平顺太行三村生态博物馆项目组在考察豆口村时，将当时的人民礼堂定为认知中心（图4-2），以“后见之明”来看，这一决定是相当正确的。《山西省平顺县太行三村生态博物馆建设规划方案》中对此有详细的记载②：

> 豆口村将以该村1956年建立的人民礼堂为生态博物馆的认知中心，对该村的物质文化资源、非物质文化资源等内容进行集中展示，包括豆口村的村史、豆口村整体面貌、汉人社会的生活方式、传习馆等内容。
>
> 豆口村的人民礼堂不仅为研究豆口村（20世纪）50年代大型建筑提供了较好的实物资料，而且其良好的建筑风格、历史与区位优势为认知中心的确立奠定了基础。其次，现有的人民礼堂处于闲置状态，其礼堂门前广场也是村里人经常聊天、休息的场所，属于村落的中心地带和公共空间，具有文化上的吸引力与内聚力，这些因素都为认知中心的确立提供了前提条件。

---

① 孟苗：《山西首座生态博物馆挂牌开放》，山西新闻网http://www. sxgov. cn / content / 2014-11 / 27 / content_5282080. htm, 2014年11月27日。

② 中央民族大学多元文化研究所：《山西省平顺县太行三村生态博物馆建设规划方案》，2012年12月，内部资料。

图4-1　2015年重修后的豆口认知中心

图4-2　2012年豆口村人民礼堂

一直以来，以生态博物馆为文化工具进行重绘地方的实践都面临着一个困境，那就是如何制造一个村民认可的接触地带。杰斯特龙与梅克勒伯斯特在贵州隆里关于资料信息中心的争论[①]并非是一个具体的实践问题，而是一个具有普遍意义的理论命题。关于选址的“距离”和“空间”论述暗示了两种接触地带的策略：远离村落和新建意味着生态博物馆作为乡村社会的“外来福利”，带来经济、文化、政策、基础设施等方面的资本；村落内部和改建则意味着生态博物馆立足于乡村社会的已有资源，熟悉的建筑与民居空间带来是一种关照村民的意象。豆口村是后者策略的一种集中体现，原有的人民礼堂不仅得到了活态的保护与使用，而且一个意想不到的效果是，人民礼堂的广场恰恰是豆口村的公共空间之一。因此，在豆口村，作为外来者的生态博物馆认知中心与乡村社会约定俗成的村落公共空间达成了某种契合，这种情况是此前生态博物馆实践中从未有过的现象。

选址确定以后，豆口认知中心的陈列大纲也随之初步完成，根据项目组的规划，认知中心包括“豆口村：一个太行山脚下的活化石”“豆口全貌：丰富的历史与自然景观”“信仰与文明：中国传统村落的文化图式”“传习馆：技艺与记忆的相传”四个部分[②]。令人遗憾的是由于一些意外的发生，豆口认知中心的陈列展览并未依照项目组的设想开展[③]。陈列大纲的更易在增加时间和经济资本的同时，也削弱了豆口认知中心应有的效果，具体分析将在下文空间布局与陈列秩序部分详细阐释。

笔者重访豆口村时，张妙兰成为主要报道人。在就“认知中心的建设”访谈张妙兰时，笔者收获了意想不到的惊喜。作为一个乡村社会的文

---

① 胡朝相：《贵州生态博物馆纪实》，北京：中央民族大学出版社，2011年，第116页。

② 中央民族大学多元文化研究所：《豆口村认知中心展览陈列大纲》，2012年8月，内部资料。

③ 现在我们看到的豆口认知中心是平顺县政府部门委托山西省某设计公司负责完成，由于规划建设的衔接问题，设计公司并未真正领会认知中心在豆口村生态博物馆中的地位和角色，这导致的结果就是认知中心成为一个位于偏远乡村的“传统博物馆”。

化自觉者，张妙兰早已将这些发生在村里的大事进行了整理。她一边说话一边从柜子里翻出来了一堆本子和信纸，这些零散的资料夹在一个纸壳里，纸壳上用红笔写着两个醒目的大字——“宝贝”。笔者翻看后发现了《重修礼堂》的书稿。张妙兰以豆口村传统的顺口溜方式对整个事件进行了详细记载：2013年农历八月初二，礼堂重修正式开工。为了重现豆口认知中心的建设过程，并表示对张妙兰的敬意，笔者将全文摘录于此[①]：

文物局里劲头大，建了一下又一下。文博小学工程完，又来修建古文化。建武同志省局长，他给我村指方向。文物旅游要管好，视察多次要求高。

市县乡镇配合好，艰巨任务下达了。文旅局里作安排，一切都按顺序来。民俗旅游要开发，村民心愿去表达。支书卫东[②]掌好舵，帆船定能顺风过。

主任明岐[③]办事妥，事事会议都通过。正副主任能工作，两委不分你和我。古村文化要扩大，安排重修礼堂家。岳民负责承包下，兢兢业业有策划。

一人忙的顾不上，叫上志岗来帮忙。外加一位老干将，名叫文明日夜忙。单身一人有困难，离开老婆十几年。留下儿女没人管，还得打工在外边。

又干活来又做饭，衣服脏了没人管。没有一天享清闲，你说困难不困难。初到豆口人不熟，妙兰能帮做顿饭。天长日久总不算，还得自个吃苦干。

白天志岗能做饭，夜里独身坐床边。喝口美酒吸根烟，阿弥陀佛过一天。志岗重担挑肩上，料理事务有理想。各种计划都得当，骑着摩托去跑趟。

再三嘱咐要安全，时时小心最关键。咱把礼堂修建好，就算

① 张妙兰：《礼堂的记忆与重修》，2014年10月20日，内部资料。

② 2016年7月，笔者与倪威亮再次重访豆口村时，张妙兰根据笔者的打印稿对其进行了部分修正，将“支书卫东”改为“党支干部”。

③ 将“主任明岐”改为“主任领导”。

把事完成了。三名人员还不够，再叫几位才合手。高空作业危险大，年轻人把工程拿。

文军爱斌承包下，墙里墙外都算他。俩人管把墙来抹，安国只把泥包挂。墙内任务更艰巨，木柱木板都得擦。林成生林来帮忙，春日更是一了将。

刨墙皮来打磨墙，一般灰尘荡身上。共产党员责任强，党章规则记心上。能做焊工学木匠，又当厨师半油匠。有时还当小铲匠，谁有困难都帮忙。

房顶瓦房技术活，请来南庄好瓦匠。整天趴在房顶上，下雨还得对瓦行。晚右年轻身体壮，手接泥瓦运房上。吊车滑轮吱吱响，独轮泥车要上房。

援朝和泥去上车，一个劳力顾不上。再叫谁来帮个忙，搭了严华女闯将。房顶作业算完成，留下前后打磨墙。文明春日两位将，磨了前墙磨后墙。

还有任务没完成，复写语录谁来帮。收秋赶春顾不上，用人做事要实当。这倒是个艺术活，海的文化技能强。找上爱田来帮忙，总算把事办妥当。

前面大场要砌垫，志岗三轮都搭上。计强言令管上车，建堂还得挖土方。前场还得青石铺，三里五村找不上。拆了东墙铺前场，志岗卖了青石房。

门板窗户都得修，叫来小彪把数量。抽时把门修理好，这个工作算做好。室内木柱要光亮，必须还得油漆匠。这个生活不用愁，春日文明都拿手。

前场安装碾和磨，青石引路几十丈。国玉带班找石料，曾玉其成供土方。海平抹了黑板报，重把院门再按上。李鹏是个好搭档，干起活来有力量。

春娥、其梅和翠兰，三位媳妇刷楼上。头顶布帽戴口罩，一股灰尘荡身上。礼堂室内要装潢，双水派来几位将。文水下曲徐家庄，韩家宝庆龙龙将。

早起贪黑忙做工，电刨打磨光又亮。楼上楼下锯不停，他俩可是父子将。电工王波一到场，带着助手李连长。腰挎手钳和改锥，灯口开关都接上。

明灯暗光设备全，旧事潮流紧跟上。犁耧耙粆往里摆，米面升子都用上。副总黄涛鞠远光，工作积极责任强。买古物看市场，掌握信息有保障。

五十年代修建房，木质结构土瓦房。老鼠钻洞又爬墙，塑料串线用不上。为此这才变了向，就把铁管上了墙。电工木工响叮当，二孩泥匠来帮忙。

泥抹锅台砖砌炕，里间有门外间窗。木头炕沿七尺长，上边坐着大姑娘。美术画工郭晋杰，大学专科学历强。描出三台锦绣图，绘出豆口山河壮。

同真富才是油匠，窗里窗外全油光。红亮骨干有胆量，杂物事情能帮忙。三八妇女是李晶，陈列古董小英雄。又洗又刷讲卫生，不愧是咱女子兵。

田斐张义设计师，年轻有为永向上。设计古迹都在行，礼堂装潢变了样。旅游局里桑良忠，场里铺石抹泥墙。废寝忘食把事忙，场外整齐四面光。

一三八二开了工，四十三名科学技术工。能工巧匠是标兵，一四十月二十才完工。礼堂修了两年整，说到这里就算终。

张妙兰对于豆口礼堂重修（认知中心建设）的过程记载传递出了几个方面的事实：政府与领导的支持和重视是豆口村礼堂重修的关键，重修礼堂是一个各方力量共同参与的事件。在个人承包的前提下“上工”，大工120一天，小工100一天，包括后来的展示设计与物件摆放，豆口村有很多妇女参与了这一阶段的工作。需要指出的是，官方所谓的认知中心建设在豆口村村民看来，实际上是礼堂的重修，“双名制”[①]的逻辑修辞出现在生态博物馆的实践中，地方叙事与官方话语在某种程度上出现了分歧与不一致的现象。

① 高丙中：《一座博物馆—庙宇建筑的民族志——论成为政治艺术的双名制》，《社会学研究》2006年第1期。

阿尔君·阿帕杜莱（Arjun Appadurai）在《物的社会生命：文化视野中的商品》[①]一书中赋予了“物”的研究一种新的视角，他试图从认识论和方法论上重新看待物在我们生活中的地位，即物像人一样经历不同的生命阶段，而且在不同阶段表现出不同面向。从这个角度来审视“双名制”的话，我们就会发现它并非仅是指涉地方与国家之间紧张关系的一种政治艺术，而是词与物之间的一种转换与替代。在豆口村村民看来，人民礼堂经历了修建与重修两个事件，而重修同时包含着一种称谓与意义上的蜕变，即重修后的人民礼堂作为一个制造地方意象的展示空间出现。修建时期所承载的“大跃进”“合作社”的记忆将随着人民礼堂新生命阶段的出现而逐渐被“博物馆”“展览”“旅游”等意象所取代。随着生态博物馆项目的介入，豆口村的建筑完成了从人民礼堂到认知中心的生命过渡，关于地方意象的可视化空间就此形成。

四、地方意象的塑造：从豆口认知中心谈起

2015年10月28日，笔者重访豆口村，如愿以偿地在村支书的安排下住到张妙兰家里。第二天早上，张妙兰带着钥匙和笔者一起去了豆口认知中心，认知中心和三年前的人民礼堂并无区别，礼堂前的前场工程尚未完成，一些村民聚集在礼堂前的石碾旁晒着太阳，聊着家常[②]。在石碾旁边的一面墙上专门砌出了一块黑板，上面写着张妙兰自己编写的宣传语，黑板旁挂着“太行三村生态博物馆简介”，介绍了太行三村生态博物馆的宗旨以及地位。那么，作为人类学意义上的田野点，豆口认知中心建构的可视化意象又是什么？

---

① Arjun Appadurai. *The Social Life of Things: Commodities in Cultural Perspective*. Cambridge: Cambridge University Press, 1986.

② 豆口认知中心的前场也是一个值得注意的地方。在最初的选址时，人民礼堂前场因其是村民的公共活动空间而备受项目组青睐，外来的生态博物馆理念、认知中心空间与内在村落公共空间实现了完美契合。2015年重访之时，人民礼堂的前场依然可见在此聊天、玩耍的村民。但是2016年7月，笔者与倪威亮再次重访豆口村时却发现，人民礼堂的前场出于保护的目的而被围起来，成为一块空置的、尚待整修的、专供外来者参观的空间。这一变化着实值得玩味。

如前所述，豆口认知中心由人民礼堂改造而成，建筑面积451平方米，布展面积369平方米。认知中心由三层展示空间构成，这三层的展示格局基本上以礼堂四周的内墙和窗台作为主要的展示场所，内墙放置图版，窗台则展示实物。唯一的例外是第一层借助礼堂舞台的原有基础，采取场景还原技术重现了一个家的内部结构与生活细节。陈展内容由“太行明珠魅力乡——我家豆口”“嫩春金秋话豆口——我的活计”“正月里来跑旱船——我的红火”三个单元构成。

第一部分是“我家豆口”（图4-3），这部分包括18组展示单元，主要由图版、实物和场景复原构成。图版包括豆口方位图、全村照片和绘画、村民的演变、豆口民俗、村内的大院与庙宇、浊漳河风景、嶂岩地貌等内容，实物则包括公社时期的老物件、木匠工具等，场景复原则是借助舞台还原了“家”的意象，许多日常生活的物件在这一场景中得到了集中的展示，包括土炕、扁担、煤油灯、烟斗、桌子、凳子等实物（图4-4）。

第二部分是 “我的活计”，这部分包括16组展示单元，图版占据了大部分的展示空间，包括豆口的自然景观、纺织照片、驼柿子的驴、村民表情、下地干活、收麦子、晒柿子、家禽养殖等内容，实物则包括油灯、烛台、香炉、梳妆台、油罐等（图4-5、图4-6）。

图4-3　美丽乡村　我家豆口

图4-4 “我家豆口”部分“家”的复原图

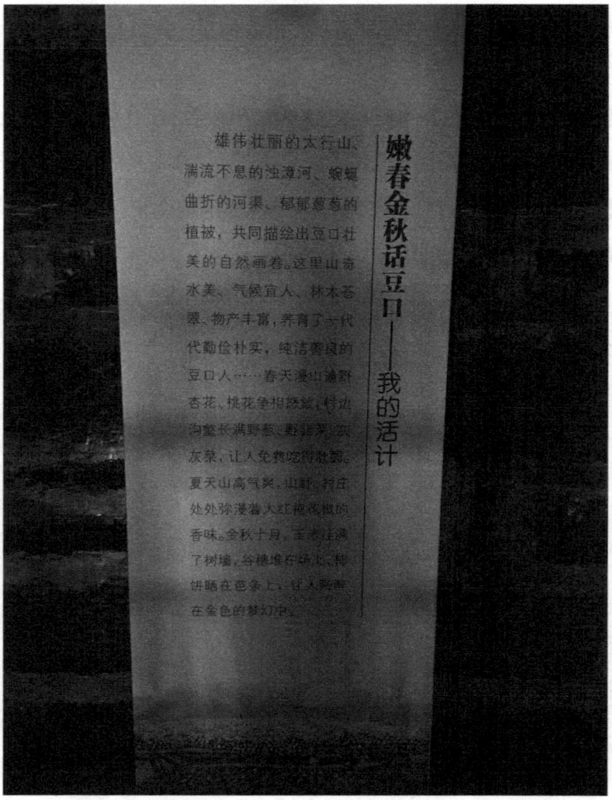

图4-5 第二部分——“我的活计”

图4-6　图版——院落一角

第三部分是“我的红火”，这部分包括27组展示单元，三楼的空间格局是一个整体性的展示，因此实物占据了很大的比例，包括条几、农具、纺轴、弹花锤、马鞍、绣花家什、鞋垫、戏帽、戏服、乐器、虎头鞋、布老虎、旱船、村史书稿原件、豆口村村落平面图（图4-7），其他的图版则主要以豆口村的民俗活动为主题。豆口认知中心除了这些基本陈列外，对煤油灯采用了艺术化的展示手段。第二层的回廊格局让认知中心形成了类似“天井”的空间格局，各式各样的煤油灯悬挂在第三层的天花板上，高低错落有致，形成一种乡村艺术的氛围（图4-8）。

这三部分的基本展示暗含了“家园”“生活”“民俗”的逻辑关系，隐约有一种地方感知系统中生态地理、社会生活、文化体系的层级含义。“我家豆口”的展示分布在礼堂的一楼，既包括整体性的豆口家园信息，也包括具象化的豆口家庭复原。一些具有代表性的村落展示点，如张家大院都在此有所涉及，不足之处在于缺少一个导览性质的村落全貌地图，标志出具有可观赏性或遗产价值的展示点位置。张家大院与侯家大院的故事不仅无法出现在有限的认知中心空间内，由于缺乏村落整体保护意识，展

图4-7 豆口村村落平面图（张妙兰绘）

图4-8 煤油灯的艺术化展示

示点中也并未涉及这一方面的内容。整体性生态博物馆哲学由于地方的误解与畸形发展，一些口述性质的地方传统与故事由于不可见的属性而逐渐被博物馆的可见展示排除在外。“我家活计”这一标题采取了当地的方言与俗语的称谓与口吻，给我们传递的是“这是豆口村自己的生活”。这一部分集中展示的是豆口村民是如何应对特殊的自然地理现状，以及他们在这个过程中的生活形象与文化创造。唯一的遗憾是由于二楼回廊结构的空间限制，作为生计方式的主要发明，农具由于空间的不足被人为地挪入到三楼，并纳入到第三部分中，这在一定程度上割裂了展示背后的整体秩序。“我家红火”有点“精神文明”的意味，讲述了在基本需求得以满足的基础上，村民如何进行艺术性的创造、节庆民俗的表演、自我文化的记忆等文化层面更高的追求，这一部分与认知中心上方所悬挂的煤油灯共同勾勒出豆口村独具特色的精神气质。

观众意见簿是博物馆研究的重要组成部分，存放在场景复原部分的老人旁边桌子上的意见簿也成为笔者窥探参观者是如何评价豆口认知中心的窗口。在这本简陋的“语文本”上，零散地记载着一些对豆口认知中心和豆口村的看法。为了真实呈现个体是如何在可见的接触地带中评价地方意象的，笔者将摘录几条留言。

民族文化继续发扬光大，打好三村品牌。

还望豆口村把先人的革命传统发扬下去，保留原址建设，做好人民模范，同时带动全村村民齐心服务大众，打好豆口品牌，走出长治，走向省城，走向世界。

希望豆口认知中心可以把豆口文化传承光大。

希望投资保护古村落，致富村民，走旅游之路，愿村民生活更好。

本展厅收藏着古代文化遗产，传承中华文化，应定期对外开放，让后代了解古代文化并对农村进行宣传。

此蜡像栩栩如生，神智表情都很真实，真正展示了中华民族的真正灵魂，希望此博物馆能继续保持此状态，将此中华传统发扬光大，发扬保持中华传统。

把民俗文化发扬光大，向最美民俗的思路去开拓，并将历史文化传承下去。

意见簿所传递的信息不仅仅限于豆口认知中心，而且还延续到了民俗文化、农村发展以及中华传统等更大的场景。这些关于何为乡村、何为民俗、何为历史、何为中华精神的思考逐渐成为社会公众开始关注的话题。生态博物馆在地方制造的接触地带并非是一个封闭的可见空间，而是一个具有开放性的不可见空间，从中延伸的话题让这一地带充满意义再生产的魅力。

在看完认知中心之后，笔者围绕着“如何评价认知中心”这个问题对张妙兰进行了访谈。

笔者：阿姨，您觉得咱们村的认知中心怎么样？

张妙兰：你也知道，这些年我一直和我那个舅舅[①]挖掘记录豆口村的历史，人民礼堂缺一个很重要的内容，抗日战争和解放战争的事迹，张树先在战争时期的事迹和案例。如果可以的话，可以添加这一部分的内容。

笔者：我记得2012年的时候，参加过战争的那些老人我们访问过很多。

张妙兰：我们村很多，前几天抗战八十周年，省里边还来我们村看望一个90多岁的老人，当年他参加过革命。

笔者：其他方面呢？

张妙兰：张家大院的图片你也看到了，这张照片不全，张家大院现在都隔成了很多小院子，礼堂里那张照片不全。礼堂里也没有路线图，村里也没有指示牌和路名。

笔者：我刚从白杨坡来，白杨坡的村落标志牌已经都做好了，而且还很漂亮。

张妙兰：安龙书记有本事，能出去跑来钱。

笔者：里面摆的农具、老物件是咱们村的吗？

张妙兰：不是，只有很少一部分，是山西双水装饰设计工程队去别的村买的，你看到方桌凳子那一套，500多块，好多农具50元一件。

---

① 指的是豆口村的赵春政，认知中心存放的《豆口村史》即是出自这位老先生之手。

笔者：这些是很重要的信息，我看着很多物件都没有说明是什么，干什么的。

张妙兰：是，当时没写购于哪一家，什么时候之类的。

笔者：村民们都怎么看？

张妙兰：村民反映礼堂里的东西太单调，就放些家家户户都有的东西，这没办法和旅游配套起来。河北涉县的旅游就搞得比较好，它们是一套的。

在随后的谈话中，张妙兰开始描述她心目中的乡村旅游应该“怎么搞”，由于和论述主题关系不大暂不论述。这段看似简单的对话，却包含着相当多的信息。张妙兰很巧妙地指出了认知中心存在的几个缺点，造成这一局面的原因却不尽相同。信息的缺失在于陈列大纲的失策，在现有的展示空间中，由于展示秩序的限制无法从记忆的维度重现过去，这造成了革命事迹无处安放的尴尬。关于物件的征集与登记，这是乡村博物馆建设中比较常见的问题，在“文化”主宰博物馆展示秩序的当下，地方感以及物件与特定地域的纽带出现了松动。山地文化并非意味着山区中每个村落的文化特色与物件形态是一样的，无论区域地理之间的相似性有多高，立足于某一个乡村的认知中心物件都应该来自这一村落。这不仅仅是源自于生态博物馆和地方感的内在逻辑，而且还具有“村民参与”的修辞策略。想象一下，如果认知中心的展示空间内存放着自己家的东西，或许，村民参与可以通过这种可见的换喻式的修辞来逐渐达成。

豆口认知中心从无到有的过程为我们提供了一幅全景画面，即乡村是如何将异质性的外来事物纳入到自身的社会结构中，并从地方叙事的角度对其进行评价的。至此，接触地带中的可见空间——资料信息中心或认知中心的论述基本结束。作为制造地方意象的空间，资料信息中心或认知中心是生态博物馆不可或缺的一部分，它在中国生态博物馆运动历程中经历了认识论的流变，并且具有实践上的场景性。在乡村社会的认知图式中，资料信息中心或认知中心构成了生态博物馆全部，它以可见的、秩序化的展示为我们提供了直观的地方意象。不仅限于这一封闭地带内，它自身所具有的意义再生产能力为生态博物馆的继续存在提供了合法性与合理性证据。

第三节　被遗忘的环节：村落的博物馆化

正如倪威亮所言，虽然中国的生态博物馆包括当地各种物质和非物质元素，但几乎没有确认它们应该是生态博物馆的组成部分，对中国政府来说，生态博物馆资料信息中心标志着可以感受到的生态博物馆开始建设了，建立了生态博物馆运营的合法性[①]。也就是说，无论在政府层面，还是在村民层面，甚至在部分学者眼里，作为生态博物馆的重要组成部分，村落的博物馆化始终处于被遗忘的尴尬境地。自贵州第一座生态博物馆建设以来，资料信息中心和村落原状保护作为生态博物馆实践的典范得以确立。在上文中，笔者采取个案研究的方法就生态博物馆在地方所制造的可见空间——资料信息中心或认知中心的建构与阐释进行了分析。接下来，笔者将把关注点放在村落原状保护上，就“村落的博物馆化”这一现象展开讨论。

从传统博物馆学的视角来看，生态博物馆带来的是关于“博物馆化”现象的革命，实现了物件博物馆化到地方博物馆化的转向。在地方博物馆化的逻辑中，物件应在其生存的社会文化场景中被诠释，最重要的是这种诠释来自于当地人的观点，即文化持有者的内部观点。笔者在这一部分首先从项目建设过程入手，分析村落的博物馆化，即村落整体展示与体验体系是如何建构的。在何为资源和价值的问题上，项目组与当地人之间实际上存在着认识论上的错位。为此，如何认识、评估与选择展示点是具体论述的内容，其背后是有关价值协商的议题。最后，作为一场文化运动，村落的博物馆化书写少不了参与其中的人，这些脱颖而出的村落代言人即是在生态博物馆实践过程中被重新“发现”和“制造”的个体。

一、秩序再造：村落整体展示与体验体系

笔者所参与的项目规划与建设基本上遵循着中国生态博物馆的实践典

---

① 〔美〕倪威亮著，龚乔、雷虹霁译，潘守永校：《对利用生态博物馆保护活态遗产这一政策的思考》，《国际博物馆（中文版）》2014年Z1期。

范，这些类似教条的模式虽然在理念上时常被质疑，但在实践层面上却被奉为圭臬。在博物馆学的大厦里，将整个村落作为一个博物馆无疑对传统博物馆学具有相当大的冲击力。除了上文所提到的物件在原初社会被阐释的“先进性”以外，生态博物馆的村落博物馆化还因迎合了传统博物馆从“以物为中心”到“以人为中心”的哲学转向而更具魅惑力。村落的博物馆化单靠资料信息中心或认知中心是远远不够的，其整体资源的调查、整合、秩序化是极为关键的一环，其最终目的在于实现村落的博物馆化。在分析豆口认知中心时，笔者将这一有限的博物馆空间作为田野点，开展人类学民族志的分析与书写。在这里，传统意义上的田野点——村落则摇身一变具有了博物馆的属性与特质。

由于地方政府的认识、项目组的表述和村民理解等原因，村落的博物馆化是一个很难真正实现的工程。尽管如此，作为生态博物馆的关键一环，它是规划与建设文本的重要组成部分。笔者在此梳理两种不同类型的村落秩序再造策略，借此呈现生态博物馆在地方实践的全貌，窥探生态博物馆在中国是如何实现村落博物馆化的。

在山西平顺太行三村生态博物馆的村落秩序再造中，村落博物馆化的内在逻辑是依据“展品”的主题进行整合。豆口村的村落博物馆化由两部分组成：建筑类和风景类①：

时空转换、古色古香——古建筑主题

豆口文物建筑保存数量较多而且价值较高，有20多个古院落，其中保存得较好的有张家大院6个，侯家大院1个，和赵作霖等名人故居。除了众多的大院民居，豆口村的寺观庙堂也随处可见，原有神庙14座，寺院1座，现存有东街观音堂、西街观音堂、中街观音堂（观音庙、中街堂）、东券关爷庙（关帝阁）、槐菩萨庙、圣源王庙（龙王庙、豆口大庙）等庙堂。

① 中央民族大学多元文化研究所：《山西省平顺县太行三村生态博物馆建设规划方案》，2012年12月，内部资料。

漳河走廊、天然画卷——生态景观主题

浊漳河在豆口村前流淌，雄伟的太行山、湍流不息的浊漳河、蜿蜒曲折的红旗渠、郁郁葱葱的农田共同构成了一幅壮美的自然画卷，不能不令人心旷神怡。从豆口村走下去，途经豆口村水电站，欣赏山水树木掩映下的水电站的建造历史与运行原理。水电站旁边是一个废弃多年的水磨遗址，现在只有半山腰上的两个山洞残留着。从水电站下去，可以看到豆口村对面的万丈悬崖和沿村流过的潺潺的浊漳河，四处都是青山绿水、草木葱葱，给人一种如在画中游的感觉。

通过规划文本的文字，我们发现古建筑类的分类体系中包括了好几种不同类型的“文化物件”，如生活类、宗教类、风水类等，但内部分类逻辑都缺少豆口村的整体图式背景。这种类型学的分类法的优点在于将村落内不同位置的展示点纳入到村落博物馆化的框架内，缺点在于展示点的文化内涵与位置感被打破，无法形成一个清晰而明确的索引性地图。换句话说，作为博物馆的村落，主题性的博物馆化未能清晰设定“导引装置”，一切的发现之旅处于悬置的状态。

之前那种略带简化的村落博物馆化模式旨在对村落内的价值单位和遗产资源进行筛选，进而整合到生态博物馆的架构中。在这种操作中，自然与文化成为主要的考量标准和分类依据。在随后的松阳酉田村的村落博物馆化的建设中，这种依靠展品和主题来筛选展示点的策略得到了反思与提升，主题性的秩序再造逻辑被村落区域性的展线逻辑所取代。在酉田村，博物馆化的秩序分为三个层次[①]：

环山抱水　如临仙境

酉田村是一个阶梯式形制的村落，环山抱水，尽采天地之精华。从村口的摄影亭可以眺望整个酉田村的全貌。夯土墙建筑错落有致，古色古香的民居与村落前的池塘、四周的农田相互辉

① 中央民族大学多元文化研究所：《松阳·酉田生态博物馆建设规划方案》，2015年11月，内部资料。

映，衬托出一种古典的乡村之美。

在摄影亭远眺酉田村全貌后，沿着村口路走下去，一直到37号民居（接待中心）门口。沿路有梨树、桃树、柿子树、梧桐树等植物，途经摄影亭、旺美家庭农场、村口水井、池塘四个展示点。

独辟蹊径　天人合一

从“酉田之心”的晒谷场分出几条线路，一条线路是沿着山坳去往西北方向，这片区域民居较少，具有山地村落的又一特色，恍若走向另一片梦境。种植黄金芽茶叶的大片茶叶种植园，七代名医叶起鸿的故居、素有“洗墨池”风水传说的水井，屋后山的大片树林，以及（20世纪）70年代以前进出村落的古驿道。这一片区域的特色在于体味厚重的历史之感与纯粹的自然之美。

传统乡村　感受生活

在初入酉田和独辟蹊径后，酉田村的核心居住区呈现在我们眼前。首先在道路设置方面有两条线路可供参考，第一是从37号民居开始，自下而上对各个展示点进行参观；第二是从新村路开始，自上而下感受酉田村民的日常生活。根据现有的资源调查，这片核心居住区分为下酉田和上酉田两个区域：主要包括下酉田的37号民居，35号民居，34号民居，30号民居，29号民居，田园风景区等；上酉田的五心小学、居家养家老中心、石头娘娘、14号民居、9号民居、茶叶家庭示范户（8号民居）、新村水井等展示点。

酉田村的村落博物馆化立足于村落整体，以区域特色的分类逻辑来全面呈现地方细节，建构地方意象。从上述文本中我们发现，酉田村的秩序再造模式是在村落整体的地域范围内展开的，导引装置与展示点的增多意味着博物馆化策略的提升与完善。除此之外，酉田村的博物馆化被称之为“村落整体展示与体验体系”，在兼顾地域上的村落整体的同时，还着重强调体验互动，回应了传统博物馆教育在20世纪80年代的转向[①]。对比两种村落博物馆化的秩序再造，哪种模式更加具有解释力，当下可能无法做出评价，但是西田村的博物馆化无疑标志着“地方感”在生态博物馆认识论中的萌生。

如果将传统博物馆、豆口博物馆化和西田博物馆化置于同一个光谱之上，稍显草率地做一比较的话，我们可以发现一种“博物馆化”层层递进的理路。传统博物馆的博物馆化在于将异域社会（时间和空间）的物件带到博物馆空间中进行挑选与再造；豆口博物馆化则是在原初社会中对有限的展品元素和遗产资源进行发现，以此来声称达到了村落博物馆化的目的；西田博物馆化则是一个彻底的村落博物馆化典范，整体性的地域范围、区域上展示点的密集分布以及导引装置的设定让西田村成为一个名副其实的“博物馆”。

二、认识的错位：关于价值的协商

作为一个先在的实体，村落在某种程度上规定了博物馆化的地域范围、基本格局、地理位置、可选资源等一系列要素。也就是说，村落的先验性克服了某种传统博物馆策划展览时的随意性和偶然性。一棵古树、一口水井，它在村落中的位置具有深刻的地方感、历史感与文化感，我们能做的仅限于功能分析和意义阐释，而不能够对其位置进行随意挪动和调换。因此，村落博物馆化的关键在于如何从当地文化的“意义之网”中选择“关键词”和“要素范畴”，进而对其进行解说与阐释。

在民族志田野调查中，把握村落社会的文化图式以及所谓的宇宙观是衡量田野工作是否到位的标准。经典民族志的魅力在于通过功能主义或结构功能主义的路径全面系统地接近文化意义，这是人类学民族志文本所追求的理想状态。从生态博物馆意义上说，村落的秩序化再造与深层次的文化阐释稍有区别，地方意象是否通过“可视化”的展示点予以呈现可能是这一文化运动的关键。虽然就地方社会而言，多元学科带来了比较视野下

① 尹凯：《博物馆教育的反思：诞生、发展、演变及前景》，《中国博物馆》2015年第2期。

的深入理解，但是学科规范与研究方法却一般涉及不同的村落研究路径，因此，秩序化的对象选择成为继田野调查后需要考量的内容。换句话说，我们应该在生态博物馆理念下挑选哪些村落资源予以展示与体验呢？根据“文化特色”和“地方特色”的哲学法则，村落博物馆化的资源包括自然生态资源、有形文化资源和无形文化资源，具体清单为河流、泉水、古道、植物、动物、田地、林地、历史民居、祠堂、老物件、服饰、方言、饮食、传说、故事、休闲娱乐等要素。所以，接下来我们需要讨论的是哪些展示对象具有村落博物馆化的价值？这些价值的认识论根基是什么？不同主体对于这些展示对象的价值认识是否彼此契合？

在回顾项目参与和村落调查的经历时，一个习以为常的画面浮现在笔者的脑海中：无论是民俗学家、人类学家还是遗产学家，当他们初到一个村落时，村支书带领下的“寻找老房子”之旅往往是不可避免的调查步骤。考察者们会走进每一个具有历史年代的建筑与民居内，端详老房子的建筑格局与装饰艺术，并对过去的历史与技艺赞不绝口。文物学学科话语体系中的艺术价值、科学价值、历史价值成为这些老房子值得被发现、被保护的客观证据和有力说辞。

毋庸置疑，上述局面同样也出现在生态博物馆的实践过程中。20世纪80年代以来的民居沦落到无人问津的尴尬境地，今天，这些具有历史痕迹的文化遗存摇身一变成为稀缺的遗产资源，成为生态博物馆发现与重绘地方的关键要素。这种尚古的情怀还体现在另外一个方面，在涉及重修祠堂、新建接待中心等村落公共建筑的话题时，“仿古”在各方利益群体中达成了共识。譬如，2015年，项目组在调查过程中就发现，针对西田村正在修建的两座房子有明确的要求，即在建成之后进行墙体“外观处理”，以达到“不破坏村落整体风貌”的标准。在平顺县苇水村的民宿建设工程中，仿古的外墙成为开发团队引以为豪的亮点。在中国当下的村落复兴运动中，将村落历史化、异域化是一种普遍存在的趋势，“过去”成为主导乡村复兴的主流话语。为什么对“历史”与“过去”的偏好成为村落价值的首要评价标准呢？或许这可以从博物馆与殖民主义的纠葛历史中找到答案：作为他者，静态的殖民地建构了宗主国动态的现代化发展。“过去”“传统”“历史”等关键要素被现代性进程强加到乡村场域内，以空间结构上整体历史图景的完满来平衡畸形发展的社会。乡村社会的“价值”偏好不单单是某个村落或某个学科的困境，而是整个当代中国社会气质的真实写照。

边缘而沉默的乡村被现代性主流社会贴上了“过去”“传统”“历史”等带有乡愁意味的标签，村落成为现代人寻找失落过去与感受传统的异域。我们经常感叹或谴责村民不懂“文化”，对传统民居没有丝毫的保护意识。如果我们进入当地村民的话语体系，聆听村民们的想法和观点，答案便会浮出水面。实际上，局外人与局内人对村落场景中的“价值”内涵存在一种错位与不对等的认知。在重访豆口村时，笔者发现了许多建房子的工程，村里道路上摆满了砖头、水泥、石灰等建筑材料，拖拉机、铲车偶尔从村里开过。回想起三年前平静的村落，笔者访谈了张妙兰。

笔者：三年前第一次来的时候，村里没有盖房子的吧。

张妙兰：是，这几年建房子的人特别多，你看向阳新村的那些新房子都是这几年村里搞规划建起来的，没有宅基地的人都去那边盖房子。

笔者：是不是好几家分到一套大院子那种？

张妙兰：是，村里统一规划的，有些在村里有宅基地的也就在村里盖了。在农村，有本事的年轻人出去赚钱回来都盖房子，以前住的环境太差了。

似曾相识的一句话勾起了笔者无限的记忆。在白杨坡、酉田村、吴弄村、靖居口等村落里，盖新房子是一件值得光荣的事情，是有本事、有能耐的人才能做的事情。没本事、没钱的人只能住在那些昏暗而潮湿的老房子里，村民向往的是上边（地方政府）给钱整修旧房子，甚至是盖新房。在酉田村36号民居与叶仙旺谈到这个话题时，他的表情中流露出对于盖新房的羡慕与渴望。也就是说，在地方村落中的“价值”议题上，外来者和当地人的看法是截然不同的，村民用潮湿、阴暗、漏雨、破旧等词语来形容自己居住的老房子，并表达了对新房子的向往；而外来者却坚持让他们居住在这些具有艺术价值、科学价值、历史价值的老房子里，并保证日常的保护与维修以延长建筑的生命周期，实现建筑遗产与人的整体性保护。这种基于遗产保护的话语和行动合适吗？恐怕这并非是一个简单的问题。

更进一步来说，这种关于价值认识的错位如何予以纠正和预防呢？在笔者看来，作为发现地方的工具，生态博物馆运动应该在理论层面和实践层面抛弃文物学所谓的价值评价体系，而采纳遗产话语体系。实际上，早在1970年，罗马著名建筑师和规划师皮耶路易吉·塞尔维拉蒂（Pierluigi Cervellati）曾提出，从历史文化传统的角度看，应保护生活于其中的社会阶层和建筑物。这一观点在1974年博洛尼亚欧洲会议上得到了肯定，并出现在1976年联合国教科文组织公布的《内罗毕建议》中。这实质上就是将文化遗产视作一个过程（process），而不是一种终极产品（production）来加以维护的理念。也就是说，村落博物馆化的秩序再造不仅包括地理范围上的整体性，而且还包括历史时间上的完整性。之于生态博物馆的实践而言，一味地溯源历史，搜寻过去的“祖母学”传统应该画上句号。明清的建筑、20世纪50年代的建筑、80年代的建筑、一年前的建筑在“长时段”的历史感中具有同样重要的遗产价值，这才是生态博物馆实践应当持有的文化见解。生态博物馆不应重走法国第三代生态博物馆的衰退之路，“神化过去”只是在告诉社会学家有关社会的怀疑与误解，而不是告诉博物馆学家新的博物馆实务①。于贝尔的警惕之音犹在耳边，那些带有时代意味的、时间上错落有致的建筑将构成了“时间景观”的再现，生态博物馆应该致力于发现作为“过程”的村落博物馆化的整体图景。

三、接触地带中的个体

生态博物馆在与地方社会进行接触的过程中，除了资料信息中心（认知中心）和村落的博物馆化外，还生产出了独具特色的个体。在上文述及的文化批评与反思研究中，一些学者认为，在生态博物馆所制造的接触地带中，村民始终是被动而沉默的群体。在当下的中国社会，这种局面是可以预料的正常现象，生态博物馆的开放性与过程性容忍这种现象的暂时存

① 〔法〕弗朗索瓦·于贝尔著，陈音音译：《生态博物馆在法国——矛盾与曲解》，《博物馆学季刊》1996年第1期。

在。除了普遍的村民外，生态博物馆在地方的出现“发现”了一类人，之所以不用“发明”一词原因在于他们的自身性格气质并非生态博物馆这一运动所赋予的。“发现”意味着他们的能力借助生态博物馆所塑造的接触地带而得到了发挥与展现。

为了论述方便，笔者将暂时称呼他们为“代言人”，他们的角色到底应该如何界定和认知？他们与中国传统乡村研究的“经纪人”“乡绅”等角色是否一致？这些问题恐怕得通过事实陈述和比较分析来一一解答。

张妙兰是笔者在豆口村田野调查的主要报道人，在笔者的田野笔记中曾经有这样一段话：

> 张妙兰今天给了我一堆材料（关于豆口村史），让我帮忙录入与打印，我毫不犹豫地答应了下来。我深感乡村世界中富有文人气息之人的不易，或许还有一种文化人惺惺相惜的感情。

通过几天的访谈，张妙兰的形象逐渐丰富、立体起来：1957年出生，1976年石城中学毕业，毕业后担任豆口村幼儿教师，同年9月参加供销社工作。1985年，在石城镇供销社饭店担任售票员，六年后，在社会经济改革的潮流下，承包饭店。1996年返回豆口村供销社，直至现在。从张妙兰生命史的简单轮廓中，我们发现她兼具两个重要的特质：一方面，她是那个年代里为数不多的“文化人”，高中毕业的农村妇女在那个年代是极为罕见的。另一方面，她走南闯北、数易工作的经历让她在阅历上有过人之处，更大的社会网络带来的是一种视野与思想上的超越。现在，她依然忙于村里的小卖部，而且还是豆口认知中心的负责人。她定期负责打扫认知中心的卫生，并为参观者开门服务。

2012年，张妙兰的出现让生态博物馆项目组欣喜不已，她从家里拿出了自己花费数年时间绘制的豆口全貌图，并且提供了由赵春政撰写的《豆口村史》。由于分组调查的原因，笔者当时并未与张妙兰结识，三年后，笔者如愿以偿，住到她的家中，并对其进行了深入访谈。

在谈到认知中心的开放问题时，她还谈起了她与村支部之间的一些摩擦。在她看来，认知中心建成就是给别人看的，因此自从认知中心建成以来，直到2015年五月份认知中心一直是开放的。然而村干部的意思是认知中心属于政府项目，只需要在上级领导来的时候开放接待，其余时候一律不开。最后，她在一次上级领导的视察过程中隐晦地提到这个问题，并得到了上级领导的支持，从此，这一纷争才算告一段落。从她的表述和思考来看，她是一个具有开放思想的村民代言人，她具备如何坚持己见、如何长远地看待问题、如何巧妙地获得支持等方面的社会技能。

虽然忙于琐碎的农活与小卖部的生意，张妙兰依然在坚持记录豆口村发生的一切，那些被称之为"宝贝"的东西承载着豆口村过去的回忆和当下的生活。在笔者访谈期间，她讲起了她是如何在每年正月十五的晚会上编排节目，如何自己想办法解决服装、道具等一系列问题的。同时，她也为笔者展示了她正在梳理的豆口村亲属关系，尝试记录豆口村的家谱。上文引用的《重修礼堂》就是出自张妙兰之手。随着一些老人的去世，她开始逐一走访，通过访谈的方法收集豆口村庙宇修建的情况。她让笔者录入与打印的材料正是之前《豆口村史》中所缺少的一些刚刚获得的材料。破旧的纸张、昏暗的灯光、厚厚的老花镜，这些都没有阻止她记录豆口村的决心。张妙兰醉心于豆口村的文化挖掘和豆口村旅游的发展事宜，对文化传承、节目表演、传统发掘、民宿文化、农家乐等问题都有其自成体系的看法。

我们应该如何评价张妙兰？在村落场景中，张妙兰是幸运的吗？她的很多想法无法和村民、村干部交流，只能和一些同样有学识的人对话。毫无疑问，豆口村有张妙兰是幸运的。生态博物馆介入豆口村，张妙兰沉寂已久的文化意识被悄然唤醒。生态博物馆给张妙兰带来的不仅是每个月负责认知中心的三百元补贴，而且是一种赞许、承认与共鸣。通过生态博物馆，她之前的执著与坚持获得了肯定，而且这种气质将延续下去。在偏僻的山西村落里，她一直在坚持记录，记录着过去、现在和未来发生的一切。

杜赞奇（Prasenjit Duara）曾经用"在交易中起不可或缺作用的中介人，其本身既无褒义，亦无贬义"[①]的"经纪人"一词来形容那种在政府

① 〔美〕杜赞奇著，王福明译：《文化、权力与国家：1990—1942年的华北农村》，南京：江苏人民出版社，2003年，第2页。

官僚与基层村民之间扮演着上传下达的中介人和媒介者的角色。这些人在乡村社会中往往具有“双重性格”，在村落与国家之间起到缓冲的作用。很显然，张妙兰并不属于这一类人，豆口村有专门的村委会成员。那么，作为一个村落妇女，她为什么能够成为豆口村生态博物馆的代言人而走向前台呢？为什么她能够获得上级政府官员的支持而赢得在认知中心管理上的胜利呢？她为什么能够在乡村社会处理宅基地等问题上从中协调、解决呢？如果用韦伯的支配类型来分析，她并不属于三种类型的任意一种。如果用布迪厄的资本概念来分析，可能解释力也没有那么充分。在今天的豆口村，她并非是文化资本的代表，当然也与经济资本、社会资本、象征资本等相去甚远。

那么，张妙兰在今天豆口村的卡里斯玛（charisma）特质究竟是什么？我们无法用所谓的支配理论或资本理论来解释发生在张妙兰身上的现象，也无法在具体的村落场景内对其进行生命史的重构与分析。笔者认为，她的出现是一种社会的“补偿机制”。也就是说，犹如在自由市场机制下出现的国家社会主义，工业社会急剧发展背景下的户外博物馆，她是特定社会或特定时代的一个象征和符号。在生态博物馆所塑造的接触地带中，她实际上代表着“大写”的地方价值，以平衡或补偿现有社会结构的失衡与畸形发展。

第五章　生态博物馆：地方感及其错觉

众所周知，每个人生来就需要在他的周边环境及其相互关系中寻求一个清晰的位置。所以，地方感并不是额外之物，而是我们生而不可或缺之物[①]。

我们生活的世界日益复杂，跨国企业发展失控，地方感是人们舒适生活的关键。出于认知与理解的目的，人们应当发展一种基于地方的感知视野。现代性将“过去”表征为同步存在的肤浅之物，任何有关发展地方感的尝试应着重强调地方的历时性及时间的厚度[②]。

---

① Ian Nairn. *The American Landscape: A Critical View.* New York: Random House, 1965, p. 6.

② Kevin Walsh. *The Representation of the Past: Museums and Heritage in the Postmodern World.* London and New York: Routledge, 1992, p. 150.

经验地理学至少包括两种：一种是关于多样与意义的“地方（places）”地理学；另一种是关于永久相似性的“无地方（placeless）”地理学[①]。前者与地理位置、景观、活动、认同、体验、意义等关键概念相关，其本质在于强调地方作为人类生存中心的“自我无意识（self-unconscious）”；后者与技术（technique）和大众文化（mass culture）的传播有着不可分割的联系，普同性、贫瘠性、无根性、流动性、可替代性成为无地方性的代名词。无论我们是否承认，“无地方性”的潮流正在逐步吞噬多样化和特殊性的地方，削弱对个体和文化来说极为重要的地方。

人本主义地理学所提出的“地方与无地方性”命题并非是一个偶然现象，而是一种普遍存在的关于（后）现代性的社会议题。20世纪末，几乎各个学科都面临着“地方和无地方性”所隐喻的困境。社会学领域的“脱嵌”或“脱域”[②]概念的出现正是有感于全球化带来的思考。人类学大师格尔茨关于地方性知识（local knowledge）[③]的论述也是应对世界宗教及资本主义世界体系的一种尝试。关于“地方与无地方性”议题，艺术领域走得更远，“有根性”的本土化阐释不再是逃避资本主义市场的有效路径，而是已经被纳入到一般性的“国际文化”中，正如特里·史密斯（Terry Smith）所说，“地区性对于现代的全球资本来说的确绝对是最根本的信息，绝对根本。”[④]

在《地方与无地方性》一书的结尾，人本主义地理学家爱德华·瑞夫（Edward Relph）认为，“如果地方确实如此重要，那么我们应该探寻一条具有自我意识且真实有效的制造地方的可能路径。”[⑤]在他看来，发展一种有关地方的生活世界（live-world of places）图景是避免无地方性蔓延

① Edward Relph. *Place and Placelessness*. London and New York: Pion, 1976, p. 141.

② 〔英〕安东尼·吉登斯著，田禾译：《现代性的后果》，南京：译林出版社，2011年，第18页。

③ 〔美〕克利福德·吉尔茨著，王海龙译：《地方性知识——阐释人类学论文集》，北京：中央编译出版社，2000年。

④ 转自〔美〕弗雷德·迈尔斯著，阿嘎佐诗、梁永佳译：《表述文化：土著丙烯画的话语生产》，《文化交流：重塑艺术和人类学》，桂林：广西师范大学出版社，2010年，第99页。

⑤ Edward Relph. *Place and Placelessness*. London and New York: Pion, 1976, p. 147.

的有效路径。在后续的发展中，一股来自博物馆学的运动悄然出现，并完美地触及了这个议题。戴维斯在《生态博物馆：地方感》[①]一书中巧妙地实现了生态博物馆与地方的嫁接，不仅将生态博物馆作为处理“地方感”的文化工具，推进了瑞夫所遗留的“制造地方”的研究；而且还成功地开拓了生态博物馆的思考与实践范畴，将其与当下社会最为棘手的矛盾困境联系起来。

“地方感”作为一个学术性议题进入笔者的思考范畴得益于导师潘守永的指点。不仅限于本章，其实整本书有关生态博物馆体系的思考，以及对生态博物馆中国经验的书写在一定程度上延续了戴维斯基于地方感的生态博物馆分析路径。在这样的学术脉络下，地方感专题的相关研究让笔者逐渐廓清了关于地方研究的基本理论脉络，以及生态博物馆与地方之间的关系。生态博物馆与地方特殊性之间的联系并非无中生有，而是生态博物馆得以产生与存在的根源，地方认同与地方价值是生态博物馆天然的哲学理念。

因此，笔者在这一章中将把生态博物馆运动与地方、地方感等概念纳入到同一个理论框架中进行思考。与上一章着重强调生态博物馆在地方制造的接触地带不同，这一章关注的焦点是“地方”。为此，笔者将考察作为文化工具的生态博物馆遭遇地方时所生成的一系列议题：地方是如何被讲述的，地方重要性是如何被表达的，生态博物馆是否能够担负起“重绘地方”和“发现地方”的重任。

第一节　认知与理解：被表述的“地方”

理解地方并非易事，原因在于地方是一个复杂的整体，还具有不同层次的认知范畴。对不同个体来说，同一个地方所衍生的感知是截然不同的，地方在地理空间范畴上的差异也同样意味着地方认同的变化。作为一种发现地方的文化工具，生态博物馆的初衷在于从博物馆学和遗产研究的路径出发，以社区为导向来组织与再造地方，从而推进文化赋权和政治民

① Peter Davis. *Ecomuseum: A Sense of Place*. London and New York: Leicester University Press, 1999.

主的进程。那么，这种外来的重拾“地方感”的运动是否有效呢？局外人的认知与局内人的表述是否一致？哪种对地方的理解才是真实有效的？这些棘手的问题无一不是生态博物馆研究所亟须回答的。

地方感作为一种社会建构的产物，具有极大的主观性和层级性，个体从生存空间（existential space）的感知来体验地方的文化与结构；地方政府从认知空间（cognitive space）的维度来想象同质性的地方传统与意义；生态博物馆项目组则从建筑空间（architectural space）或计划空间（planning space）的形式来架构地方意象。也就是说，由物理场景、活动和意义等基本要素所组成的地方[①]，在不同层次的空间视野中呈现出截然不同的文化景观。地方在地理学意义上是一个空间位置和地理景观的概念，它在能动性上的“无力”使其无可避免地成为意义集聚的竞技场。被表述的地方从此成为各方意见交汇的场所，同时暗含着有关“何为地方”的争论。

因此，笔者在这一部分将从个人、地方政府以及生态博物馆项目组三个层次考察地方是如何被认知和理解的，以及关于地方表述的错觉与误解是如何出现的。该部分的田野材料几乎全部来自于2015年松阳生态（乡村）博物馆群建设项目，尤其是暑假期间的实地调查与座谈会议，亲身体验与感悟提供了认知地方和理解地方的可能性。

一、局内人：一种个体化的地方感

人通过自身的态度、经验、意向、经历来审视周边环境，因此，所有的地方和景观体验首先是个体层面的。这种空间结构内部的视野来自于作为文化群体成员的具体而真切的个体经历，作为地方象征的村落、民居、田地、道路构成了局内人的一种无意识的地方印象，暗含了村民个体的过去经历和村落精神。那么，我们应该如何认识这种基于个体经验的地方感知呢？这种出于生活空间考量的地方认知有何价值？虽然从目的论角度来看，这种零散的、带有主观认知的地方感对项目建设的帮助微乎其微。但是如果将其置于地方感的不同表述中，它的价值会通过比较研究而得以凸显。

---

① Edward Relph. *Place and Placelessness*. London: Pion, 1976, p. 47.

2015年7月，笔者与项目组其他成员开始对西田村进行项目建设前期的田野调查，类似于“村民如何看待自己的村落”等一系列问题是笔者关心的，这是评估生态博物馆未来发展的指标之一。与“日用而不知”的概念相类似，常年居住在西田村的大部分村民在被问到“你觉得你们村有什么特点”这样的问题时，他们一般的反应是先笑笑，然后回答“我们村没什么特点”。访谈过程中，一些村民还是做出了基本的回应，包国标对西田村的认识是“有许多老房子”①，叶连汉的回答是“29号民居的故事”②，叶仙旺对这个问题的回应是“村子有些年头了”③。这种地方感知的无意识性反映的并非是局内人对地理空间认知和理解的缺乏，而是这种地方感已经内化在日常生活中，正可谓“无感知”也是一种认知与态度。

7月5日，我们重点访谈的计划被打乱，改用民居走访的办法对西田村进行整体调查。进入24号民居时，家里的大人都不在，只有一个初中毕业的小女孩在看电视。因为访谈时间充足、言语沟通方便，笔者就“村落认知”问题进行详细的了解。当问到西田村在她心中的印象时，她回忆起了自己小时候在晒谷场玩耍的场景，童年记忆慢慢出现，这些儿时经历在一定程度上定义了她对地方的认知。与上文所提到的一些村落认知不同，她认为西田村的特色是“树多”④，这难道与她酷热夏天在村里玩耍乘凉的具体体验有关？我们不得而知。随后，在笔者的要求下，她为我们画了她心目中的“村落结构图”。

图5-1是叶晓雯在自我感知地方的基础上“绘制”的西田村落结构图，通过这幅图我们能够看到几个她认为重要的西田村要素：自己家（24号民居）、邻居家、学校、水井、空地、草地、祠堂、池塘以及与之

---

① 买岸笛整理：《松阳生态博物馆群建设入户访谈表》，2015年7月5日，内部材料。

② 尹凯根据录音和笔记整理：《西田生态博物馆建设村民代表座谈会》，2015年7月3日，内部资料。

③ 曹瑞整理：《松阳生态博物馆群建设入户访谈表》，2015年7月4日，内部资料。

④ 买岸笛整理：《松阳生态博物馆群建设入户访谈表》，2015年7月5日，内部材料。

相关的乡间小路。通过这幅图我们能够分析叶晓雯地方感知的原点——“家”。文森特·文茨纳斯（Vincent Vycinas）认为，“即使我们背井离乡多年，家却定义和指导我们的生活方式”[①]。的确，家不仅仅是我们居住的房屋，而且作为一种无可替代的参照点，形塑了我们认知与理解外在事物的方式。叶晓雯绘制她心目中的西田村时，正是从“家”开始，以此来确定方位与位置。

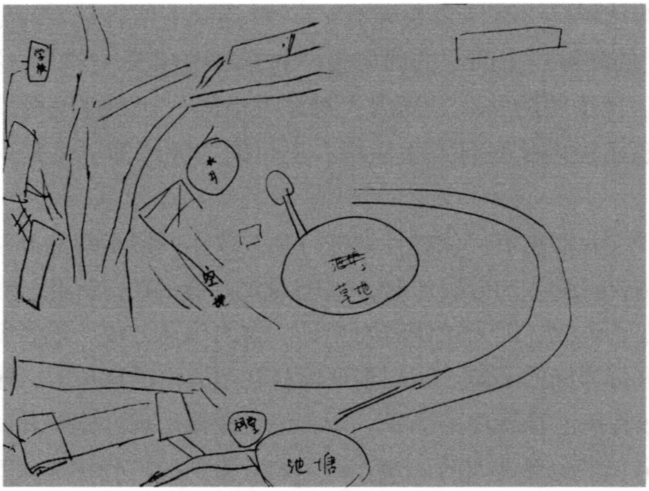

图5-1　叶晓雯绘制西田村落结构图

与此同时，这幅图交代了她在西田村的三种活动体验：第一，草地（晒谷场）空间构筑了她的儿时记忆，她所认识与理解的草地面积远远与现实的规模不成比例，这种比例上的夸大代表了一种感知上的重要性，地理空间承载的是童年的记忆。她所标出的“空地”依然是一个对过去记忆的想象，因为现在西田村在这块“空地”上早已种满了茶叶，来自个体生命的生活空间表述往往充满着主观性的色彩。第二，学校和从家到学校的道路标志比较完善，这是因为西田村的五心小学是她小时候上学的地方，从家到学校的道路更是走过无数次。虽然现在五心小学已经成为村委会驻

① Vincent Vycinas. *Earth and Gods: An Introduction to the Philosophy of Martin Heidegger*. The Hague: Marinus Nijhoff, 1961, p. 84.

地以及西田村居家养老服务照料中心，但是空间命名与内涵的变化并未带来相应的感知上的转变，相反，来自记忆深处的体验与经历定义了这一空间。第三，进村与出村的道路也成为这幅结构图的亮点之一：叶晓雯绘制的这幅图中仅仅标出了这条道路沿途经过的祠堂与池塘，摄影亭、牛栏、观景廊、旺美家庭农场被她一一排除在外——她尚未将这些新近出现的建筑纳入到她所感知的村落整体中。

个体对村落结构的认知体现着个人与村落的关系，或者说个体生命历程与村落空间的重合。叶晓雯对西田村的认知并未包括西田村的田地、新村等空间，因为这些与其个人体验无关，所以也无法体现到她的地方感知的图式中。我们有理由相信，如果每一个西田村村民都绘制一幅西田村结构图的话，那么这些结构图应该是千差万别，各不相同的。虽然是同样的地理空间，但不同的生活世界与情感体验带来的是截然不同的地方感。

如果我们将叶晓雯感知的村落结构图与住建部编制的西田村村落结构图（图5-2）做一比较的话，我们很容易就会发现个体心目中的“村落整体”其实是不完整的，甚至是不规范的。政府部门通过测量、统计、绘图、标志、比例、分类等手段所做出的西田村村落结构图是一种科学认知的产物。如果要在这两者之间比较的话，那么阿摩斯·拉普卜特（Amos

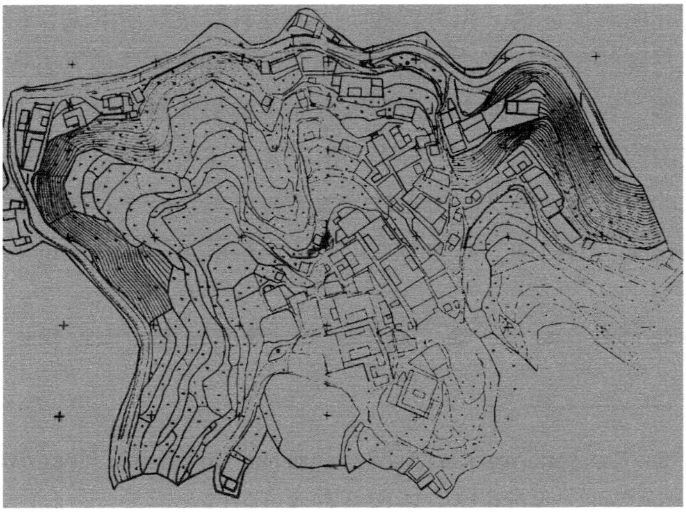

图5-2　住建部编制西田村落结构图

Rapoport）关于原始人与欧洲人是如何认识澳大利亚西北部景观的论述极具启发[①]。局内人的地方感表述来自于无意识的生活经验，被纳入到理解框架的地方要素皆具有重要性和象征性；政府部门的地方感则来自于科学性、功能性和实用性的现代逻辑，毫无情感色彩与生活气息的整体得到了最大化的阐发。

二、集体的策略：村支书眼中的地方

正如上文所述，从个体视野或生活世界来看，被表述的“地方”是充满生命力的。局内人的个体化感知无一例外地囊括了地方景观、活动与功能、意义与象征三个内在互动的地方要素。虽然个体表述的叠加并非集体感知，但是共享的文化体系（意义和象征）在某种程度上提供了集体认知地方的共识性。也就是说，地方在村落集体层面的表述应该更加接近地方认同的核心区域，即地方精神（spirit of place）、地方感、地方天赋（genius of place）[②]。实际情况真是这样吗？整体性的村落是个体感知更高层次的表达吗？集体性地方感知究竟是通过何种渠道获得，又如何被表述的呢？

以村支书为代表的村干部依然是乡村社会的主要代言人，任何带有官方性质的活动与项目总少不了与村支书打交道，“遭遇村支书”也是人类学乡村研究的永恒话题。作为村落空间内具有双重气质的人，村支书对村落的认识与理解无疑带有综合性的倾向。如果说个体的地方表述具有主观意识性，那么村支书的地方表述则带有一定的集体意识性。早在2012年，我们就在山西结识了白杨坡的村支书岳安龙，在松阳项目中，我们又认识了西田村的村支书叶连汉、吴弄村的新老村支书何跃平和叶增标。笔者将通过分析村支书的活动、行为与意识来认识村落整体意义上的地方感是如何表达的。

2015年11月1—2日，第三届中国乡村文明发展论坛在北京召开，在

---

① Amos Rapoport. Australian Aborigines and the Definition of Place. *Environmental Design: Research and Practice*, 1972(1), pp. 3-3-1 to 3-3-14.

② Edward Relph. *Place and Placelessness*. London: Pion, 1976, p. 48.

“乡土文化保护和乡村博物馆建设”的分论坛现场，来自白杨坡的村支书岳安龙以“民俗文化和乡土记忆”为题作了发言。在介绍白杨坡的基本面貌时，岳书记谈到[①]：

> 白杨坡村区位环境是山连山，层层山林紧紧相连，梯田缠绕在山腰间，抬头望望天，太阳占去了半个天。这里只有三分耕地、七分是山，吃饭靠天，出门靠肩担，千百年来，白杨坡村农耕、纺织文化记忆一直生生不息，传承至今。如今家家户户都还养驴，作为自家耕地、打场、磨粮使用；种地用的肥料仍使用驴肥、羊肥、牛肥，种出来的粮食绿色无公害、环保；这里种植棉花，历史悠久，家家户户仍在纺织棉花，家织土布，加工土布床单、土布鞋。

岳书记关于“白杨坡”的这些表述似乎是在描述20世纪80年代的中国乡村，日出而作，日落而息；男耕女织，恬然淡泊的画面跃然纸上。然而，这些描述是否属实呢？ 2015年10月，笔者重访白杨坡时并未见到岳书记所描绘的村落图景，棉花种植、手工纺线与织布都早已不在，全村仅有两头驴，羊和牛在村落里早已不见，更不用说家畜肥料。岳书记在接下来谈到的民俗文化也逐渐失去了传统的文化象征意义。也就是说，岳书记关于白杨坡的真实性表述仅仅局限在地理景观层面，村民活动与意义象征体系基本上都是一个虚假的概念，或者说是“村落过去”的图景。为什么岳书记不描述当下白杨坡的现状，而是以过去的记忆来表述呢？

关于这一现象，笔者暂时“存而不论”，接着回到松阳县吴弄村和西田村，因为同样的地方表述也出现在这里。作为浙西南家族聚居形态的典型代表，吴弄村以其优越的地理位置和地理资源一度成为乡政府所在地。吴弄村是一个比较富裕的村落，因此新建的民居很多，构成了地理空间上的“吴弄新村”，与依据宗族血统和道统理念建造的古民居群——“吴弄旧村”一起共同构成了吴弄村的整体。当时在吴弄村开完村民代表座谈会

---

① 曹瑞整理：《第三届中国乡村文明发展论坛之分论坛六：乡土文化保护和乡村博物馆建设》，2015年11月2日，内部资料。

后，项目组要求老支书带我们去吴弄村走走看看，了解下整体的村落情况。在村干部的陪同下，我们穿梭在“吴弄旧村”，连绵成片的古民居与周边古道古树、古井、溪流、竹园、农田和谐共生，融为一体。在笔者的田野笔记中曾这样写道：

> 在老书记的陪同下，我们对吴弄村整体进行了初步了解，这里出现了一个有意思的事情，那就是何为村落，他们是如何在他者面前定义自我，定义地方感的。老支书和新支书在介绍吴弄村时，或带我们在村里看房子或者资源时，他们无一例外地将吴弄村的地理范畴、心理认同、村落认知定义为传统民居保护很好的旧村，吴弄新村根本不在他们所说的吴弄村整体认知范围内。

在走访杨家堂、靖居口、金村等浙江传统村落时，村支书为我们展示的或他所理解的村落整体性感知也是以古民居为主的传统建筑，日常生活世界被这一地方感范畴所拒斥。岳书记表述白杨坡的策略是一种时间维度上的，何跃平对吴弄村的理解采取的是一种空间上的策略，前者将过去的村落图景作为一种对外表述的模型，后者将部分的村落图景作为对外展示的典范。在他们的集体性策略中，平淡无奇的地理景观、日常生活和村落精神统统被忽视，那些带有历史意味的、来自过去的陈旧之物反而成为村落的代表性符号与象征。

这种策略在当下中国乡村社会是极为常见的现象。为什么集体性的村落感知会出现这种关于地方的错觉，乃至是曲解呢？原因在于共识性或集体性的地方表述的生成机制与个体性的直接体验不同，它的发生学原理在村落外部，而非内部。也就是说，集体或共识层面的地方表述在一定程度上受到大众媒体或外界社会的影响，具有非常强的可塑性和操纵性①。在一定意义上，村落在面对外界社会表述自我时，通常会陷入到一种供需关系的消费结构中，村落固有的差异性与特殊性会伴随“需要”而被挑选。

假设中国传统村落曾经存在过相对封闭的状态，那么那个时候的村落集体感知应该来自内在的发生学机制，共识性地方感知深深根植于地方。

---

① Edward Relph. *Place and Placelessness*. London: Pion, 1976, p. 61.

旅游文化与大众媒体的兴起从意识形态和思想信仰层面将村落从地方的局限性中解放出来，并将其纳入到整体的社会场景中。整体或大写的村落与现代性的都市在一定程度上构成了两种文化体系，村支书的地方表述在面对两者接触与碰撞现象时采取的是一种“互补性分化”[①]的策略。自我与他者的关系被表述为臣服与支配、展示与欣赏的关系，由此形成一种相互依赖的整体性结构框架。村支书表述的村落集体感知模式将走向何方？融合，淘汰还是维持？生态博物馆的介入能否作为一种外来的第三方力量终止这种重复的循环机制呢？这些问题都需要持续的关注来做出回应。

三、概念的隐喻：地方感知的错觉

从认知空间或抽象空间来看地方的话，地方往往呈现出同质性、中立性和无经验性的面向，具体的生活世界被一种人为或社会的建构所取代。如果说个体化的地方感来自于主观的体验，集体性的地方感出于一种分化的策略，那么抽象性的地方感则是一种想象的建构。持有这一地方感的主体不是村民个体，不是村干部代表，而是地方政府。笔者将继续采取“地方感知主体”层层递进的线索，在这一部分审视地方政府是如何认识与理解地方的，并讨论这些表述的合理性和合法性。

松阳是浙西南地区建制最早的县，历史上曾经是浙西南地区的政治、经济、文化中心。在1800多年建制史上，松阳创造了悠久灿烂的农耕文明，积淀了非常深厚的历史文化，是浙江省历史文化名城。截止到2015年，松阳县域已有50个村落列入国家传统村落保护名录。2011年，松阳县第九次党代会确定了“全面推进‘两区建设’，全力打造‘田园松阳’”的战略任务。自此“处州粮仓”“松阳熟，处州足”“桃花源”“金瓯玉盘”“田园松阳”“绿色崛起、科学跨越”“绿水青山就是金山银山”“文化名县”等概念和口号开始频繁成为松阳县的代名词。这些术语与概念的提出对松阳县到底意味着什么，或许这需要另外一篇文章来分析，在此，笔者还是回到生态博物馆群建设的过程中，从项目组与地方政

---

① 〔英〕格雷戈里·贝特森著，李霞译：《纳文——围绕一个新几内亚部落的仪式所展开的民族志实验》，北京：商务印书馆，2008年，第156—163页。

府的接触与互动中审视地方政府是如何表述“县域地方”的。

2015年7月6日，松阳生态（乡村）博物馆群建设暨松阳县政府座谈会在松阳召开，松阳县县长王峻在此次会议中发言说[①]：

> 松阳没有大文化，没有历史文化名人。松阳的特色在于农耕文明的生产、生活形态，老街里打铁、卖秤、弹棉花的店铺等业态也说明了这一点，我们的农业在浙江省GDP占第一位。所以我们松阳县的农耕生产、生活是特色。自从去年四月份开始，我们在讨论松阳县生态文明之路怎么走时提出了一个概念，我暂时叫它为“全县域的农耕文明博物馆”。

王峻的讲话确定了松阳县地方表述的称谓与概念，那就是“农耕文明”。“农耕文明”具体表现为男耕女织、规模小、分工简单、不用于商业交换、村落相对封闭等一系列要素。显然，现在的松阳县全县域内并没有严格意义上的农耕文明村落。首先，从生计方式来看，作为松阳县山地生活形态的代表，酉田村一度被认为是松阳县农耕文明的代表，但是我们通过走访发现酉田村并非如此简单与同质。项目组成员商晨雯在大量访谈的基础上，理清了当下酉田村的主要生计方式，在认知中心的陈列大纲中总结道[②]：

> 最初，酉田村的先民们以种植水稻为生，从播种耕耘到收割加工，辛苦劳作，不舍昼夜。随着时间推移，酉田的村民们不满足于稻谷带来的微薄收入，开始尝试养蚕、养蜂，截止到2015年，村中耕牛只剩一头。现在，村民根据村中实际情况而选择以高山水果和茶叶种植为本村的重要产业。从1997年开始，外地老板开始在山中引进种植翠冠梨，因获利较大而逐渐在全村推广。

---

① 尹凯根据录音和笔记整理：《松阳生态（乡村）博物馆群建设暨松阳县政府座谈会》，2015年7月6日，内部资料。

② 中央民族大学多元文化研究所：《松阳·酉田生态博物馆建设规划方案》，2015年12月，内部资料。

从2004年左右，酉田村开始种植茶叶。因为经济收益比稻谷高，茶叶已经成为村中绝大多数村民赖以为生的产业。

笔者的观察也证实了酉田村正在发生的变化，首先，很多稻作农业的农具早已远离民居的核心空间，被任意地堆砌在民居的二楼，任由其落满灰尘，慢慢腐烂。其次，从严格意义上来说，农耕文明几乎不存在“商品化”的现象，生活形态是一种自给自足的文化形态，但是，现在的松阳县茶产业、水果产业则有系统的产业链条和浓厚的商业化氛围。最后，农耕文明所谓保守与封闭的村落结构也早已瓦解，无论从广义还是狭义范围上来讲，松阳县的村落并非是封闭的。通过访谈，我们发现酉田村的茶会出现在温州、杭州，他们的翠冠梨会出现在县城、嘉兴、杭州等地方。

为什么王峻所谓的“农耕文明”是如此经不起推敲呢？问题究竟出在了哪里？为了回答这一问题，笔者摘录当时的田野笔记，来直观地呈现当时笔者心中所想：

问题出在哪里？要不就是松阳县的50多个传统村落中有的村落还保留了水稻种植技术与传统，这些村落还没有进行深入了解，情况不得而知。但是根据我的推测，这种可能性极小。要不就是王县长口中的“农耕文明”，或潘老师一直强调的“稻田鱼系统”只是一个模糊的概念，也就是农业产值在浙江省GDP产值中占第一位所造成的错觉。要不就是对现有松阳县的情况掌握不够，陷入了一种先入为主的陷阱中，即田园、桃源、古民居、风水、传统等一系列词汇造成的认知与感知上的错觉。

今天看来，这些文字以及文字所反映的思想在评价这一现象时依然是有效的。农业产值与农耕文明不是同一个概念，单纯以统计数据来定义地方是非常危险的。抛开松阳县种类丰富的耕读文化、宗教文化、民俗文化、民族文化、红色文化、风水文化、产业文化等资源不谈，我们重点论述地方政府关于“地方”表述的错觉是如何形成的。

如果延续地方感的层级性论述的话，问题出在表述地方的空间感知模式上。与主观体验和分化策略不同，地方政府对地方的概念表述落入到抽象空间的陷阱里。抽象空间从本质上来说是一种逻辑关系，即空间与地方的描述可以脱离经验观察与实地研究。瑞夫认为这是一种人为想象的自由创造，同时也是象征思维成果的直接反映[①]。在抽象空间里，所有的具体经验感知被统统泯除，用麦克西·杰曼（Max Jammer）的话来说，地方被认为是一种连续的、均质的、同质的、有限的或无限的空间[②]。

我们不能说以“农耕文明”这一抽象系统来统合县域内的不同文化资源是错误的，从更大的范围来看，这也是一种不同地方间制造差异的策略；但是就生态博物馆与地方感知之间的关系来看，地方政府对地方表述的错觉容易将生态博物馆带入到一个僵化的模式中，使其丧失固有的开放性魅力与再生产的可能。

四、生态博物馆：一种他者的地方表述

与上述几种“地方”表述的逻辑略有不同，生态博物馆采取的是一种“计划空间”的认知模式，也就是说，它是一种创造地方的有意识行为。无论是农村规划还是城市建设，再造地方与二维地图空间的功能有关，而非空间的活动体验。与主观的个体性感知（叶晓雯的村落结构图）以及科学的实用性感知（住建部的村落结构图）不同，基于生态博物馆项目的地方感知与秩序再造涉及空间范围内土地使用的效力[③]。从比较的视野中，我们或许能够发现生态博物馆所秉持的地方感究竟是什么。个体性的地方感是局内人的一种主观体验，集体性的地方感是面对他者而分化的一种策略，抽象性的地方感是一种基于同质性的想象错觉，计划性的地方感是一种重新建构地方认同和地方现实的有意识尝试。作为当代“地方运动（place movement）”的一种形式，生态博物馆旨在通过对现有地方景观、村民活动、意义体系的有意识创造，来重构村落生活空间场景中的地方重要性。

---

① Edward Relph. *Place and Placelessness*. London: Pion, 1976, p. 26.

② Max Jammer. *Concept of Space: The History of Theories of Space in Physics*. New York: Dove Publications, 1993, p. 7.

③ Edward Relph. *Place and Placelessness*. London: Pion, 1976, p. 23.

生态博物馆的法国模式在处理县域范围结构上具有非常有效的操作性，但是我们不得不承认，生态博物馆在县域范畴上的地方表述是极为无力的。地理范围越多，地方特色的总结与提炼越困难，内部的差异性存在使得地方表述无法达成共识。浙江安吉生态博物馆群在建设过程中，并未明确提炼安吉县域的地方概念，“名片”往往会带来一种无可挽救的简化地方的危险。正如上文所述，无论王峻如何定位松阳县的特色，都存在着误解和偏差：如松阳县西南部的生态保育主题与三都乡的山区生活形态、四都乡的休闲景观就存在极大的差异。因此，以县域为单位的生态博物馆建设不适宜提炼“地方主题”，开放性的系统结构既能够为具体的生态博物馆运营提供空间与活力，又能够为将来生态博物馆的可持续发展留有余地。

具体到以村落为主体的“小地方”，生态博物馆表述地方的魅力得到了充分体现。换句话说，生态博物馆在表述以村落为单位的地方时，独特的他者眼光颇有洞察力。我们并非在强调他者的地方感知比局内人的村落认知更加深入，而是说生态博物馆以整体性的理论框架更为系统地整合了地方村落。吴弄村的叶石君老人认为吴弄村的特色在于“三叶产业”[①]，从生态博物馆的立场来看，这仅仅是吴弄村整体地方的组成部分之一，水利、古民居、祠堂、教育、新区等一系列要素共同构成了所谓的地方感。因此，生态博物馆的优势恰巧在于它的外来者眼光，在深入田野调查的基础上能够无限接近地方的内在核心——地方精神，并在此基础上把握作为整体的地方感究竟是什么。另一方面，与地方政府的想象性表述不同，生态博物馆表述地方的手段是极为有效的，它通过对切实的地理空间和日常生活的把握，试图在现实的地方场景中“捕获”现实。这种模式在一定程度上克服了“盲目分化”的缺陷，不至于让地方落入到“供需关系”的结构模式中。正如生态博物馆的村落整体展示与体验体系所发生的自我流变与认识转型一样，生态博物馆对地方的表述日益走出所谓的“好古主义”倾向，而逐渐正视作为过程发生的村落现在与未来。从山西平顺豆口村的古建筑要素的挑选，到松阳酉田村的区域性整体表述，生态博物馆表述地方的路径也经历了一个自我反思的发展过程。

---

① 三叶指的是茶叶、桑叶和烟叶。

毫无疑问，生态博物馆的地方感在某种程度上自成一派，究其原因在于它是一种外来理念在地方的表达。也就是说，村民、村支书、地方政府扮演的一种“局内人”和“自我”的角色，而生态博物馆则处于一种“局外人”和“他者”的立场。那么，这种“局外人”的地方表述是否合理有效呢？它对地方秩序和地方意象的理解与建构是否具有合法性呢？或许这需要通过分析生态博物馆的属性以及生态博物馆介入地方的路径来回答。生态博物馆在保护历史、理解历史方面扮演着极为重要的角色，每一个生态博物馆都力图在过去和现在之间创造一种联系。生态博物馆的特殊属性提供了其介入地方的路径。

生态博物馆的内在属性决定了其对地方的表述并非是口头上或言语上的，而是一个“有所为”的行动计划。从上述生态博物馆的评量指标可以看出，生态博物馆对地方的行动是一个整体而综合的复杂体系，如何统合各方关系来构建地方意象成为关键。无论如何，认知与理解地方是任何“地方运动”的前提，生态博物馆也不例外，不过生态博物馆看似提供了地方表述的最佳策略。

第二节 开放与流动：地方社会的自我逻辑

在上文中，笔者从村落个体、村落集体、地方政府和生态博物馆四个角度论述了不同主体是如何认知、理解与表述地方的，显然，它们的逻辑关系存在差异。不仅如此，生态博物馆运动在感知地方时，也遭遇了开放性与流动性带来的挑战。按照里瓦德的生态博物馆图式，生态博物馆是着眼于某个地域范围内部的运动，有具体的地理边界。生态博物馆的地理边界是学界的一个共识，然而，立足于某个地方，从而描绘地方感的理想却在实践中陷入困境。

里瓦德通过传统博物馆与生态博物馆的比较，绘制了生态博物馆的基本图示。生态博物馆虽然涉及居民、景观、遗产、自然、建筑、地理、认同、传统、参观者以及集体记忆等一系列地方要素，但是它却是一个有地域界限和地理边界的文化工具。戴维斯在这一方面并未有所突破，它将生态博物馆看做是博物馆、环境和社区交叉重叠的部分[①]：这个从内到外的生态博物馆同心圆图示的最外边也是地理边界。从生态博物馆自身逻辑来看，回到原初社会来阐释地方文化的尝试足以让新博物馆学界欢呼雀跃；然而，生态博物馆却并非仅是传统博物馆在时代洪流下的延伸，它更像一个区域阐释和地方研究的工具。用福瑞德·卢克曼（Fred Lukermann）的话来说，那就是"虽然每一个地方是独特的，但是它们同时又是整体空间互动与交流体系的一部分"[②]。因此，中国生态博物馆实践哲学除了掌握遗产与博物馆研究的基本理论外，还应该关切地方社会自我的运行逻辑，以及有关地方社会的学术研究成果。就目前的基本共识来看，无论在实际操作层面还是在学术认识方面，地方社会都已从过去封闭空间的想象中解放出来。如果生态博物馆继续抱持着地域局限和地理边界不放的话，那么其结果很可能是会被其他的"地方运动"所抛弃而退出区域阐释的舞台。

该部分内容将把视野转向现实地方社会，探究生态博物馆在面对开放而流动的地方社会时遭遇的困境。笔者将以田野经验材料来呈现开放性与流动性的地方图景，并借此来讨论生态博物馆应如何应对地理边界、社会边界和文化边界的命题。

一、人类学的遗产：村落边界与区域阐释

科学主义的人类学民族志肇始于布罗尼斯拉夫·马林诺夫斯基（Bronislaw Malinowski）研究太平洋岛屿的经历，岛屿与实验室在某种程度上成为整体观察和科学原则得以充分发挥的"试管"[③]。自此经典民族志走上了"限定研究区域"的道路，拉德克利夫-布朗（Radcliffe-Brown）对安达曼岛的研究以及埃文斯-普理查德（Evans-Pritchard）对努尔人部落的研究同样选择了相对封闭的部落社会。这种研究范式在中国体现为社区

① Peter Davis. *Ecomuseum:A Sense of Place*. London and New York: Leicester University Press, 1999, pp. 74-75.

② Fred Lukermann. Geography as a Formal Intellectual Discipline and the Way in Which It Contributes to Human Knowledge. *The Canadian Geographer*, 1964(4), pp. 169-170.

③ 庄孔韶：《中国乡村人类学重要的学术遗产：研究路径与问题》，《思想战线》2016年第1期。

与共同体模式[①]，即将一个村庄作为一个自足的体系，强调内部各组成部分的功能与作用。这种村落研究的路径往往通过交代考察地点的自然地理、历史沿革、人口结构的方式来限定地方范围。细致入微的田野观察曾一度使这种村落研究模式比较盛行，在这一观念中，村落的地理边界与社会文化边界之间的契合关系往往不言自明。

随后，人类学对非洲、南美、北欧、印度、中国等文明社会的研究对上述"村落即是全部"的方法进行了纠正与反思。村落内部的结构关系固然重要，村落与更大社会系统的关系同样值得研究。随后，突破村落边界和扩大村落边缘的研究陆续出现：包括将历史与国家的维度引入到乡村社会的历史与国家模式[②]；将宗族作为一个地方社会的切入点而研究社会区域内部关系的宗族研究模式[③]；通过研究集市网络内的交换关系达成对中国社会结构理解的市场体系理论模式[④]；基于祭祀圈与信仰圈等区域神灵的信仰而形成的祭祀圈与信仰圈模式[⑤]；通过地方复杂的组织关系而建立文化权力网络的杜赞奇模式[⑥]等。虽然这些模式各不相同，而且关系建构极为复杂，但是它们共同带来了解构封闭村落研究的风尚。自此，村落边界、村落边缘、区域研究、国家话语等关键概念成为地方社会研究的关注点。

---

① 社区与共同体有不同的学术来源，前者来自英美社会学与人类学界，后者来自于德国知识界。其中前者强调客观性考察，后者侧重主观性理解。详见杜靖：《九族与乡土——一个汉人世界里的喷泉社会》，北京：知识产权出版社，2012年，第380—381页。

② 王铭铭：《社区的历程：溪村汉人家族的个案研究》，天津：天津人民出版社，1997年。

③ 杜靖：《九族与乡土——一个汉人世界里的喷泉社会》，北京：知识产权出版社，2012年，第9—27页。

④ 〔美〕施坚雅编，叶光庭、徐自立、王嗣均等，译：《中华帝国晚期的城市》，北京：中华书局，2000年，第9页。

⑤ 杜靖：《九族与乡土——一个汉人世界里的喷泉社会》，北京：知识产权出版社，2012年，第393页。

⑥ 〔美〕杜赞奇著，王福明译：《文化、权利与国家：1900—1942年的华北农村》，南京：江苏人民出版社，2003年，第3—4页。

令人遗憾的是，这份来自人类学、民俗学、社会学的学术遗产并未被生态博物馆的相关研究者和实践者所继承。究其原因在于生态博物馆一直以来遵循的是一种博物馆学和遗产研究的学术路径，乡村研究、区域阐释与地方感等话题处于被冷落，甚至被遗忘的状态。无论生态博物馆对村落、县域的地方表述与设想是否真实有效，未来的生态博物馆运动理应与其他社会治理模式一起在参与地方意象重构的同时，关注来自于其他学科有关地方研究的学术遗产。这份突破村落边界的遗产并非仅限于在少数学科内部，而是整个人文学科应该予以重视与继承的。

中国生态博物馆运动关于地方的认知与理解受到西方价值观念的强烈影响。首先，在西方社会中，“景观即地方（landscape as place）”的观点暗示了一种可视化的地方秩序，并作为一种新的范式被博物馆学界所接受[①]。也就是说，地方感和认同感是通过固着在这些有形要素上的意义体系来呈现的，可视化成为地方意象表达的唯一出路。因此，为了把握这些景观特色以及内在的共享文化，边界的确立变得至关重要。这种“景观即地方”的观念使得在有限的地域范围内依据遗产研究和博物馆学的价值体系对村落整体进行全面的展示与体验变得可能。如何在现有村落状况的基础上，通过可见的物来呈现不可见的活动与意义，这也正是传统博物馆的核心价值所在。

其次，迈克尔·赫茨菲尔德（Michael Herzfeld）在对文化遗产进行批判时提出了“全球价值等级体系（global hierarchy of value）”[②]，该论调背后的“发现异域”与“地方特殊性”内涵深刻影响了世界范围内的博物馆与遗产运动。戴维斯根据生态博物馆的西方价值判断，认为地理概念上规模小而自给自足、经济上较为贫困的地方往往具有丰富的地方特色[③]。范围在定义地方特色方面极为重要，小规模的地方是最合适的。需要指出

① Peter Davis. *Ecomuseum:A Sense of Place*. London and New York: Leicester University Press, 1999, pp. 17-18.

② 雷婷根据〔英〕迈克尔·赫茨菲尔德在复旦大学讲座《文化遗产批判与全球价值等级》整理，2014年6月9日。

③ Peter Davis. *Ecomuseum: A Sense of Place*. London and New York: Leicester University Press, 1999, pp. 19-20.

的是，小地方并非意味着原始、落后，而是意味着文化密度更高，其认同和感知更为集中。纵观整个中国生态博物馆实践即可发现，生态博物馆的选址是一个值得商榷的问题：有时候偏重文化的原汁原味（原始），有时候过于缩小地域范围，有时候则乐观地放大地域范围。最后一种情况造成的结果是对地方文化密度关注不够，从而失却了重绘地方的终极目的。因此，由中国生态博物馆实践和现象入手而开展的生态博物馆研究一直没有出现有关地方感的学术讨论也就不足为奇。

虽然有失偏颇，但是西方生态博物馆关于如何发现地方的论调在中国语境下还是得到了切实的执行，如前文所述，经历了二十年的实践，中国生态博物馆经验正逐步接近生态博物馆最初的哲学理念；但事实上，这种对地方的认知理念在生态博物馆实践中遭到了挑战，与其说是生态博物馆关于“小地方”修辞的地方感定位不准确，倒不如说是生态博物馆在转变为区域阐释路径时并未继承人文学科所遗留的乡村研究遗产。在接下来的部分，笔者将以个案研究的方式进一步揭示“小地方”引发的学术思考。

二、“小地方”引发的思考

2012年，笔者跟随项目组走访了山西平顺县的豆口村、白杨坡村和岳家寨，虽然进行了系统的问卷调查和深入访谈，但笔者对三个村落的认识与理解却由于问题意识的缺乏而流于表面。随后，生态博物馆项目组成员基于过程路径的考虑，先后多次重访白杨坡。通过对2012—2015年来关于白杨坡的田野调查的梳理笔者发现：项目组成员所进行的调查与书写并未涉及有关地方与地方感的命题。也就是说，他们对白杨坡的认知仅仅来自于村落内部，并未考虑白杨坡与周边村落之间的关系，这造成了一种地方感知上的错觉。

2015年，笔者以地方感为切入点重访白杨坡，重新认识生态博物馆如何应对“小地方”这一命题。与之相关的基本问题是：如果生态博物馆对“小地方”的偏好是因其“文化特殊性”，那么地方社会是如何对其阐释的呢？如果生态博物馆运动在“小地方”得以实践，那么地方社会在现实层面上的互动与联系如何能够兼顾呢？

白杨坡书记岳安龙曾经就“太行三村”——白杨坡、豆口村和岳家寨的生态博物馆发展前景进行过比较，并表达了自己对白杨坡未来发展的强烈信心[①]：

三个村子的生活方式不一样：岳家寨是属于山寨生活方式，豆口村是属于开放型的，没有集体观念，白杨坡属于山村，比较有集体观念。白杨坡建新房由村委会控制，房子坏了由村委会来维修，这个（民居面貌）大局不会破坏，而在豆口是你建你的博物馆，我建我的房子，形成不了一体化。

从岳书记的地方认知和比较视野中我们能够发现，白杨坡在地理范围上的有限性和在集体文化上的内聚性的双重特色保证了生态博物馆实践的可能性。在生态博物馆看重“地方特殊性”时，地方社会对此的表述可能更多考虑的是现实的可操作性和未来发展的可能性。生态博物馆在面对白杨坡时，独特的非物质文化遗产和山区民俗文化形态是重要的切入点。与此同时，在面对生态博物馆契机时，村支书考虑的是如何借此机会构建一个他者心目中的“自我”，并由此实现长远的发展。

在讨论完“生态博物馆”与“小地方”之间的互动阐释之后，我们将在此基础上回到地方社会的现实，来验证“聚焦于某一个村落的生态博物馆”是否能够兼顾地方社会自我运行的逻辑。

2015年，笔者在重访中发现，白杨坡的社会结构并非如他们所描述的那么完整。从村落沿革的官方记载来看，白杨坡在行政归属上始终处于变动的状态。明嘉靖八年（1529年）陈卿农民起义失败后，明朝统治者割黎城、潞城、壶关地31里设平顺县[②]，白杨坡归属平顺县豆口里（今豆口村）。其后，白杨坡村的行政归属也时有变化。建国后，白杨坡村属平顺县第三行政区王家庄乡。2000年乡镇合并，白杨坡村独立为行政村，划

---

① 张册册根据访谈录音整理，2014年8月，内部资料。

② 焦宝林编：《长治史话》，临汾：天马图书有限公司，1999年，第14页。

归平顺县石城镇管辖[①]。也就是说，白杨坡曾经一度在行政管理上隶属于豆口村。2012年，项目组第一次来白杨坡时，进村的唯一一条公路即是从豆口村通往白杨坡。不仅如此，在白杨坡的村口可以看到豆口村的全貌。然而，我们是否可以得出一个结论，即白杨坡因其历史归属和现实联系而与豆口村之间存在密切的互动关系呢？2012年笔者是这么认为的。然而，2015年的重访改变了笔者的认识。2015年，另一条公路修建完工，进村路上经过东庄，视角上的可见性和秩序上的清晰性让笔者在访谈的过程中产生了一个想法：白杨坡与东庄之间是什么关系？

的确，在现实生活中，白杨坡与豆口村之间的关系并不明显；相反，他们与东庄、王家庄之间“打交道”是极为频繁的。随着访谈的深入，笔者逐渐理解了白杨坡在当地社会中的地位。根据岳铁堂的说法，白杨坡是东庄人历史迁徙的产物[②]：

> 白杨坡是300年前东庄人在这边开荒、种地，逐渐留下来在这里定居而形成的。两个村庄之间的交往非常多，这两个村子和豆口村完全不是一个系统的。

虽然无法说明彼此不一样的系统究竟是什么，但是其他村民的回答进一步坐实了上述观点。为了解白杨坡与周边村落之间关系，笔者访谈了岳和气，岳和气谈到[③]：

> 50年代，我们属于东庄。好多亲戚都在东庄，红白喜事都得去，和东庄打交道多。小孩上学也去东庄，铁堂的孙子就在东庄上学。前些年基本都去东庄买东西，村里没有小卖部，东庄有三四个小卖部。我们村小，买东西都去外面，现在一般去石城镇、林州。以前的时候二月二豆口龙庙会，摆摊三天，三月三在

① 山西省平顺县人民政府：《中国传统古村落保护与抢救工程白杨坡村申报材料》，2014年，内部资料，第55页。

② 尹凯根据录音和笔记整理，2015年10月24日，内部资料。

③ 尹凯根据录音和笔记整理，2015年10月25日，内部资料。

林村（今林州）有一个市场，农历七月十八、十月二十四在林村也有集会。

面对同样的问题，岳根生谈到[①]：

白杨坡村子太小了，没法满足需要，没有药店和小卖部，很不方便。小米、玉米加工，日常生活品购买都要跑东庄和王家庄。

通过这些田野调查材料我们发现：无论是在文化体系、市场体系还是社会体系上，白杨坡并非是一个典型的“自给自足”村落共同体。虽然之前生态博物馆所涉及的大部分村落都或多或少地与周边村落，乃至更大的文化网络之间存在关系，但是没有哪一个能够像白杨坡如此依赖于周边村落。换句话说，白杨坡的“自我”实际上处于更大的地理范畴内，其文化结构是在更广袤的区域内完成自我组织与实现的。因此，当生态博物馆触及到村落文化的地方本质，也就是地方精神或地方感时，基于“景观即地方”的西方价值认同的路径遭遇到了困境。如果生态博物馆以村落的地理边界来圈定实践与思考的范畴，那么可能会犯错误，即村落的社会文化边界实际上在很大程度上与地理边界是不一致的。生态博物馆在制造地方感的同时，也将其限定在了它所能控制的地域范畴内。显然，如此捕获的地方感并不符合地方社会的自我逻辑。

地方社会由地理景观、村民活动和文化体系三部分构成，生态博物馆在理念上试图通过一系列的地方意象的再造来理解地方的文化体系；然而它介入的路径与方法却止于地方景观，因此，这就造成了生态博物馆与地方社会自身运作逻辑相悖的现象。小规模（或小地方）并非意味着地方特殊性的简化，相反，它仍然是一个多面向的概念[②]。我们不能说生态博物馆在处理地方感时失败了，也不能说白杨坡提供的经验没有普遍的解释

① 尹凯根据录音和笔记整理，2015年10月26日，内部资料。

② Peter Davis. *Ecomuseum: A Sense of Place*. London and New York: Leicester University Press, 1999, p. 20.

力，问题的关键在于生态博物馆的博物馆路径在解释地方社会时并未借鉴有关区域研究的成果。

如何能够兼顾生态博物馆的实践路径与当地社会自我逻辑之间的关系恐怕是未来生态博物馆需要应对的重要议题。

三、感知在别处：流动中的地方

生态博物馆在制造地方感的过程中不仅遭遇到了村落边界与村落开放的困境，而且还遇到了市场化和商品化所带来的关于物与人的“流动性”议题。有关地方的流动性思考受到了全球化浪潮下艺术品流通研究和阿帕杜莱关于物的社会生命史研究的启发：艺术品的研究除了静态的物质文化与艺术史解读外，还应考虑它在社会中的流通状态。同理，整体性的地方感知不仅要在地方的村落场景下考虑村落的村民，还应考虑物产的种植、技术、劳作与收获环节在当地商业体系和市场链条中的地位。这种兼顾“居”与“游”的整体范式回应的是伊曼纽尔·沃勒斯坦（Immanuel Wallerstein）所说的“资本主义世界体系”与格尔茨所强调的“地方性知识”所形成的内在张力。对此，笔者将以松阳县酉田村和吴弄村的调查来说明地方感的获得不仅仅局限于所谓的“在地化”视野，还应当考虑流动中所生成的多重资本对地方感的影响与塑造。

生态博物馆建设的入户访谈表中有关于人口结构与生计方式（主要经济来源）的问题设计，走访的调查问卷能够为我们提供这方面的材料。通过项目组成员商晨雯整理的酉田村人口结构表（表5-1）[①]，我们可以发现，走出酉田村的村民慢慢增多，人口的流动不仅为酉田村带来了经济收入上的可见变化，也带来了文化层面上的冲击与变迁。如传统的祝寿已经从过去的村落事件演变成了现在的县城酒席。因此，地方流动性或者说地方感的不确定性首先来自于人的流动，这种流动带来的是一种关于村落如何在现代大众传媒的他者印象中定位和表述自己的思考。

---

① 商晨雯整理绘制：《酉田常住人口数量以及酉田村民的务工情况图》，详见中央民族大学多元文化研究所：《松阳·酉田生态博物馆建设规划方案》，2015年12月，内部资料。

表5-1　西田村流动人口基本情况表

人口及务工分布	人数	备注
在外地经商	30（10%）	很少回来
在杭州打工	30（10%）	偶尔回来
在县城打工	60（20%）	可以经常回来
在村中常住	100（35%）	多为老人，在家种茶、种水果
其他	82（25%）	
总人口	302	

除人口的流动对地方感知的影响外，生计方式的变迁在某种程度上也改变了村落的地理景观，甚至造成地方认知的误解。也就是说，西田村在时间维度上的持续性流动体现在生计方式的变迁上。根据访谈表可以看出，目前西田村村民的基本经济收入以茶叶和果园种植为主。叶昌法在访谈中为我们梳理了西田村生计方式的变迁历程①：

20世纪80年代以前，整个村庄都是种水稻的，包括高杆、低杆、杂交，一亩五六百斤，最后到了八百斤到一千斤。1998年，别处来的老板在1号民居左边那片山地进行了承包开发，共有504亩，在山中引进种植翠冠梨，因获利较大而逐渐在全村推广。2000年，农民个人开始承包，种梨树、桃树等。茶叶的大规模种植开始于2004年，水稻和茶叶是用同一块土地，这也就造成了水稻种植的大量减少。村中主要种植的茶叶种类有黄金芽、龙井、白茶、乌牛早、土茶等。

叶昌法为我们呈现的西田生计方式变迁图景是很有帮助的，这不仅让“农耕文明”的假说不攻自破，而且还提供了一种关于生计方式与日常生活之间不对等关系的思考。正如笔者在田野笔记中写到的那样：

从村落的外表看起来，西田民居的摆设，以及基本的设备、

① 尹凯根据录音和笔记整理，2015年7月7日，内部资料。

生活风格基本上还保留着农耕的传统，但是他们的生计方式却变了，这就提出了一个问题，即村落存在生计方式与生活方式之间不对称的关系。有时候一种生活方式会因为来不及改变，追不上生计方式的节奏，而呈现出外在认知的错觉。这貌似可以为这种认知上的错觉提供解释。

生计方式在时间上的变迁与流动带来了局外人对于村落地方价值认同的错觉。我们可能暂时无法回答生计方式与生活方式不对等的原因，在实际的生活世界中，生计方式的流动被生活方式的固化所掩盖。生计方式的内在流变不仅带来了关于地方感错觉，还将村落与外界社会联系在一起。这些基于物的商品化和市场化的产业链条同样影响了关于地方的自我感知，甚至再生产了西田的地方景观与地方精神。产业的空间流动再一次加深了地方感的复杂性，品牌的文化资本或者收入的经济资本会对村落产生某种反作用，带来一种衍生于别处的另类地方感。

根据叶宗水的说法，西田村的茶叶加工已经走上了市场化道路，出于“销售目的”的考虑，机械化代替了手工加工。茶叶销售渠道有二：一是在乡镇进行散卖，二是将没有包装的茶叶运往县城，通过快递寄往杭州等地。根据地方政府官员的一些说法，松阳县的茶叶产业尚未有比较出名的品牌，安吉的白茶基本都是来自松阳，甚至松阳县的茶叶被运到山东，当做日照绿茶来卖。西田村的翠冠梨则是比较有名的品种，特有的气候让西田村的翠冠梨销往浙江省内和贵州等地。这些处于流动状态的“物产”是以经济收益的形式影响西田村地方景观的，无论是附近的山地还是村落的田地，果树与茶园所形成的景观从某种意义上来说是被“别处交换”的经济资本所形塑的。

“别处”带来的地方感知还体现在另一个方面，那就是所谓的文化资本的影响。吴弄村的“松北大烟”曾在1915年获巴拿马万国博览会奖章，1929年获浙江西湖博览会优等奖，2008年收录于松阳县非物质文化遗产条目[①]。在村民代表座谈会上，叶石君曾总结说“吴弄村最出色的资源在于

① 叶坚红主编：《吴弄村志》，北京：光明日报出版社，2014年，第67页。

三片叶——茶叶、烟叶和桑叶”[①]，但现在的吴弄村已经几乎没有烟叶种植（除叶石君家），更没有桑叶种植。这些曾经的“光辉岁月”却一直萦绕在老一辈的村民脑海中，继而演变成为地方特殊性的标签。如果说流动的物产是通过当下进行时来影响他者对地方的感知，那么遥远过去的荣耀则是以记忆为载体来左右地方的界定与理解。

“生活在别处”，法国诗人让·尼克拉·阿蒂尔·兰波（Jean Nicolas Arthur Rimbaud）的经典哲学告诉我们彼处才是有梦、有诗、有艺术的地方，这种时间距离和空间距离上的他者与流动恰恰弥补了此处的现实境况。对于“地方感”而言，道理同样如此，认知与理解地方可能需要我们走出地方，在时间和空间上的“别处”来探寻与沉思。

第三节　制造地方：生态博物馆何以可能

正如上文所述，生态博物馆关于地方的表述仅仅是多种地方可能性的一种，并且面临着开放与流动的挑战，因此，它关于地方感的塑造是如何可能的呢？论及此处，我们不免失落，因为这一充满矛盾与争议的问题几乎宣告了生态博物馆的破产。地方感的认识错位和地方边界的变动无时无刻不在挑战着生态博物馆这一外来事物的脆弱神经，似乎在嘲讽它的梦想和现实之间的巨大反差。为了自身的解释力与权威性，难道生态博物馆应当继续将自己依附于博物馆学的传统界限内，置区域阐释于不顾吗？这远远不是一种有社会理论追求与抱负的研究应该持守的姿态。地方社会与乡土本色作为中国民族或文化价值的承载之地，需要多学科的介入与诠释。其中，在制造地方的学术脉络中，生态博物馆是作为一种遗产话语而出现的，并试图完成对地方的表述与重塑。

从某种程度上来说，生态博物馆是一种介入地方的文化工具，致力于发现地方与重绘地方。在笔者看来，生态博物馆为地方话语的表达提供了另外一种可能性。20世纪以来，中国地方社会的话语表述有两种方式：

---

① 尹凯根据录音和笔记整理，2015年7月3日。

文化阐释和社会分析[①]。前者对于地方社会的关切来自于中华民族精神或价值层面，试图从中国传统的乡土社会提取中国人的“乡土性”或“人观”；后者对地方社会的表达则来自于社会转型的感知，试图从微观层面探寻社会改造与重建的“乡土运动”或“复兴之路”。从20世纪末以来，学术界对于地方社会的表达出现了第三种潮流，那就是以博物馆与遗产研究为代表的生态博物馆路径。

如果我们把生态博物馆置于中国地方社会的叙事脉络中来审视，那么何为地方，以及生态博物馆与地方感之间的联系将是重点讨论的内容。在这一节中，笔者将首先从几个方面来定位地方的本质，为生态博物馆提供一个相对稳定的结构统一体；随后，笔者将回到田野材料本身，以此来感受地方社会是如何重新发现历史感与界定地方感的；最后，笔者将从生态博物馆和地方之间的关系入手，讨论生态博物馆在制造地方感上的合法性，以及可能遭遇的危机。

一、地方的本质及其意义

从本质上来说，地方是一个复杂的概念体系。约翰·多纳特（John Donat）告诫我们理解地方应该注意：“地方是一个多层次的认同概念，我的地方、你的地方、街道、社区、城镇、县域、省份、国家和大陆，同时地方在分类等级上并非严格一致，而是彼此之间相互重叠与渗透，并且具有多重阐释的开放性。”[②]地方层次的复杂性与多样性似乎让我们有点不知所措、无从下手。来自局外人视角的“生态博物馆”作为地方表述与地方重塑的一种文化工具，其感知地方的合法性与合理性究竟何在？在回答上述问题之前，了解地方的本质或许能够为我们提供打开地方之门的钥匙。瑞夫从现象学方法（phenomenological methods）来理解地方的研究路径为我们提供了借鉴，即将“地方”作为多重的体验现象，并考察地方的不同特质，如位置、景观、时间、情感、社区，以此来揭示地方的意义和

① 张原：《从“乡土性”到“地方感”：文化遗产的现代性承载》，《西南民族大学学报》（人文社会科学版）2014年第4期。

② John Donat. *World Architecture 4*. London: Studio Vista, 1967, p. 9.

本质[①]。这些不一样的体验看似属于理解地方的“要素范畴”，实际上却构成了理解地方的多重层次。

毫无疑问，地方首先是一个在地图和现实双重维度中的存在。地理位置意味着一定程度上的地方特色与文化属性，地理位置与方位的选取与确定在一定程度上预设了生态博物馆制造地方的大致方向；也就是说，宏观上的地理位置不仅验证了生态博物馆的哲学理念，而且还从常识性的层面为生态博物馆的主题定位提供了基础。与其他的社会理论相比，生态博物馆虽然是一个西方的舶来品，但是它与地方社会天然的亲缘关系使其迅速完成了本土化的蜕变，而这些实践又丰富了它的国际视野。

确定了一个地方的地理位置，接下来则是地方景观。无形特质和岁月变迁增添了地方社会的复杂性，但是地方景观却是有形的、可视的。无论是建筑物还是自然风貌，表面或外观是地方最为明显的属性之一[②]。地方景观让生态博物馆运动成为可能，正如上一章节所述，生态博物馆的资料信息中心或认知中心，以及村落整体展示与体验体系的关键在于使地方社会可见。更进一步来说的话，地方景观与生态博物馆之间存在着两种基本的结构关系：一方面，生态博物馆将已有的民居、祠堂、田地、山地、学校、水井、水渠、河流、发电站、手工作坊、小卖部、古道等村落文化要素以广义的文化遗产概念纳入到展示与体验架构内，使地方社会的价值或文化成为可以观察与体验的对象。这种结构关系的前提假设是地方精神或地方感内在于地方景观中，通过对景观的切身体验能够获得地方最本质的内核；另一方面，生态博物馆也在制造地方景观，比较有代表性的是人为建立或改造的资料信息中心或认知中心，当然还有一些其他的人造景观，比如西田生态博物馆的牛栏空间、摄影亭、观景廊等。如果从全局性的视角考虑，这种景观再造当然也是地方现代性发展的过程与见证，有吸引他者、展示自我的内在逻辑。

除了地理和空间维度外，时间也是理解地方本质及其意义的关键要素。从某种程度上来说，时间对于地方来说是一种“甜蜜的悲哀”。甜蜜的是地方社会的个体或群体会随着时间的发展而加深彼此之间的情感，同

---

① Edward Relph. *Place and Placelessness*. London: Pion, 1976, p. 29.

② Edward Relph. *Place and Placelessness*. London: Pion, 1976, p. 30.

时会提升关于地方认知的地理学或社会学感觉或知识，让地方作为一个保持差异性的结构整体。悲哀的是时间也是一个瓦解地方社会的有力武器，现代性带来的是地方社会人群的流动与消散，更为重要的是都市化和工业化价值观的持续入侵，这导致了地方社会原有传统信念的失效与崩塌。如何应对时间流逝对地方社会造成的冲击是生态博物馆亟待解决的问题，回顾中国生态博物馆运动历程，或许文化遗产的“营造”正在激发人们去珍视或构筑地方社会与情感意识的关联。在西方社会中，仪式往往起到巩固地方情感的持久性作用，在中国地方社会，民间活动或习俗则具有同样的效力。“刮街”是山西平顺县一带正月十六全民进行的一项民俗活动，在太行三村生态博物馆的豆口村和白杨坡还有保留。岳安龙在介绍这项活动时说：“刮街其含义是人们集中起来，借助神仙等各种力量，将村中潜藏的妖魔鬼怪、邪恶污秽，驱赶出村去，以求一年平顺安康。”[①]如果从地方感的角度来审视这一民俗活动，它的作用类似于西方的宗教仪式，即从象征性与合法性层面再次界定地方，同时让下一代知晓地方的边界[②]。地方社会的民俗活动之所以被纳入到生态博物馆的架构中，恐怕其意义就在于此。

除了地理位置、地方景观和时间流逝外，个体情感、集体意识等要素也是定义地方本质的关键概念。地方本质究竟是什么呢？瑞夫认为地方的本质并非来自于位置、功能、社区、体验等要素，而是一种将地方定义为人类生活中心的强烈无意识的意向性（intentionality）[③]。瑞夫的表述为我们剖析了地方的层层结构，并将地方本质等同于地方精神或地方感，这无疑是正确的；但是他却犯了一个致命的错误，那就是割裂了地方表象与地方感之间的联系，让地方感成为一种无法获得的“无意识想象”。地方感在瑞夫的研究中成为一个没有路径可以接近的空中楼阁，虚无缥缈，这种有关地方的现象学解读在探求真理的同时，也向一切试图重建地方的运动提出了挑战。

在面对地方时，我们应该如何认识地方的无意识的意向性呢？毫无疑问，它构成了地方得以持续存在的关键环节，也是地方图式中最深层的哲

① 尹凯根据录音和笔记整理，2015年10月25日，内部资料。

② Edward Relph. *Place and Placelessness*. London: Pion, 1976, p. 32.

③ Edward Relph. *Place and Placelessness*. London: Pion, 1976, p. 43.

学沉思。但是，地方的本质及其意义作为一个文化整体论的隐喻，在面对社会过程或社会运动时，却显得相对无力。因为它将某种地方的“感觉结构”塑造成一种总体的生活方式，由此生成的地方感对于局外人来说必然是排他性的，并且在某些方面对局内人也是压迫性的[①]。也就是说，由地方本质延伸出来的无意识性的地方感在某种程度上是拒斥作为过程的外在变迁的。类似于“地方性知识”的文化观念图式与类似于“地方感”的社会关系结构在认识上的错位具有天然的解释力，成为指责任何试图制造地方秩序的社会运动的说辞。

如果用地方本质及其意义来指称这种“无意识的意向性”的话，那么，我们发现，认识地方本质及其意义的内涵和局限对于理解生态博物馆与地方之间的关系具有极为重要的价值。这些理论层面的概念之争至少为我们理清了生态博物馆运动与地方本质以及意义之间的认识论差异，以及它究竟在地方社会的哪一个层面发生效力。

接下来，笔者将回到生态博物馆与地方社会遭遇的社会关系场景中，探究生态博物馆实践是如何从博物馆与遗产研究的路径上来制造地方景观，从而试图触及地方本质及其意义的。

二、地方景观：生成中的历史感与地方感

为了回应经典民族志对“变迁主题”的书写，中国人类学界素有“田野重访”的传统。重访是一个极为重要的民族志研究方法，其意义远不止于变迁的比较研究，在笔者看来，重访是一个发现问题、重构理论的过程。如上文所述，2015年10月的重访给笔者带来很多意想不到的收获。在这个过程中，笔者注意到村落社会正在悄然进行一场再造地方景观的运动。

人类学理论与方法的训练培养了田野工作者的洞察力，哪怕一些细微的变化也会被他们轻易捕捉到，并在此基础上以小见大。再次来到白杨坡已是夜晚，司机抽着烟肆意地在山路中行驶，车窗外途经的村落让笔者意识到这条路并不是三年前曾经走过的。村支书的回答果然验证了笔者的

① 〔美〕戴维·哈维著，胡大平译：《正义、自然和差异地理学》，上海：上海人民出版社，2015年，第26页。

猜测，2015年秋天通往白杨坡村的新公路正式开通，这条入村的道路“正式”联结了东庄与白杨坡。第二天一早，笔者就迫不及待地在村里找寻白杨坡这三年来发生的变化。

首先是白杨坡有了两个入村口，三年前来白杨坡时，入村仅有一条道路，那就是从豆口村到白杨坡的山路。在村口的两边耸立着两个指示系统，那就是象征农耕文明和传统生计方式的犁与耧（图5-3）。新建的村口同样模仿了之前的结构与造型，唯一不同的是两边的象征符号变成了纺线车和织布机，代表的是传统村落的手工纺织（图5-4）。在白杨坡的边界地带，这些极具指涉性的人造景观在一定程度上向外昭示着传统农业社会的文明图景。犁与耧象征是男耕，纺线车与织布机象征的是女织，两者共同建构了白杨坡的地方想象——一个“男耕女织”的山地村落。正如上文所述，男耕女织在白杨坡早已成为过去，棉花种植在20世纪90年代退出了历史舞台，纺线车和织布机也相应地废弃掉：这些物件有些被收到平顺县博物馆，有些被放置在游客接待中心的大厅里，有些则暂时存放在正在新建的乡村记忆馆里。以传统的犁、耧为主要耕种工具的生计方式也慢慢被现代化机器所取代，笔者在白杨坡期间曾跟随岳和气去田里烧柴禾，翻土使用的是电动的翻土机，驴子拉犁的画面也渐渐消失在乡土社会中；白杨坡以犁与耧、纺线车和织布机作为村落边界的地方景观，从整体上为外来者塑造了独特的地方感，即“男耕女织”的乡村图景。

其次是村落内房子的变化，在对村落进行走访的过程中，笔者发现“泥墙黑字”的口号与标语随处可见，一时之间让人分不清这些是过去的历史残留还是当下的有意为之。直到有一天看到了正在工作的场景，这个

图5-3　白杨坡村口的犁与耧

图5-4　白杨坡村口的纺车与织机

谜底才揭开。那一天，笔者远远看到两个人在一座房子旁边搭脚手架，原以为是下雨天修房子，没想到是在往墙上写字——原来这就是“泥墙黑字”的真相。为了全面记录白杨坡制造历史感的“文字景观”，笔者特将墙上的口号与标语摘录如下：

全心全意为人民服务；伟大的领袖毛主席万岁；下定决心　不怕牺牲　排除万难　争取胜利；社会主义好；军爱民　民拥军；忠于毛主席忠于党；抓革命促生产；农业学大寨；工业学大庆；战无不胜的毛泽东思想万岁；自己动手　丰衣足食；学习雷锋好榜样。

在白杨坡戏台的山墙上，笔者看到文字描述了村落过去集体建房的传统，这些新近写在墙上的字似乎在向传统致敬：

公元壹玖捌零年　旧戏台又重新建　小工每日两毛叁　搬石担土和垒岸　大工每日叁毛叁　自带锯刨凿斧钻　男女老少齐上阵　总共投工壹仟叁

这些极具时代特色的口号与标语为白杨坡营造了一种红色的历史感，在全面反思“文化大革命”、“大跃进”和“人民公社”的时代，偏远乡村却热衷于重新制造这些毛时代的记忆与图景。与计划生育突兀的政治宣传标语不同，这些极具历史感的口号和标语因为泥墙的陪衬而显得自然与真实（图5-5—图5-8）。笔者在与岳和气进行访谈的过程中谈到了这一问题，岳和气漫不经心地回答揭开了这一谜团[①]：

这些字都是支书安龙为了搞旅游最近找人写上去的，用我们的话说是“仿旧”[②]，你看到那些房子的外观也有变化，瓷砖都换成了石板，砖房都用泥涂抹了外墙。

① 尹凯根据录音和笔记整理，2015年10月25日，内部资料。

② “仿旧”一词来自于笔者与岳和气的访谈，指的是为了达到某种目的而故意将一些新东西做旧。

图5-5　白杨坡口号标语之一

图5-6　白杨坡口号标语之二

图5-7　白杨坡口号标语之三

图5-8　白杨坡口号标语之四

这些正在生成与制造的地方感和历史感究竟效力如何呢？是拙劣可笑的把戏，还是确有其事的真实？在笔者看来，只要细细地审视与交谈，很容易就可以看出这些停留在表面上的地方景观的现代性与有意识性。然而，外来游客如何看待这种外在的景观呢？笔者在白杨坡逗留之际恰巧遇到来自安阳的一家人，每逢节假日他们就会来山西的乡村自驾游，寻找一种自然而安静的感觉。在白杨坡的游客接待中心吃完午饭后，笔者陪他们在村里走走，他们对白杨坡的景观比较满意，在处处可见的带有历史感的口号与标语前频频按下快门，也认可了白杨坡的地位与价值。他们并未就这些口号与标语的真实性提出质疑，更没有探究白杨坡一直宣扬的“男耕女织”的传统图景的真实性。在他们走遍村落后的失望源于“可看的”东西太少了。

除了村落的象征符号和口号标语外，白杨坡的另一个变化来自于建筑物的修建。2003年，白杨坡游客接待中心开始修建，建成之后，它的任务主要是承担上级领导的接待工作，还有一些零星的游客。从命名与称谓上来说，游客接待中心是服务于上级领导和外来游客的，这一建筑物被当地人称为“宾馆”，因此，游客接待中心与白杨坡的普通老百姓是无关的。从日常运作来看，接待中心的两位“看管员”来自附近的遮峪村，夫妇两人每月工资共计3000元①。这一行径引起了白杨坡村民的普遍不满，这在某种程度上加剧了接待中心与白杨坡村民之间的“距离感”与“陌生感”。另外正在建造一座名为“乡村记忆馆”的二层小楼，位于游客接待中心的对面，与“乡村记忆馆”一起修建的还有几个大水池，这被当地人称之为“四喜潭”②。“乡村记忆馆”在白杨坡生态博物馆的体系架构中是作为认知中心而存在的，它与游客接待中心共同构成未来旅游发展的第一站。“乡村记忆馆”在收集、保存、展示当地社会文化记忆的同时，也作为一处地方景观出现，主题的定位与选择清晰而明了地呈现了关于地方的感知与想象。

白杨坡并非特例，上述发生的种种现象是当下中国村落的普遍写照。纵观正在生成的地方景观，我们发现这些彰显文化传统、历史感知和地方图景的再造运动与其说是受惠于生态博物馆理念的介入，不如说是当下中国社会的一种集体意识的表现。来自官方机构的“休闲农业”“乡村旅游”“一村一品”“历史文化名村”“最美休闲乡村”等名目繁多的评选活动，来自现代社会对“乡愁”的无意识向往，来自学术界对地方命运的担忧共同形塑了地方对差异与独特的狂热。我们应该如何评价这些村落社会中广泛存在的、企图愚弄他者的景观再造运动呢？

---

① 尹凯根据录音和笔记整理，2015年10月24日，内部资料。

② 尹凯根据录音和笔记整理，2015年10月23日，内部资料。

地方景观的再造从本质上说分为两种方式：一种是基于自我生活世界的无意识制造，其直接目的是为了满足个体或群体的文化所需；另一种是基于他者社会关系的有意识制造，其直接目的是为了获得某种外来的资本。上述白杨坡正在生成的带有历史感与地方感痕迹的景观再造活动属于后者，是一种有意识的自我创造与发明。遗憾的是，这种来自于局内人的有意识思考与实践类似于一种"战斗的特殊主义"，其重建活动缺乏一种宏观的"全球抱负"与"整体观念"。这导致了看似忠诚于地方的实践活动最终将地方置于相对弱势的、被消费的位置上，抽象政治学层面的等级与背叛随之而来。

三、制造地方感：生态博物馆的合法性论证

比较三种地方主义的学术运动，我们能够发现彼此之间的区别与联系。作为一种抽离文化要素的浪漫主义风尚，地方的文化阐释始终被民族国家的政治裹挟。专注于地方社会结构与组织分析的社会学理论往往将地方形塑为一种较之于官僚体系的"非正式对反结构"。生态博物馆的博物馆与遗产研究路径与上述两种地方主义潮流不同，它在地方社会建立一个多方关系接触地带的同时，实现了地方社会"在地化"的展示与传播。无论在博物馆的流变谱系中，还是在地方主义的脉络中，生态博物馆的生命力在于对原初社会的再次发现与再造，其基本的操作模式包括博物馆空间场景的集中展示和村落现有资源的解说与体验。

从宏观层面来讲，生态博物馆在制造地方感时有两方面的考量：一方面让差异性的地方变得富有秩序和真实可感；另一方面将地方作为经验世界的组成部分，逐渐清晰化并最终达到对全局的理解。作为一种开放的体系，生态博物馆其实兼具总体性视角与特殊主义，作为一种外来的文化工具，这是其能够在制造地方上发挥效力的关键所在。

为了论证生态博物馆在制造地方感上的可能性与合法性，我们首先需要理清地方社会的基本图景，以及生态博物馆在地方感塑造中的位置。地方社会中最核心的要素当属具有无意识性和意向性的地方本质及其意义，这一深层次的地方文化环节具有比较明显的理念型（ideal type）特质。在现实层面中，这种本质及其意义是一种无法传播与展示的存在，它有两种

获得途径：一方面是靠局内人的无意识实践与体察，另一方面靠可见的地方景观来书写与感知；前者虽然真实但却无法言明，后者却始终处于一种无限接近的状态。从某种意义上来说，作为“意义之网”的母体，地方本质及其意义成为衡量制造地方好坏的评价标准，这也是那些不考虑地方文化法则的乡村运动失败的原因。

然而，制造地方仅仅靠地方本质及其意义的文化发现与阐释是远远不够的，浪漫主义的乡村运动为何失败，究竟原因在于它将中国社会的广大地方社会作为无差别整体来讨论，是一种二元论的简单图式。因此，地方本质及其意义的获得就仅剩下一条路可走，那就是通过地方景观和生活体验等社会学路径来解读地方社会的内在精神与气质。这条路径将理解地方的视角从文化阐释转向社会分析，即我们如何通过地方感的制造来获得地方本质及其意义。

地方感可以分为两种，一种是无意识的地方感：即主体与客体、个体与地方、地方多样性统统被体现为完整而互动的关系本身①。这样的地方世界充斥着地方精神、象征符号、超自然力与神圣场所，其结构图式类似于“未被污染的原始社会”。在现代社会中，这种无意识的地方感来自于地方社会内部的个体或集体出于实用与世俗目的而建立起来的归属感和认同感。笔者一再强调的地方感危机即指这种无意识性的日常生活态势面临着现代性的侵蚀。另一种是有意识的地方感，指的是地方成为理解与反思的对象与客体，原有地方社会中严丝合缝的对应关系出现了松动，流动与开放让地方的独特认知与归属得到了挑战②。相较于某个特定地方来说，作为“他者”的地方或群体开始出现，并且带来了评判与比较的可能性。特殊的个体，比如文学家、艺术家、社会学家或人类学家在深入考察与共情的基础上能够书写有关特定地方的真实状态。与无意识的地方感不同，有意识的地方感实现了感觉结构到思维结构的转换，产生了一种更为宏观的视角。毫无疑问，这两者都是真实的，不同的是前者的实践场域仅限于地方社会内部，延续了保守主义的传统路径，而后者则将地方置于整体社会的全局图景中，试图从比较与模仿中创造目标导向的革新之路。

---

① Edward Relph. *Place and Placelessness*. London: Pion, 1976, p. 65.

② Edward Relph. *Place and Placelessness*. London: Pion, 1976, p. 66.

既然有两种地方感，在逻辑层次当然有两种制造地方感的路径，然而在现实层次，无意识地制造地方感似乎在后工业社会中逐渐消失。如果非要寻找这种逝去的无意识的地方感实践，那么我们只能从个体行为层面来找寻，如单个的建筑物或人工制品。无意识的地方感实践之所以在当下社会中逐渐被淘汰，其原因在于大众媒体与大众文化对地方社会的入侵挤压了它们的生存空间。当他者出现的时候，与生俱来的自我合理性遭到了质疑与放弃，它们与人类学对原始部落的想象一起落入历史的尘埃中。真实而有意识的地方感实践在于试图制造一个反映人类思维观念及其地方社会生活重要性的地方①。这一制造地方感的尝试包含着两方面的要求：一方面对地方的理解需要从感觉结构上升为思维结构；另一方面兼顾地方日常生活的基本构成要件。如果问这两者哪个优先，那么精英团队和个体的认知与理解高于社区成员对于自身价值的表达与叙述。有意识地制造地方感的实践活动在现实世界中主要由两种力量完成，一种是以村落社会精英人物为代表的局内人的行动，另一种则是来自于外部地方的介入。如果就白杨坡来看的话，前者体现为以岳安龙为首的村落代表的实践；后者则体现为生态博物馆运动的介入，通过对乡村记忆馆与村落区域资源的解说与体验来整体性地制造地方。

行文至此，生态博物馆在制造地方感的“地形图式”中的位置逐渐清晰起来，而且相关要素之间的关系模式也基本确立。总的来说，在全球化、都市化、同质化倾向日益明显的现代社会，科学技术与大众文化引领的世俗风尚正在侵蚀着地方社会。流动的群体与开放的社会冲击着无意识的地方感知与日常生活，村落的破败、官僚化的复制正在日益消解着差异性的地方。为留住“传统”与“乡愁”，地方社会的制造与重建工程如期而至：地方精英作为局内人在模仿与借鉴的基础上创造地方景观，生成了一种预期的“被消费”的历史感与地方感。

从思想和理论层面来看，生态博物馆强调自然与人文的整体性，强调生态博物馆介入社区的过程性。整体性体现在文化要素的梳理与资源的提取，以及小地方村落边界的确立；过程性则表现为一种立足并服务于地方社会的现在与未来的时间导向，以及持续发展的开放性。从哲学理论层面

① Edward Relph. *Place and Placelessness*. London: Pion, 1976, p. 71.

来讲，生态博物馆的外来属性与遗产路径带来了制造地方的可能性与合法性。但是在现实层面，我们发现，生态博物馆在制造地方感方面的优势并未得到充分发挥，这种无效部分来自于它的博物馆母体，即博物馆机制带来的局限。生态博物馆对地方资源的发现与解说仍没有摆脱传统博物馆对“过去”与“物”的迷恋，这导致了生态博物馆对地方的制造延续了社会主义政治学的修辞，走上了保守主义的道路。另外，生态博物馆也受到了民族国家开展的一系列试图改善地方境况的运动影响，地方的简单化与图解化同样困扰着生态博物馆的发展。

地方的复杂性与多层次性赋予了地方表述的诸多可能，如果说生态博物馆在制造地方感上具有合法性，那么它关于制造的理论与实践从视角主义来看也是一种相对的“真理”，或者说是一种自洽的“错觉”；生态博物馆所代表的博物馆与遗产路径采取了一种西方社会的理论谱系，通过地方资源的整合与开发，从整体性、过程性的视角来制造地方。相较于地方精英自下而上的实践和民族国家自上而下的政策，以学者介入的生态博物馆具有一种理论上的计划性与逻辑性，而且它所独有的全局性视野超越了狭隘的地方主义的情感与观察。正是这种相较于“战斗的特殊主义”的“全球抱负”赋予了生态博物馆运动制造地方的合理性与合法性。

在人文科学领域，关于地方与地方感的讨论脱胎于现代性进程，并将伴随“无地方性”的危机而持续发酵。就目前而言，生态博物馆无疑提供了一种制造地方感，获得地方本质及其意义的路径。

在接下来的第六章和第七章中，笔者将把研究的视角从生态博物馆实践转向生态博物馆思想，论及生态博物馆体系的最后一块拼图。在西方社会，生态博物馆的诞生与新博物馆学之间有密切的关系，探究两者之间的关系究竟如何恐怕是研究生态博物馆不可避免的一项任务。也几乎是在同一时期，发展、社区、认同、地方等议题开始与生态博物馆理论和实践发生关联。之于生态博物馆而言，这些关键议题究竟有何所指呢？为什么后期有关生态博物馆的阐释离不开这些基本概念与范畴呢？最后，有关生态博物馆思想的讨论不可避免地涉及对其价值和效力的探究，如果说生态博物馆实践彰显了生态博物馆本身的效力，那么接下来的思想分析将会呈现有关生态博物馆效力的另类解读。

第六章　断裂与延续：生态博物馆的效力

新博物馆学的合理性是由地方社区驱动的，其关注点在社会议题而非藏品。社区需要带动了博物馆学发展，因此，博物馆不再局限于一个固定的建筑空间内，起源于法国的生态博物馆运动是这一范式的最好例证。生态博物馆首先是一种思维方式，一种以全方位、整体性和开放性观看世界的方式。①

一个地点，不管它多大，都处在几个层次的关系、几个圈子中。如果说地点是内部，那么内部总是跟外部有密切关系的。可以这样认为，说，没有外部，内部的神灵不会灵验，因为他的神灵的"精神"来自外面。②

---

① Julia Harrison. Ideas of Museums in the 1990s. *Heritage, Museums and Galleries: An Introductory Reader*. London and New York: Routledge, 2005, p. 47.

② 王铭铭：《人类学讲义稿》，北京：世界图书出版公司，2011年，第380页。

第一节　何为新博物馆学

“新博物馆学（new museology）”是博物馆世界中无法回避的命题，它深刻改变了自维多利亚时代以来形成的博物馆价值体系。甚至可以这么说，离开了新博物馆学，当今博物馆的书写将变得无从下笔。这与是否认同新博物馆学无关，而是新博物馆学的影响已经深入到博物馆世界的骨髓中。生态博物馆始于20世纪70年代的法国，随后向外传播，而新博物馆学则经历了从50年代到80年代的漫漫长路。从诞生时间来看，似乎新博物馆学囊括了生态博物馆的一切，但仔细爬梳即可发现，生态博物馆的思想、理论与实践在某种程度上促使新博物馆学从一种行动发展成为一场运动。这个变局集中出现在20世纪80年代。80年代末期，新博物馆学引发了博物馆如何定位自我角色的尝试，这使博物馆世界的基本图景越来越复杂。

总体来说，生态博物馆是一个集思想、理论、实践于一身的体系，不仅包括生活实感、具体问题，而且还包括总括性世界观，高度抽象化、体系化的理论和学说。在对生态博物馆进行整体阐释的路径下，任何将生态博物馆作为新博物馆学的组成部分，抑或是具体博物馆形态的假说都是无法成立的。而之于新博物馆学，它的主要研究对象是变迁的社会，包括博物馆在内的一切工具仅仅是一种介入的手段。因此，新博物馆学除了与生态博物馆有关的一般思想外，还涉及区域发展、社区赋权、博物馆专业化等多重议题。需要指出的是，新博物馆学更多呈现出脱离实践的抽象性和无力性，而且这些倡导因其缺乏相应的践履而流转于不同情境中。

在下文中，有关何为新博物馆学，以及生态博物馆与新博物馆学之间关系的论述将分层展开，以凸显思想之间“交光互影”的复杂关系。

一、从行动到运动：新博物馆学的诞生

新博物馆学这一文化现象与20世纪60年代以来的传统博物馆的重置与转向是密不可分的，是后现代主义思潮在博物馆领域的集中体现。何为新博物馆学呢？根据彼特·冯·门施（Peter van Mensch）的研究，这

一术语曾三次在不同场合下出现[①]：20世纪50年代，新博物馆学一词出现在美国，以复兴博物馆的教育地位，这与1953年国际博物馆协会认识到博物馆需要具有教育资质的教育专家基本吻合；20世纪80年代，戴瓦兰应邀完成一篇博物馆学文章以补充《法国知识性百科全书》（*Encyclopaedia Universalis*），由此，新博物馆学一词出现在法国，其主要内涵与社区、社会发展紧密结合；1989年，彼特·弗格（Peter Vergo）主编的论文集《新博物馆学》[②]出版面世，新博物馆学来到英国，侧重于博物馆传播与交流。虽然新博物馆学会被不同学者用来合理阐释某种诉求，但是其认识大抵没有超越门施的概括。

想要一劳永逸地捕获新博物馆学的概念与范畴并非易事，任何这样的尝试都会面临着本质主义的简化危险。对新博物馆学的理解处于当时博物馆学发展的历史轨迹中，国际博物馆协会、年轻学者在几次重要的会议和宣言中逐步阐明了新博物馆学的基本轮廓。限于学术能力与复杂境况，笔者在此仅呈现与之密切相关的几个关键节点，来梳理新博物馆学的基本样态。

1972年5月20—31日，联合国教科文组织（UNESCO）以“当今拉美博物馆的角色”为主题，在智利圣地亚哥召开圆桌会议（Round Table of Santiago）。与会者分析了讨论组对城乡环境、科技发展和终身教育等问题的阐释后，坚信博物馆可以、也必须起到决定性的教育全社会的作用。在《圣地亚哥圆桌会议通过的决定——致力于拉美博物馆的转型》中，博物馆角色发生了变化。“服务社会、发展社会”的机构宗旨是如此表述的[③]：

> 博物馆是一种向社会提供服务的机构，是社会服务中不可或缺的一部分，且博物馆本身具备一些特定要素，能帮助其所服务

---

① Peter van Mensch. *Towards a Methodology of Museology*. PHD thesis, University of Zagreb, 1992.

② Peter Vergo. ed. *The New Museology*. London: Reaktion, 1989.

③ 张春美译：《整合性博物馆的基本原则》，《国际博物馆（中文版）》2016年Z2期。

的群体树立意识，并推广其与历史有关的活动，最终揭示出当下的问题，从而激励群体采取行动。也就是说，博物馆学要将过去与现在连接，支持势在必行的结构调整，并推动其他符合特定国情的变革。

在“圣地亚哥会议向联合国教科文组织提交的提议”中，另外一个重要成果是“明确了博物馆活动的新走向：整合性博物馆（integrated museum），旨在让社区对自身的自然文化环境有全面的了解”①。因其特性，整合性博物馆需要多个学科专家的永久性或暂时性协助，最好是以区域性博物馆，或小型、中型人口聚居地的博物馆的形式存在。

圣地亚哥圆桌会议呼吁让博物馆重新回归社会。在传统观念中，博物馆一直被作为社会文化发展的一面镜子，即“博物馆是其所存在的社会的自我表达”②。圣地亚哥圆桌会议延续了巴黎会议“博物馆在当代社会中的角色与地位”的议题，确立了“服务社会”的机构宗旨③。作为现代博物馆学思想的重要转折，圣地亚哥圆桌会议彻底改变了博物馆拘泥于自身机构内部、被动呈现社会文化的角色，博物馆从传统的馆舍天地走向广阔社会。

就“整合性博物馆”④这一概念而言，需要多说几句。整合性博物馆并非是某种博物馆形态或类型，而是一种与遗产相关的更为整体的理念与路径。因此，无论体现为社会博物馆、生态博物馆、民俗博物馆、地方博物馆、乡村博物馆还是社区博物馆等具体博物馆形态或类型，其背后的哲

---

① 张春美译：《整合性博物馆的基本原则》，《国际博物馆（中文版）》2016年Z2期。

② 〔奥〕弗德利希·瓦达荷西著，曾于珍、林资杰、吴介详，等译：《博物馆学：德语系世界的观点（理论篇）》，台北：五观艺术管理有限公司，2005年，第92页。

③ Mario Teruggi. Resolutions Adopted by the Round Table of Santiago(Chile). *Museum International*, 1973(3), p. 129.

④ 亦有整体博物馆（complete museum）等叫法，详见Peter Davis. *Ecomuseum:A Sense of Place*. London and New York: Leicester University Press, 1999, pp. 53-54.

学理念和知识文化是相同的，即地方导向和民主参与[①]。对这一概念，苏东海曾给出相当精确地定位：博物馆与社会整合在一起的“整体博物馆”思想开启了新博物馆学的运动之幕[②]。

实际上，圣地亚哥圆桌会议的决议与原则的真正落实发生在十年后。与此同时，新博物馆学在以米兰达为首的年轻学者追捧下最终演变成一场运动。1983年，米兰达在伦敦召开的国际博物馆协会博物馆学委员会上第一次提出要成立新博物馆学工作小组，但是缺少响应。不过，大会让米兰达在即将来临的1984年会议上筹备临时工作小组来商讨生态博物馆和新博物馆学议题。然而，原定在加拿大召开的国际博物馆协会博物馆学委员会并未如期召开，这使加拿大的一些博物馆学家另谋出路，于1984年10月8—13日在魁北克组织了“第一届生态博物馆和新博物馆学国际工作坊（the First International Workshop for Ecomuseum and New Museology）”[③]。在这次会议上，具有新博物馆学“出生证”意味的《魁北克宣言》（*the Declaration of Quebec*）正式面世。以下是《魁北克宣言》内容的摘录[④]：

> 新博物馆学——生态博物馆学、社区博物馆学以及其他各种行为主义博物馆学——同样致力于保存先前文明的物质成果、保护体现当今社会愿景和科技的成就，但其首要关注的是社区的发展，代表了社会进步的动力，并且将其与未来计划相连接。

这个宣言非常有意思，不仅在国际博物馆协会的框架内承认了新博

① Lesley Graybeal. The Blending of Place and Voice in Ecomuseums: Educating Communities and Visitors in the New Museum. *Interamerican Journal of Education for Democracy*, 2010(2), pp. 154-170.

② 苏东海：《国际博物馆理论研究的分化与整合——博物馆研究的两条思想路线札记》，《东南文化》2009年第6期。

③ Peter van Mensch. *Towards a Methodology of Museology*. PHD thesis, University of Zagreb, 1992.

④ 〔加〕皮埃尔·迈朗：《新博物馆学的确立》，《国际博物馆（中文版）》2016年Z2期。

物馆学和传统博物馆学的共识，而且指出了新博物馆学在应对当今社会议题，处理遗产资源，组织、参与社区活动等方面的独特价值。可以说，宣言的表述策略是成功的，在保证自身特质与立场的前提下，积极争取在官方层面获得一席之地。不出所料，工作坊在屡败屡战后，终于获得制度化承认。1985年里斯本会议召开，新博物馆学国际运动（Movement International de Muséologie Nouvelle/International Movement for a New Museology）组织成立，并最终成为国际博物馆协会的附属机构。

在笔者看来，从圣地亚哥到里斯本，从整合性博物馆理念的成型到国际博物馆协会的认可，新博物馆学从一种做法和观点发展为一场思潮与运动。作为一种以社会文化进步、发展为指标的博物馆理念，新博物馆学运动将视野扩展到全球化、地方主义、生态环境、社区发展、历史记忆、社会问题等领域。新博物馆学之所以成为一场声势浩大的运动，原因有四：其一，博物馆建设滞后于时代、文化、社会和政治发展的要求；其二，博物馆的代表机构存在臃肿不堪、沟通不畅的弊端；其三，世界环境危机和需要对人类行为进行重新评估；其四，1972年圣地亚哥圆桌会议通过的决议并没有引起多大关注，也无任何后续进展①。新博物馆学的贸然之举也招致了一些批评：有人指出其不接受行业的既定准则，更多站在社会而不是保护伦理学的角度思考问题，甚至还可能说他们的行为要么就是根本无视过往的潮流，要么就是对此顶礼膜拜②。虽然新博物馆学成员通过各种组织、活动和培训来力图提高专业化水平，但是收效甚微。

以现在视野观之，新博物馆学运动的革命与激情的色彩更为浓重，在意识到博物馆社会角色的同时，却没有从其自身角度提出可资借鉴的诊断良方；因此，新博物馆学的整体图式的建构还需另一知识资源，那就是下文中将会详细论述的弗格和他的论文集——《新博物馆学》。

---

① 〔加〕皮埃尔·迈朗：《新博物馆学的确立》，《国际博物馆（中文版）》2016年Z2期。

② 〔加〕皮埃尔·迈朗：《新博物馆学的确立》，《国际博物馆（中文版）》2016年Z2期。

二、《新博物馆学》引发的新旧之辩

1989年，弗格主编的论文集《新博物馆学》出版面世。与之前以生态博物馆和社区博物馆为代表的新博物馆学运动不同，该书的立意并非激进而疯狂的“反博物馆（anti-museum）”[①]论调，而是呼吁重思博物馆定位与角色，最终实现自我调适。提及本书，有一段极为经典的表述频繁地出现在后人的引用中，甚至到了一种吊诡的地步：究竟是这段话因为这本书而广为流传，还是这本书因为这段话而为人熟知？这段描述新旧博物馆学分野的论断出现在弗格的序言中[②]：

> “新”博物馆学是什么？最简单地说，所谓“新”其实是来自博物馆专业和外界对“旧”或传统传统博物馆学的普遍不满。虽然读者会因为这个定义的消极性和循环论证的嫌疑而予以反对，但是在我看来，对“旧”博物馆学的质疑是有效的。“旧”博物馆学过多关注博物馆方法（methods），而对博物馆目的（purposes）着墨甚少，作为一门理论学科或人文学科的博物馆学并未得到应有的重视。一直以来，无人关注上述提及的一系列问题，更不用说深入讨论了……除非彻底地重新检验博物馆在社会中扮演的角色：即并不仅以诸如收入更多或观众更多作为标准来衡量博物馆的成败；否则，英国或世界范围内的博物馆可能会被贴上“活化石”的标签。

我们仔细审视上一部分提到的新博物馆学运动即可发现一个有趣的现象，激情洋溢、斗志昂扬的运动并未清晰界定以往的博物馆思想、理论与实践。只有到了1989年，“传统博物馆学”或“旧博物馆学”的标签出现，学者通过比较，才认为新博物馆学是先进的。也就是说，这一次新博物馆学是通过表述时间上的他者来定义自我的。还有一点需要指出的是，

---

① 张誉腾：《生态博物馆：一个文化运动的兴起》，台北：五观艺术管理有限公司，2004年，第4页。

② Peter Vergo. Introduction. *The New Museology*. London: Reaktion, 1989, pp. 3-4.

《新博物馆学》是站在博物馆而非社会、社区等外在因素的立场上思考问题的。如何从博物馆物件研究、博物馆社会议题研究、博物馆观众研究重新思考博物馆的定位与角色成为这一时期新博物馆学的主要任务[①]。如果说前期是有关新博物馆学的民主化诉求，那么现阶段则是聚焦新博物馆学的专业化议题。

如此看来，新博物馆学是一个复数的概念，包括以博物馆转向为代表的拉丁美洲新博物馆学（Latin New Museology）和以博物馆重置为代表的英国新博物馆学（British New Museology）。前者指的是从圣地亚哥到里斯本的新博物馆学运动轨迹，后者指的是重思英语世界中自维多利亚时代以来的形成的博物馆价值体系。如果从共性层面来看，两者都不约而同地指向了一个趋势，那就是博物馆回归社会。只需稍微回顾一下博物馆历史即可发现，19世纪末到20世纪60年代是博物馆专业化养成的关键时期，亦是博物馆远离社会、拘泥于机构内部的时代。在此之前和之后，无论是帝国主义、民族国家、社会品味，还是社会变迁、社会平权、经济发展，博物馆更多充当的是工具理性的角色。为什么要提及博物馆在本质价值和工具价值方面的比较与抉择呢？原因在于近些年来，呼吁博物馆重回本质价值，远离外部因素纷扰的声音也时时出现，这不免让我们重新思考新博物馆学的贡献。

无论是哪种新博物馆学，自20世纪80年代以降，它们在博物馆界已达到了神话般的地步，不但改变了博物馆学的思想，而且改变了当代博物馆的运作，甚至从根本上颠覆了人们对博物馆的想法。之于整个博物馆世界而言，这样的革命运动究竟意味着断裂还是延续，新旧博物馆学之间究竟是什么关系？

在《生态博物馆：一个文化运动的兴起》一书中，张誉腾曾就新博物馆学和生态博物馆运动有如下表述[②]：

---

① 尹凯：《目的感：从〈新博物馆学〉一书重思博物馆价值》，《博物院》2018年第4期。

② 张誉腾：《生态博物馆：一个文化运动的兴起》，台北：五观艺术管理有限公司，2004年，第4页。

对生态博物馆可以称为一种“反博物馆”，一种对传统博物馆的大逆不道，一种“超现实”的疯狂，一种生物学上的蜕变。新博物馆学反映了博物馆界人士对传统博物馆的忧虑，与追求一种“复兴博物馆（revitalized museum）”的期盼，希望创立一种“大众化的”“行动的”“人类学”或民族学的博物馆学。

基于此，他认为这场运动具有了美国科学家、哲学家托马斯·库恩（Thomas Kuhn）所谓的“范式”意义。针对博物馆的新旧之别，还有另外一种截然不同的声音。苏东海在与戴瓦兰的学术通信中，曾就新旧博物馆的关系进行了精彩论述[①]：

传统博物馆是北极，新博物馆运动和生态博物馆实践是南极。但它们并不遥远，地轴把北极和南极连在一起，如果我们看到了抽象的地轴线，我们就不会把北极和南极分开了；南极和北极并不相互排斥，它们同属于寒带，有着天文上和地理上的共性。

上述论断极为经典地阐发了以生态博物馆和社区博物馆为代表的新博物馆学运动与传统博物馆学之间的关系。与张誉腾基于断裂的“范式转移”不同，苏东海对此的认识更多的是延续与共存。

在笔者看来，新旧博物馆学之间尚未构成所谓的“范式转移”，而仅仅是博物馆与社会之间关系在历史脉络下的周期性展演，新旧之间更多是一种延续与扩展，甚至可以说是修正的关系。首先，传统博物馆在展览他者文化的“物”时，为了兼顾“物”在原初社会的位置，会采取“场景复原”的技术进行弥补；而新博物馆运动则采取社区博物馆与生态博物馆的概念，对“物”进行原地保护与活态展示，从另一个极端回应了传统博物馆所面临的困境。其次，新旧博物馆并非是不可通约的，传统博物馆的专业化理念依然是新博物馆学运动的重要组成部分，一味地强调民主性与地方性，会造成一种无序的文化运动浪潮而脱离博物馆母体的价值诉求；同

① 苏东海：《2005～2006年戴瓦兰先生和苏东海先生的学术通信》，《博物馆的沉思——苏东海论文选（卷二）》，文物出版社，2006年，第551页。

样，新博物馆学运动所倡导的社会性，有力补充了传统博物馆在关切社会议题上的不足，在某些方面刺激了传统博物馆的发展。

生态博物馆运动引领的新博物馆学不仅将博物馆与遗产的路径延续到地方，而且它所包含的思想体系反过来滋养并反哺陷入贫瘠与困境的传统博物馆，新思想与新理念的不断更新在一定程度上保证了博物馆世界的整体活力与未来发展。

三、生态博物馆与新博物馆学

行文至此，可能有人会说，对新博物馆学着墨如何之多，对生态博物馆的理解有何帮助？也可能有人会说，生态博物馆即是新博物馆学难以分割的一部分，讨论新博物馆学本身即是讨论生态博物馆。这两种声音虽然不尽相同，但却共同指向了一个问题，那就是生态博物馆与新博物馆学之间的关系。两者究竟是什么关系：工具与目的？局部实践与整体思潮？抑或是独立的两个体系？通常来说，我们不假思索地忽略了二者的区别，或者，认为生态博物馆是新博物馆学运动的一种类型或表现形式，但这样的解释恐怕并不能让人信服。

在博物馆学界内部，也不乏学者关注两者之间的关系。有人认为生态博物馆的出现是新博物馆学运动的有力证据，如里维埃认为生态博物馆是一个法国现象，而新博物馆学则是一个世界性运动①。有人认为生态博物馆与新博物馆学虽然不同，但却都是介入工具和手段，如戴瓦兰认为生态博物馆与新博物馆学概念并非相同，生态博物馆虽然具有新博物馆学的某些基本原则，但是作为一个方便实用的时髦术语，仅仅是博物馆领域应对社会需要的一种方式②。在笔者看来，这些认知简化了两者之间的关系，尤其是因为没有将生态博物馆作为一个集实践、理论与思想为一身的体系而导致了研究的失焦。

在后世的阐释中，新博物馆学几乎无所不包：如以人为中心、行动导

① Heron R.P. Ecomuseum-A New museology? *Alberta Museums Reviews*, 1991(2), pp. 8-11.

② Peter Davis. *Ecomuseum: A Sense of Place*. London and New York: Leicester University Press, 1999, p. 58.

向、博物馆民主化、博物馆参与、社区参与、共同合作，似乎新博物馆学成为任何创新与革新实践、理论与思想的保护伞与庇护所。这种“当代阐释”自然不能说是错误的，但在一定程度上是有失偏颇的。为此，我们应回到历史的起点，来看一下新博物馆学的基本诉求。新博物馆学国际运动组织在呼吁新博物馆学的同时，也指出新博物馆中的“新”是一个相对的概念和术语。新博物馆学语境下的“新”不仅指博物馆现代化进程中与研究、记录、管理、运作等相关的现代方法，而且与博物馆的目标、立场和革新精神息息相关[①]。为了更好地把握新博物馆学的基本特征，进而理解生态博物馆与新博物馆学之间的关系，笔者引述新博物馆学国际运动组织的声明如下[②]：

> 新博物馆学的角色是为群体提供一种更加的自觉理解自身生存状况的路径。
>
> 新博物馆学运动是跨学科的，即将人类置于自然、社会与文化环境中综合考虑，在这种视野和路径下，情境概念至关重要。
>
> 在新博物馆运动中，方法和实践的目的是动员群体积极参与。
>
> 新博物馆学运动的结构是极具弹性的、去中心化的，以适用于特定的地域和群体。

官方声明让我们可以管窥新博物馆学的定位、任务与使命。首先，新博物馆学的第一要务是对自身境况的整体感知，即从多学科、整体观的视野出发，充分认知自我在历史与社会中的时空位置。其次，新博物馆学的第二要务是对地域和群体的关注，即通过充满弹性的、去中心的文化工具或文化实践来介入地方，从而达到参与和民主的目的。无独有偶，摩尔曾在一篇文章中提及了两种形式的生态博物馆，即采取里维埃定义，强调就地保护、整体保护的发现型生态博物馆和采取戴瓦兰定义，强调社区

① Peter van Mensch. *Towards a Methodology of Museology*. PHD thesis, University of Zagreb, 1992.

② Peter van Mensch. *Towards a Methodology of Museology*. PHD thesis, University of Zagreb, 1992.

参与、社区发展的社区型生态博物馆[①]。也就是说，从里维埃到戴瓦兰对生态博物馆认知的演变基本上囊括了新博物馆学的定义、任务与使命，或者说新博物馆学是对生态博物馆演变发展的总体认知。虽然新博物馆学在表述上更加强调人文学科的整合，以及并不将介入地方的工具仅局限在生态博物馆身上，但是“整体认知”和“地方参与”在两个表述中却如出一辙。在笔者看来，这种相似性，一方面是因为新博物馆学和生态博物馆共享了一些历史遗产，经历了同样的社会变局，另一方面则是因为两者之间存在相互影响、相互借鉴的共存关系。

与此同时，我们还需要就两者之间的不同做出解释。如果说生态博物馆是一场社会运动或文化运动，那么新博物馆学则更像是一场话语革命或语言革命。生态博物馆既是一种哲学思想，又是一种知识理论，同时又是一场行动实践，而新博物馆学则仅仅是停留在理论层面的演绎与呐喊。换句话说，新博物馆学是一个脱离生活的理论建构，若想实现其建构，必须得依靠生态博物馆或社区博物馆等具体形态；同样，它的目标、任务也有赖于生态博物馆或社区博物馆等具体博物馆实践的加入才能得以实现。

看似新博物馆学是席卷世界范围内的一场运动，但是它的一些观点仅仅停留在英语世界中，而生态博物馆的艰难孕育却包含着多国传统，并最终在法国修成正果。在此，笔者并非故意褒扬生态博物馆而贬低新博物馆学：无论从历史传统还是发展进程来看，生态博物馆在历史叙事转向、地方整体发现等方面都具有深厚的历史积累，甚至存在反复商榷的情况，由此形成的是一个具有相对自足性与自洽性的体系。

作为一个内含思想、理论与实践的体系，生态博物馆具有很强的传播性与实践性，它在理论层面影响了新博物馆学运动的同时，在自己的实践中不断自我完善；而以解构传统博物馆为己任的新博物馆学运动则更像是一种建构理论的思维活动，生态博物馆是它的实践武器之一；与此同时，新博物馆学又像是一场春风，将生态博物馆的革命之火造成燎原之势。不仅如此，生态博物馆对“历史感”“地方感”“生态观”的关切在某种程度上加速了新博物馆学的发展。同时，作为一种话语革命，新博物馆学运

---

① 周佳桦：《法国生态博物馆——“演化型”定义及理论概念初探》，《博物馆学季刊》2017年第1期。

动所具有的高度形而上的后现代主义思维，对以后生态博物馆的行动与实践，甚至对于整个博物馆世界的发展也具有同样深远的指导意义。

生态博物馆与新博物馆学之间的关系极为复杂，即相互交叉、又各自独立。在笔者看来，生态博物馆与新博物馆学在不同层次与脉络下的“互缘性”是生态博物馆书写中不可回避的关键话题。从某种程度上说，它们彼此滋养，生态博物馆的思想论述中也穿插着新博物馆学的真知灼见。

第二节　发展、认同与地方

发展、社区、认同与地方议题让生态博物馆的研究超出了一般意义上理论梳理与实践考察的具象环节，迈入一个更加宽广的世界。这些关照不仅意味着生态博物馆重回社会、担负责任，同时也有助于生态博物馆在思想和方法上进一步省思与提炼。在这些研究中，生态博物馆并非主角，但却收获了基于某个问题的比较视野。这种比较不仅在博物馆世界的历史轨迹中展开，而且还向不同方面延伸。

一、生态博物馆与发展

无论是生态博物馆、社区博物馆，抑或新博物馆学，“发展（development）”都是一个无法规避的关键议题。我们经常会在该主题的学术文章或著作中看到诸如“社区发展”“社会发展”“文化发展”等表述，但一般不会去深思何为发展。其实，“发展”是一个历史建构的概念，其内涵与所指在历史进程中多次变化，我们最为熟知的“经济发展”也是非常晚近的发明，其背后隐含着一种基于西方价值观的等级、线性和支配关系。为避免“发展”这一概念在生态博物馆、社区博物馆研究中引发争议，有必要澄清围绕“发展”所衍生的种种讨论。

在传统观点里，“发展”描述的是一个物体或器官释放其潜力从而达到自然、完全和充分实现的进程①，从此以后，它被用来解释动物和植

① Wolfgang Sachs. Introduction. *The Development Dictionary: A Guide to Knowledge as Power*. London and New York: Zed Books, 1992, p. 8.

物的生长过程。1759年到1859年，发展的概念发生变化，从实现一个生命体的合适形式到实现更完美的形式。在这一时期，发展和进化的概念被科学家互换使用，并从生物领域渗透到社会领域。从1768年开始，用“发展（entwicklung）”一词暗示社会变化的渐进过程：政治情形的变化也可以用自然过程的风格来进行描述。随后，自然和历史联系在一起，一并成为上帝创造的宇宙发展的不同部分①。1880年，发展成为一个富有弹性的词汇，并成为马克思作品的中心，即将历史转变为一个可以计划的程序。虽然在历史的谱系下，发展的意涵削弱了不同文化解释其社会生活形态的机会，但是发展这一概念具有的多义性依然留存在各个领域。我们可以发现，传统社会里的发展概念具有定义多样化、形式多样化的特点，并且从自然领域转向社会领域。20世纪初，随着都市化进程和世界体系的形成，发展的意义进一步改变，其概念逐步定型与单一，内涵也不再像过去那样随意②。

将发展的潜在意义和诸多可能彻底消灭的是1949年1月20日的杜鲁门就职演说。杜鲁门的就职演说开启了发展理论的新纪元，在这一天，20亿人口被定义为“欠发达”。这一措辞使得这些地区不再具有以前的多样性，而是被转化成映照其他人现实生活的一面镜子，并再次成为一个“欧洲对东方及其当代命运的表述”③。这一时期的“发展”概念与现代化理论、依附理论、世界政治经济体系等要素密切相关。自此之后，发展开始占据一个不可避免的有力的语言思想观点的中心。甚至可以说，在现代话语体系中没有比它更具思想的指导力量，并且这个词语的内涵与隐喻给人的思想带来了本质的变化。与此同时，杜鲁门和他的同僚将发展概念进一步缩小为“经济增长”和“经济发展”，其指标表现为工业化速度、经济增长速度和国内生产总值。

随后，世界上的很多学者和组织开始从不同的视野出发，对“发展”

---

① Wolfgang Sachs. Introduction. *The Development Dictionary: A Guide to Knowledge as Power*. London and New York: Zed Books, 1992, p. 9.

② Wolfgang Sachs. Introduction. *The Development Dictionary: A Guide to Knowledge as Power*. London and New York: Zed Books, 1992, p. 10.

③ 〔美〕爱德华·萨义德著，王宇根译：《东方学》，北京：生活·读书·新知三联书店，2007年，第3页。

进行阐释。其中，1970年10月24日，国际发展战略委员会宣布了国际发展策略以整合经济发展和社会发展之间的关系。这个全球策略包括四个方面：将全部人口纳入到变化与发展的范围；实现结构变化以促进民族国家的发展，动员各部分人们参与发展过程；以社会公平为目标：包括公平的收入和福利分配；优先发展人的潜能，保证就业和孩子需求的满足①。令人遗憾的是，这一方案不仅没有解决问题，而且导致了意想不到的分散和疏散。20世纪70年代见证了发展议题的大讨论、大繁荣的进程，譬如“发展目标不是事而是人”“发展的目的是满足需要而非增加人们的满足感”“支持内生性的发展策略”“发展需充分考虑各个国家的特征”等观点。

对发展的反思与解构暂且不提，通过上述文字，笔者认为“发展”一词暗含的几个关键要素是：首先，20世纪70年代集中出现在生态博物馆、社区博物馆等领域的发展概念与杜鲁门的发展学说导致的全面危机有密切的关系。虽然尚没有学者提及发展之于新博物馆学等相关运动的影响，但在笔者看来，发展的困境应该是当时学者共同感知到的。因而，希望博物馆作为一个文化机构参与到发展的讨论中，试图寻得出路。其次，生态博物馆、社区博物馆，抑或新博物馆学中屡次出现的发展应该不是指“经济发展”，而更多指向的是发展的社会、文化、道德、政治维度。也就是说，发展是属于整体的、相互嵌合的总体状态。最后，从20世纪70年代诸多发展争议的观点来看，发展逐步从物质材料转向人类主体，也就是说发展的目标不是所谓的客观物质财富的积累与增加，而是提升人们对生活的幸福感。当地人的需要也在生态博物馆等运动中不断出现，社区参与、社区培训即是博物馆领域中有关发展的一个基本面向。

有关发展的诸多论述有助于我们理解生态博物馆的难题之一：生态博物馆促进地方发展的命题应当如何阐释。正如潘守永所说，生态（社区）博物馆最终效益的衡量标准恰恰不是“经济指标”而是“综合指标”②。

① Wolfgang Sachs. Introduction. *The Development Dictionary: A Guide to Knowledge as Power*. London and New York: Zed Books, 1992, p. 14.

② 潘守永：《生态（社区）博物馆的中国经验与学术性批判反思》，《东南文化》2017年第6期。

同理，生态博物馆与发展议题之间的复杂关系也远不是经济发展所能涵盖的。之于地方，生态博物馆天然负有促进发展的责任，但这种发展绝不仅限于发展地方旅游，带动经济发展。甚至从严格意义上来说，生态博物馆的发展之策有时候是拒斥经济发展的，这也就是前文所提及的生态博物馆与发展旅游的关系的争论。因为，从当时当地的发展困境来看，文化、政治、社会、道德等方面的发展才是生态博物馆介入社区、地方的目的所在。庶几，这种难以言说的发展可以用“认同”来概括。

二、生态博物馆、认同与社区

博物馆作为一个重要的文化机构，无时无刻不在进行“己身合法性”的表达，这种合法性表征会以个体、社区、村落、区域、民族、国家等不同层次出现。从一般意义上来讲，生态博物馆与社区、社区文化、社区差异、文化认同等概念密切相关。为此，笔者将考察生态博物馆在地方层面的发生学要素，不仅作为前文生态博物馆具体实践的总结，而且也呈现生态博物馆思想的“他种效力”。

“认同”是一个具有场景性和时间性的复杂概念，有时指的是具体群体认同，有时候指的是民族国家认同，有时候则仅仅是一种权力的象征符号。博物馆从本质上来说是一个认同工具，以可见的收藏与展览来传递关于价值文明的想象，从而塑造某些阶级或精英群体的集体意象。20世纪70年代以来，文化认同的建构与策略逐渐被少数族群与边缘群体所掌握，成为边缘群体自我表达的文化工具。1982年，联合国教科文组织（UNESCO）在墨西哥召开会议，通过了《文化政策宣言》（*Declaration on Cultural Policies*），这一承认博物馆文化认同重要性的文本承认了地方社区据有文化认同的合法性。该宣言关于文化价值的独特性、资源性、互动性、多样性、整体性、平等性等要素[①]的表达与强调对生态博物馆实践具有重要影响，赋予了其发现地方、重绘地方的合理性与合法性。在传统观念中，作为官方行政机构的国家-省级-地方博物馆体系强调的是民族国

① Peter Davis. *Ecomuseum: A Sense of Place*. London and New York: Leicester University Press, 1999, pp. 28-29.

家话语，以及地方在民族国家建构过程中的贡献。生态博物馆作为一种小型的乡村或社区博物馆，它所关心的是特定地域中当地人的自我认同与自我价值表达。

通过对现代性的批判与解构，生态博物馆顺利获得了表述文化认同的“资格证”和“许可证”，似乎鲜活而多样的“社会生活”将通过生态博物馆展现在我们面前，一改全球化带来的同质化威胁，以及过往标准化、清晰化、简单化的国家控制[①]。事情真如我们所想的那样吗？这一涉及国家和地方关系的生态博物馆议题将在下文深入分析。

社区或者说博物馆社区同样是一个难以定义与描述的概念，不仅涉及社区的裂变性与动态性，而且涉及社区的可见性与不可见性。传统博物馆与社区之间是相互分离的，依靠展览、教育等活动实现互动，而生态博物馆则是将社区“博物馆化”，对其“社会系统”进行整体关照，以此促进社区与当地人的可持续发展。从历史上来看，19世纪后期的英国开始注重博物馆知识向社区的传播，以此带动自我提升与知识热情。20世纪80年代，公共、地方与社区意识提升，如何扩大博物馆对社区影响，提高社区的参与意识成为当时考虑的重点。在生态博物馆的实际操作过程中，确定社区或地方及其范围成为一个关键环节。选择哪一个社区？社区的范围究竟有多大？衡量的标准应该是地形上的，行政上的，民族上的，还是文化上的？这些问题将通过田野经验研究一一回答。社区是一个承载生态博物馆哲学与实践的竞技场，生态博物馆实践能够带来地方的文化自豪感，以及基础设施的完善和经济收益。这种自上而下资源输入的生态博物馆项目在发现地方的同时，也在时刻制造差异与不平等。犹如自然物种争夺食物和生存空间等资源一样，作为一个新生“物种”，生态博物馆在进入文化社区，并与社区交往互动的过程中，也面临着社区对资源的竞争，甚至会危及到对某些传统的解释权。戴维斯在论及生态博物馆社区时充满了乐观主义情绪[②]，他并未意识到生态博物馆作为一个文化工具，制造了社区时间的不平等，也暗含了现代性对地方的“侵蚀”。

① 〔美〕詹姆斯·斯科特著，王晓毅译：《国家的视角：那些试图改善人类状况的项目是如何失败的》，北京：社会科学文献出版社，2012年，第1—9页。

② Peter Davis. *Ecomuseum: A Sense of Place*. London and New York: Leicester University Press, 1999, pp. 29-35.

认同、文化认同、社区、博物馆社区等关键概念其实是动态的，而且富有弹性。为了实现社区文化认同，我们需要对社区内部复杂的认同要素进行梳理，以此来定义社区的重要性与特殊性。在一整体的文化之网中，理解环境、人、历史，以及各种要素之间的关系。这不可避免的涉及一个问题，即具有表征地方权限的文化要素有哪些？选择的标准是什么？从非营利组织“公共地（Common Ground）”的宣传页来看，“重要性”是通过传统生活、景观细节与碎片注入街道和田地。在它看来，地方的独特性并不仅限于他人所见之美，而是对此地整体的认知。涉及细节、碎片、意义，以及那些创造认同的物件，包含可见和不可见要素，如方言、节日、神话、矮木树篱、山丘与房屋等[①]。这些要素共同塑造地方特色，完成社区认同。

由此，我们看到了生态博物馆在某个具体社区空间内的发生学原理。一改过去传统，生态博物馆通过将社区博物馆化的路径，整体考察这一区域内的文化系统，突破了传统博物馆与社区分离，以及“唯物主义”的博物馆哲学观念。与此同时，作为一种“重绘地方”的实践，生态博物馆被赋予了文化认同与差异塑造的合法性。生态博物馆跳出了官方行政体系对传统博物馆的束缚，突破了民族国家的历史叙事，这种“去中心化”的社会性格突出了地方的特色与差异。在具体操作层面，文化认同要素的选择与罗列成为生态博物馆进入地方，进行具体文化实践的关键环节。这些要素包括建筑、结构、艺术、房屋、服饰、口音、娱乐、饮食、协会、行为、态度、人们、过去成就、自然特殊、传统、事件、歌谣、历史感知等。为了凸显某个社区或地方的重要性与特殊性，往往会出现夸大认同、排斥他者、资源竞争等现象，以及相伴而生的对认同要素的建构、制造与发明。

从生态博物馆角度来看，从文化体系中挑选关键要素，实现从资源到遗产的转变本来是介入地方的、去中心化的实践。然而，这种基于社区或地方层面的操作往往会陷入认识论的困境。首先，从可见的文化要素中整合起来的遗产资源和展示体系是否意味着地方本质及其意义的达成？恐怕这两者之间的关系并非如此简单，地方本质及其意义是一种无意识的局

① Common Ground. *Promotional Leaflet*. London, 1996.

内感，是根据日常生活而不断变化与调适的。因此，生态博物馆实践似乎很难真正触及地方本质及其意义，更多地体现为一种对整体性的有意识建构。其次，自下而上的、去中心化的自我言说能否实现？当地方社会尚处于现代化、都市化的进程中时，占主导地位的文化运动更多导向了地方社会秩序的再造，甚至使其成为被消费的景观。

如此看来，生态博物馆在地方层面上的诱发机制充满着认识论的困境。如何能够通过生态博物馆无限接近地方本质及其意义，如何使生态博物馆的活动不被制度裹挟，这是生态博物馆未来发展需要进一步思考的沉重命题。

三、地方的重要性与特殊性

让我们再次回到生态博物馆的核心母体——地方，来体察生态博物馆与地方密切关系的纽带是如何形成的。地方是一个非常多变的概念，犹如变色龙随个人感知而变换色彩，随时间流逝而改变模式①。即便如此，不同学者还是试图对其进行界定与表述，以获得其本质。卢克曼分析了构成地方的六个要素：地方的内外空间，自然与文化整体，地方之间的交流，地方的空间感，兼顾历史与现在，地方的意义②。卢克曼将“地方”理解为特定地域基础上的自然与文化的整体，其中与之相关的人与物是极为关键的。“地方”并不仅是一个地理位置概念，而是一个包含地方全部的整合性概念和充满意象性的现象③。戴维斯试图寻求复杂多变的地方中某些稳定的特质，在他看来，第一，地方是一个位置，这一感知来自于文化的定义；第二，地方是一个物理形态，即由自然与人工环境互动而形成的景观，外在形态对地方来说极为重要；第三，地方处于变化中，这些变化有利于重新巩固人们对地方的情感，通过观察这些变化，我们能够记录地方历史，外部形态的物理变化并不意味着意义与个性的丧失；第四，地方是

① Peter Davis. *Ecomuseum: A Sense of Place*. London and New York: Leicester University Press, 1999, p. 18.

② Fred Lukermann. Geography as a Formal Intellectual Discipline and the Way in Which It Contributes to Human Knowledge. *The Canadian Geographer,* 1964(4), p. 169.

③ Edward Relph. *Place and Placelessness*. London: Pion, 1976, p. 3.

一个当地人定义的、变动的社区图景；第五，每个个体都有基于自己生活与存在的地方意识，个体在认同地方时都有属于自己个人生命史和生活风格的标准印记[①]。无论是人文地理学观点，还是博物馆学观点，地方的图景在他们的眼中基本上是一致的，这构成生态博物馆地方实践的底色，至少在理论与逻辑层面是这样的。

作为个体，地方是早已有之的存在；而作为一种表达，地方却肇始于特定的社会变革；作为一种学术议题与社会思潮，“地方”与“地方感”的认识出现于20世纪70年代，这种“在地性”的关怀与全球化背景下的迁徙与离散等议题密不可分。瑞夫意识到了这种普遍情感，那就是对带有前工业社会印记的地方和地方景观多样性日益消失的遗憾。总体来说，地方意识的觉醒早于生态博物馆运动或新博物馆学运动，“地方”在“无地方性”的侵蚀与危机意识下演变成一种理论主张，并率先在学术界流行，这也使得在社会变革的话语体系下，社会科学界详尽研究了“地方”。

在理论层面，“地方”早已被系统的书写与制造；在实践层面，生态博物馆则成为介入地方的一种模式，提供了一种实践层面书写地方的可能性。带着生态感、历史感、地方感与博物馆感的生态博物馆在面对地方时，采取的是一种“以小为美（Small is beautiful）”[②]的实践策略。这种面对地方的策略决定了选址上的某些原则，即地理范围相对较小，生活方式较为自足，地理和经济处于边缘位置，人与地方关系密切等[③]。这些原则在一定程度上限制了生态博物馆对于地方的选取与表述，一些早已被全球化浪潮和资本主义世界体系纳入其中的地区则面临被排除在外的危险；但与此同时，差异与特色又是生态博物馆选择的一大考量因素，如果将都市社区纳入到生态博物馆的范畴，就会造成一种选择标准的混乱与边界的模糊。

---

① Peter Davis. *Ecomuseum: A Sense of Place*. London and New York: Leicester University Press, 1999, pp. 18-19.

② Peter Davis. *Ecomuseum: A Sense of Place*. London and New York: Leicester University Press, 1999, p. 17.

③ Peter Davis. *Ecomuseum: A Sense of Place*. London and New York: Leicester University Press, 1999, p. 19.

在生态博物馆层面上，地方的重要性与特殊性来自于两个方面，首先是一种来自时代的全球危机意识，“时空压缩”带来的不仅是全球同质化的威胁，而且还有人口迁徙带来的地方“无根性”的现象；其次是来自于民族国家建构下对地方表述的阉割，就中国来说，少数民族意识在20世纪90年代的觉醒即是一个鲜活的案例，地方如何能够在民族国家的叙事之外进行自我文化的表达成为生态博物馆与地方结合的关键因素之一。全球化以及民族国家的危机感带来了生态博物馆的发展契机，但同时使生态博物馆陷入一种复杂的关系网络中。斯科特认为，今天，全球资本可能是推动同质化最强有力的力量，而国家有时则成为地方差异和多样性的保护者[①]。然而，笔者却认为，在民族国家的框架内，生态博物馆关于地方特色的表述始终没有独立，总有一个作为“他者”的民族国家在场。一些对地方来说极为重要的价值与特色，从国家层面来看却并非如此；相反，民族国家的一些极端现代主义的想法往往会置地方特色性和重要性于不顾，而通过项目的形式将地方收归“国有”。

从生态博物馆的视角看，生态博物馆实践在本质上是一种以地方为载体的文化实践，其目的在于发现地方、重绘地方。从研究者或者观察者来看，生态博物馆与地方共同形成的“接触地带”构成了分析研究的透镜，生态博物馆的过程性评价都可以基于此而做出。

第三节　生态博物馆的效力

以往的生态博物馆研究之所以解释力不足、并逐步沉寂，原因在于这些思考尚未从生态博物馆可见的具体实践中走出来。这种结论是通过比对生态博物馆在社区、地方层面所起到的实际效果与其概念、理论、模式之间的不一致而得出的。当然，上文提及的生态博物馆评估指标不仅界定了生态博物馆实践模式的基本特征，而且提供了生态博物馆实践成功与否的衡量标准。评估指标一改生态博物馆的认定标准，即关注的是“做什么”而非“叫什么”。这对辨明生态博物馆的身份，以及清晰呈现生态博物馆在特定地方所发挥的效力非常有启发。

---

① 〔美〕詹姆斯·斯科特著，王晓毅译：《国家的视角：那些试图改善人类状况的项目是如何失败的》，北京：社会科学文献出版社，2012年，第8页。

此外，基于具体经验材料的考察无论对生态博物馆还是地方社会来说都是极为重要的，但却存在固有缺陷：一方面，对生态博物馆结果的调查基本上缺少过程实践者的内在视野，也就无法理解上文所提及的诸多实践困境，“同情之了解”也变成了“冷漠之批判”；另一方面，对具体生态博物馆实践的不满经常会导致对生态博物馆体系的全部拒斥，然后不明就里地宣告生态博物馆的无效与破产。其中，后者造成的全面否定更加遗憾。

作为一个集思想、理论和实践于一身的体系，生态博物馆是一个复杂的命题。除了地方遗产的整合、地方景观的再造外，生态博物馆的效力还体现在思想与方法两个方面。概括来说，一方面体现为生态博物馆思想对传统博物馆发展的效力，即通过其理论整合了博物馆世界，使之充满活力与可能；另一方面，生态博物馆作为一种方法、路径和架构，其内在的革命特质成为地方研究、旅游研究、区域发展研究、社区参与研究等相关领域走出困境的关键。

一、生态博物馆之于传统博物馆的效力

自回归社会之日起，生态博物馆不仅介入到社会议题的相关讨论中，而且还将生态环境、地方社会、社区发展、历史记忆等新命题带入到博物馆世界中。以生态博物馆和社区博物馆为代表的新博物馆学运动对传统博物馆带来的最大启发和挑战在于如何将博物馆从文化表征工具转化为社会发展动力。简单来说，生态博物馆思想对传统博物馆的效力主要体现在博物馆收藏、研究、展示、教育等基本功能上。

作为社会文化的载体，博物馆藏品不仅涉及物件所包含的物性知识（physical knowledge），而且还应考虑其所背负的知性知识（intellectual knowledge）[①]。因此，如何从收藏的角度促进社会的可持续发展呢？生态博物馆有关时间转向和遗产资源的思想对此颇具启发性。在里维埃的早期研究中，生态博物馆主要是由两个博物馆组成，即开放性的空间博物馆

① 王嵩山：《博物馆收藏学：探索物、秩序与意义的新思维》，台北：原点出版社，2012年，第47页。

和全括性的时间博物馆[①]。从前者出发，我们看到的是地方上整个环境的显现，也就是说，地方的有形和无形资源都是生态博物馆藏品；从后者出发，我们看到的是不同时期乃至人类出现后代代相传至今且怀抱未来的遥想，如此看来，缅怀过去的眼光逐渐转为立足当下，遥望未来的憧憬。这两种生态博物馆思想对传统博物馆的收藏极具启发性。首先，我们应秉持一种社会发展与遗产话语的动态视角，作为一个动态发展的过程，我们的“今天”是子孙后代的“昨天”，为此，应该遵从“为了明天而收藏今天”的逻辑。其次，对所有者来说，任何的藏品都具有遗产价值，博物馆的收藏观念应从过去的收藏文物扩展到当下的收藏藏品，关注日常生活的“平凡之物”。生态博物馆发现地方与社区的思想逻辑深刻影响了传统博物馆的收藏转向，而且影响的范围主要集中在地方中小型博物馆。生态博物馆思想有助于切断地方中小型博物馆在政治上与民族国家的纽带，建构其与地方社会之间的联系，重新发现地方社会生活世界的独特性，发挥博物馆感知社会、服务社会的效力。

博物馆与地方、社区之间关系是生态博物馆研究的关键话题，如讨论博物馆如何为社区服务：系统深入研究藏品；制定长期而收藏计划；从事博物馆的比较研究[②]。然而，如果从博物馆致力于整个社会发展的角度来看，这些研究层面的努力显然零散而琐碎，而且仅仅局限在博物馆空间内部，对博物馆所在的社会历史场景视而不见，忽视了社会记忆与棘手记忆等重要研究议题。与生态博物馆思想一起，多元化声音在20世纪80年代席卷整个社会知识领域，反思棘手记忆的声音不仅来自曾经被殖民过的第三世界国家，而且还普遍存在于民族国家内的少数地方群体，以及历史发展进程中被压制与掩盖的边缘底层人们。生态博物馆思想裹挟着社会结构的变迁一起涌进博物馆，这些复杂的社会现象冲击了围墙之内的博物馆机制。从博物馆的研究职能来讲，最为突出的变化在于博物馆研究开始走出狭义的博物馆空间，线性、单一而权威的历史叙事受到边缘声音的挑战，博物馆研究与历史学、人类学等学科一起开始直面棘手的记忆。在这一方

① 周佳桦：《法国生态博物馆——“演化型”定义及理论概念初探》，《博物馆学季刊》2017年第1期。

② 林胜义：《博物馆与社区之结合》，《博物馆学季刊》1993年第2期。

面，英国学者麦夏兰（Sharon Macdonald）走在了最前面，她关于公共遗产与博物馆记忆的研究[①]深刻反思了当下记忆和历史的政治内涵。

与生态博物馆思想一起，强调不同文化价值及群体利益的多元主义文化议题和博物馆自身伦理的转向共同推动了博物馆展示的多元性与包容性。与过去一元性、单向性的上帝形象与教化模式不同，当下的博物馆展示强调社会文化的多元性。较之于传统博物馆展示而言，生态博物馆思想强调地域生命历程的重要性，将区域的自然资源、人文资源、集体记忆、文化认同、地方知识、活态居民统合在一起，共同构成一个促进社会、经济和政治成长与发展的机构与媒介[②]。其优势有两方面：一方面在于整体文化的呈现，促进不同文化体系的比较与理解，为社会的可持续发展提供全局性的文化视野；另一方面在于人的展示，将现在以及未来的当地人纳入到博物馆展示体系中来，实现当地人主客共存，在自我展示的同时理解自我，反思自我。因此，生态博物馆思想对博物馆展示的启发有两个方面：首先，新博物馆运动为现代社会提供了多元文化表达的公共空间，不同立场、不同观点在博物馆空间中有了自由表达的机会；其次，博物馆自身角色的转向生成了不同形态的博物馆类型，关注地方社会的生态博物馆与社区博物馆实践为地方文化特色的展示以及不同文化的理解和融合提供了宽广的舞台。

从博物馆传播与教育的层面来看，生态博物馆思想隐含的文化赋权、民众参与、民主化的哲学理念在挑战行政中心化的同时，也动摇了传统博物馆教化社会大众的权威角色；受到质疑的传统博物馆也逐渐意识到主体与客体的、教化与被教化的、主动与被动的二元结构关系的弊端，从而用强调社会大众主体性和能动性的“学习与体验”模式取而代之。为此，生态博物馆思想对博物馆教育的启发也包括两方面：一方面，博物馆教育的

---

① Sharon Macdonald. *Difficult Heritage: Negotiating the Nazi Past in Nuremberg and Beyond*. London and New York: Routledge, 1998.〔英〕沙伦·麦克唐纳著，陈春莉译：《骚动不安的记忆——对棘手的公共遗迹的干预与争论》，《马克思主义美学研究》2008年第2期。

② 〔法〕乔治-亨利·里维埃著，郑秀娴译：《生态博物馆——演化型定义》，《博物馆学季刊》1996年第1期。

互动体验和建构主义的学习模式让观众个体有了自我理解而获得启发的机会。据此，博物馆在发挥教育功能时应该最大限度地让观众参与体验，通过博物馆的多重环境空间共同建构参观体验，启发观众思考[①]；另一方面，博物馆还应面向社会大众，有针对性的组织问题意识明确、公益色彩鲜明的公共教育活动，通过奖励和回馈机制鼓励社会大众的参与。通过这种潜移默化地宣传，激发社会大众参与博物馆活动、参与社会可持续发展的热情。在完善全民教育的同时，提升社会大众对过去、现在以及未来发展的思考，同时实现博物馆与社会的可持续发展。

无论我们如何解读传统博物馆与生态博物馆之间的关系，断裂也好，延续也罢，作为博物馆世界的新事物与新形态，生态博物馆对传统博物馆的反哺效力是有目共睹的。这种可称之为“乌托邦效力”的生态博物馆思想代表的是一种生命力，是对传统博物馆危机的及时诊断与治疗。就博物馆世界来看，生态博物馆运动的最明显的效力不在于它所绘制的远大蓝图，更不在于它在地方社会燃起的燎原之火，而在于它延续了传统博物馆的生命力，保证了博物馆面向未来的无限可能性。

二、生态博物馆之于遗产研究的效力

生态博物馆的效力不仅限于上文所述的传统博物馆领域，而且还涉及遗产研究领域。据研究发现，生态博物馆思想、理论与实践被西方学者提炼成生态博物馆学路径，用于思考遗产领域的困境。限于篇幅，笔者将采取案例分析的方式，通过几个学者及其相关研究来呈现生态博物馆是如何作为一种方法发挥其社会效力的。

自1972年《世界遗产公约》施行之日起，遗产价值与遗产话语似乎就逐渐被官方收编，成为一套自成体系的制度化表述。在随后的遗产研究中，权威遗产话语（Authorized Heritage Discourse）和批判性话语分析（Critical Discourse Analyse）作为“善恶两级”分别出现，并代表着两种截然不同的遗产态度与遗产路径。简而言之，一种是国家主导的自上而

① 〔美〕爱德华・亚历山大、玛丽・亚历山大著，陈双双译：《博物馆变迁：博物馆历史与功能读本》，南京：译林出版社，2014年，第309—310页。

下的官方遗产，另一种是自下而上的非官方遗产[①]。那么，相较于官方制造的遗产话语体系，另一种遗产是如何生成的呢？在相关研究中，生态博物馆学路径成为非官方遗产话语或遗产范式，旨在地方层面上以人、物、空间和记忆之间的关系为根基而形塑遗产。在此，史蒂芬妮·霍克（Stephanie Hawke）在《遗产与地方感》[②]一文中的洞见充分展现了生态博物馆之于地方遗产的效力。

在霍克看来，非官方遗产话语应以地方感为组织概念，兼顾地方群体的草根性、多元叙事以及地方社会中弥漫的日常价值。作为组织概念，地方感不仅涉及有形的遗产，而且还是文化、传统，抑或是意义建构过程的普遍表达[③]。如此看来，这样一种替代性遗产范式与生态博物馆学路径不谋而合。生态博物馆不仅以地域和地方要素取代了博物馆建筑与藏品的位置，而且其民主与对话的过程也让地方发声得以可能。在戴维斯看来，生态博物馆是一个旨在实现永续发展的社区导向的遗产或博物馆项目[④]。基于此，生态博物馆学实践范式的阐释可以是流动的、多样的，甚至可以是前后矛盾的。与此同时，生态博物馆的评估指标[⑤]显示，生态博物馆可以成为一个为社区赋权、实现文化多样性的遗产管理项目。

虽然生态博物馆学路径在发现地方特色、寻求内部价值方面有所贡献，但这并不意味着一种自下而上的自由表达。从某种程度上来说，生态博物馆学路径强调的是遗产项目过程中遗产主体的地位及其遗产的总体情

---

① Rodney Harrison ed. *Understanding the Politics of Heritage*. Manchester: Manchester University Press, 2010, p. 8.

② Stephanie Hawke. Heritage and Sense of Place: Amplifying Local Voice and Co-constructing Meaning. *Making Sense of Place:Multidisciplinary Perspectives*. Woodbridge: The Boydell Press, 2012, pp. 235-245.

③ Stephanie Hawke. Heritage and Sense of Place: Amplifying Local Voice and Co-constructing Meaning. *Making Sense of Place:Multidisciplinary Perspectives*. Woodbridge: The Boydell Press, 2012, pp. 241.

④ Peter Davis. *Ecomuseum: A Sense of Place*. London and New York: Leicester University Press, 1999, p. 199.

⑤ Peter Davis. *Ecomuseum: A Sense of Place*. London and New York: Leicester University Press, 1999, p. 228.

境，即通过所有权的共享来实现遗产意义的共建[①]。意大利的德拉卡纳帕生态博物馆（Ecomuseo della Canapa）[②]就搭建了这样一个民主和对话的平台：专家价值与地方意义共同在场的生态博物馆学路径提供了交流的可能，权威性、局外人的和替代性、局内人的遗产理解在这个平台相遇，进而促成遗产意义的共建。从这个层面来看，生态博物馆学路径的介入揭示了遗产项目并非是限于一时的，而是时刻变化的，这也是生态博物馆之所以被称为文化过程的原因。

就此我们发现，聚焦局内与局外地方群体或个体记忆生成过程的遗产管理与生态博物馆关注过程而非产品的诉求相一致。上述对遗产过程的关注同时赋予了生态博物馆另一个社会效力，那就是对记忆工程和口述传统等无形遗产的关照与启发。

2003年，《保护无形文化遗产公约》在联合国教科文组织第32届大会上通过，旨在保护以传统、口头表述、节庆礼仪、手工技能、音乐、舞蹈等为代表的无形文化遗产。2004年的国际博物馆日主题是“博物馆与无形遗产（Museum and Intangible Heritage）”，其初衷是为了让国际博物馆学界关注与克服博物馆在无形文化遗产保护上的最大障碍——对无形文化遗产的固化（fossilization）[③]。令人遗憾的是，这一主题在国内却以相反的方式为人所关注，不少国内学者的研究着眼于传统博物馆与非物质文化遗产之间的关系，尤其凸显传统博物馆对无形文化遗产保护的作用。不得不说，这些研究的立论基础和思考路径存在很大的问题。无形文化遗产是人类经验这一更大生态系统的关键一环，因此，整体性的保护路径是至关重

① Stephanie Hawke. Heritage and Sense of Place: Amplifying Local Voice and Co-constructing Meaning. *Making Sense of Place:Multidisciplinary Perspectives*. Woodbridge: The Boydell Press, 2012, pp. 242.

② Peter Davis. Ecomuseum and Sustainability in Italy, Japan and China: Concept Adaption Through Implementation. *Museum Revolutions: How Museums Change and Are Changed*. London and New York: Routledge, 2007, pp. 198-214.

③ Richard Kurin. Museums and Intangible Heritage: Culture Dead or Alive? *ICOM News*, 2004(4), p. 8.

要的①。在传统博物馆学的路径下，无形文化遗产进入博物馆收藏、展示与阐释则意味着遗产表征与其所在的地方、文化及其互动网络的分离，与此同时，这种无形文化遗产的表达还面临着被固化的危险。无形文化遗产确实可以通过博物馆路径来介入，但是这一路径应该是生态博物馆学的，而绝非是传统博物馆学的。

生态博物馆学的哲学根基是整体观的博物馆学路径，强调人们的生活与环境、经济、社会、文化、政治、生态等方面的关系。按照此番解读，生态博物馆学路径的出发点是记录并阐释人、遗产和地方之间的关系，并将其视为一个不断变化的动态系统②。如果将此路径挪用到无形文化遗产领域，无形文化遗产的管理框架应该关注人、遗产和地方的整体关系。在人、遗产与地方构成的整体系统中，地方与人构成了介入遗产或框定遗产的两个关键性要素。

其中，地方指向的是特殊性和变迁性：不同地方的具体情况和基本需求是不一样，这也就提出了普遍路径实践中的适用与协商。地方无时无刻不处于变化之中，因而企图冻结无形遗产，或以无形遗产为载体来冻结地方文化都是对生态博物馆学路径的背离。人是遗产价值的仲裁者，在生态博物馆学路径下，遗产价值不应是政府和学者的事情，而应由地方群体来行使决策权；如此看来，如果无形文化遗产的保护与管理缺少地方群体的动员、参与和决策的过程，那么任何的无形文化遗产都是没有意义的③。

作为一种方法、路径和架构，生态博物馆的基本主张被挪用到遗产研究领域，生态博物馆的创见对遗产研究走出困境有非常重要的意义。在这

① Barbara Kirshenblatt-Gimblett. World Heritage and Cultural Economics. *Museum Frictions: Public Cultures/Global Transformations*. Durham, NC: Duke University Press, 2006, p. 164.

② Michelle Stefano. Reconfiguring the Framework: Adopting an Ecomuseological Approach for Safeguarding Intangible Cultural Heritage. *Safeguarding Intangible Cultural Heritage*. Woodbridge: The Boydell Press, 2012, p. 233.

③ Michelle Stefano. Reconfiguring the Framework: Adopting an Ecomuseological Approach for Safeguarding Intangible Cultural Heritage. *Safeguarding Intangible Cultural Heritage*. Woodbridge: The Boydell Press, 2012, pp. 234-235.

些研究中，研究者不应再考虑生态博物馆实践成功与否，而应关注生态博物馆作为一种方法论的效力。无论是对于自我还是他者而言，生态博物馆发挥效力的脚步都从未停歇。

三、“他性”：再思生态博物馆的效力

生态博物馆的效力不仅内含于自身的思想、理论与实践中，而且还延伸到其他相关领域，如传统博物馆与遗产研究。因此笔者认为，生态博物馆的效力是通过思想和方法两个渠道波及他者的。

就思想而言，生态博物馆所表征的时间转向、空间转向、自我反思、多元文化、自我认知等方面深刻影响传统博物馆对收藏、研究、展示、教育等功能的认识，无需多言，这一效力即体现了博物馆世界内部生态博物馆对传统的效力。正如上文所述，生态博物馆并未造成传统博物馆与新博物馆学的断裂与隔阂；相反，当认识到生态博物馆思想、理论、实践的先进性与超前性时，传统博物馆积极吸收其理论滋养。假如，我们一定要阐释生态博物馆对博物馆世界的贡献，那么，它对传统博物馆在思想上的反哺必须是首先要提到的。

以方法而论，生态博物馆的效力集中出现在遗产研究、旅游研究、区域发展、社区参与等领域。在这些相似或相邻学科或领域内，生态博物馆如何发挥自身的效力呢？是不是将生态博物馆的思想、理论与实践挪用到相关议题的讨论中，以追求跨学科嫁接的创新与突破呢？真实情况比此更为迂回和微妙，即生态博物馆的思想、理论与实践被高度提炼，成为一种生态博物馆学路径或生态博物馆学架构。为此，从体系到方法的转型让生态博物馆成为特定领域内指导理论思考和具体实践的基本架构。在博物馆世界，生态博物馆思想落地为具体实践时，其自身的革命性就被削弱，这在一定程度上引起了一些学者的不满。但是，在上述提及的领域看，生态博物馆思想呈现了一种从思想到思想、从思想到方法的流转轨迹，其革命性和先进性在此过程中得以充分的保留，进而充分发挥其效力。

那么，可否用“在别处”“在他处”这样的词语来描述生态博物馆复杂的社会效力呢？这曾经是笔者一直心仪的术语，用于说明生态博物馆在建构自我体系的同时，其效力还延伸到传统博物馆和遗产研究等相关领

域。难道生态博物馆的效力仅仅是单向地惠泽他人吗？这个最初的想法在行文过程中动摇了。困顿之时，一份来自人类学的“馈赠”引起了笔者的注意。

人类学一直在处理他者，或者说通过他者来处理自我。如果没有一些关于自我-他者关系的想象或者事实，任何人类和社会都是不可能存在的[①]。根据王铭铭的梳理，他者这个观念在欧洲起源很早，拉丁文“alter”就是英文“alterity（他性）”的词源。在王铭铭看来，他者或他性所蕴含的“改变（alter）”和“交替（alternation）”的智慧对于理解帝国文明形态的存在方式及其关系具有重要启发。简而言之，帝国与蛮夷之间的关系是双重的，一方面，中国宣称自身与蛮夷有着很大的文化差异；另一方面，又要靠他者来滋养自身[②]。

且不说将生态博物馆类比于帝国文明形态面临的危险，单用他性这个极具超越性的概念来论述生态博物馆也有一定的风险。对笔者而言，他性的启发主要是一种思考问题的方法，即不同领域与思想之间的交流具有互惠效力，这种效力不仅停留在输入方，有时候，对输出方的影响可能更加深远。相较于可见的、表面的改变，深层次的整合与重生才是他性的真正价值所在。具体到本书的主题，生态博物馆本身是一个自洽的体系，自身有思想、理论和实践，但与此同时，生态博物馆在向其他领域输出自我的同时，也获得了意想不到的生机与活力。

简而言之，生态博物馆在反哺传统博物馆、滋养遗产研究的同时，也收获了一份“回赠”的礼物。生态博物馆经由传统博物馆和遗产研究实现了“从此及彼”的过程，在发挥效力的同时，也实现了“由彼及此”的过程，即自我生机与活力的恢复与提升。“由此及彼”自然是这一部分书写的重点，佐证生态博物馆是如何作为一种思想和方法延伸到其他研究领域的；与此同时，“由彼及此”则是内部隐含的一条线索，生态博物馆发现了自己不曾意识到的能力和优势，借由他者凸显了自身价值。

---

① 王铭铭：《超社会体系：文明与中国》，北京：生活·读书·新知三联书店，2015年，第172页。

② 王铭铭：《超社会体系：文明与中国》，北京：生活·读书·新知三联书店，2015年，第172—173页。

在接下来的章节中，笔者将把生态博物馆置于社会史和思想史的脉络中，试图以生态博物馆作为隐喻性的阐释对象，书写生态博物馆置身其中的思想体系。

第七章 边缘叙事：生态博物馆思想的阐释

社会概念是一个强有力的形象。它本身就拥有支配人们或使之采取行动的权利。这种形象有其形态，还有外部的界限、边缘及内部结构。它的纲领具有一种奖励顺从和击退攻击的能力。它的边界和无结构的地带也同样具有能量。对于社会象征来说，任何结构、边缘或边界的人文经历都能支配。①

正式的项目实际上寄生于非正式的过程，没有这些非正式的过程，正式项目既不能产生，也不能存在。然而正式的项目往往不承认，甚至压抑非正式过程，这就不仅损坏了项目目标人群的利益，也最终导致了设计者的失败。②

---

① 〔英〕玛丽·道格拉斯著，黄剑波、卢忱、柳博赟译：《洁净与危险》，北京：民族出版社，2008年，第142页。

② 〔美〕詹姆斯·斯科特著，王晓毅译：《国家的视角：那些试图改善人类状况的项目是如何失败的》，北京：社会科学文献出版社，2012年，第3页。

作为一套相对完整的理论体系和实践模式，生态博物馆运动借助博物馆与遗产路径在世界范围的地方社会与边缘文化中制造了一个诸多观点、看法与认识相互协商的接触空间。与“文化网络”不同，生态博物馆在地方社会所构筑的媒介并非是内在生成的，而是通过外在理论与实践话语发现地方与重绘地方的尝试。从某种意义上来说，无论是立足于生态博物馆实践本身还是地方社会图景，单一而具体的描述与分析都无法清晰地认识这一文化运动所暗含的社会史图式。蒂姆·英格尔德（Tim Ingold）曾经在一个相当不同的文本中描述了世界景象的对立，一方面是包围我们的球体，另一方面是我们立于其上才能凝视的地球[①]。也就是说，认识某一种文化现象或社会事实，“就事论事”的书写看似无懈可击，实际上这种阐发往往隐含着一种特殊主义和中心主义的内化视角，视角主义与总体概念的缺失必将导致理解世界的偏差。相反，超越具体感知的抽象思考在将非理性的情感转换为理性的思维结构的同时，也能够将其置于更大的社会概念与历史过程中予以书写。

在第四章和第五章中，笔者分别以主位——生态博物馆项目参与者和客位——人类学田野工作者的双重视野，运用大量材料描述并分析了中国生态博物馆介入地方社会的过程，以及生态博物馆在制造地方感和地方景观方面所遭遇的种种困境。在本章中，笔者则把生态博物馆置于社会场景中进行阐释与反思。这不仅延续了前文关于生态博物馆的具体描述与分析，而且还将生态博物馆运动纳入到社会史的历时性与共时性的双重维度中，并试图从社会史和思想史层面完成对生态博物馆运动及其相关变量的微观而深入的剖析与诠释。

任何一种思想形态，它都具有双重性的内涵与特质：一方面是逻辑形式的自洽性，另一方面是社会学意义上的工具性[②]。如果我们勉强将生态博物馆运动作为一种思想的话，那么它的理论与实践逻辑已经在前文中得到了详细的探讨。接下来需要考察的是它在社会生活和政治活动中是如

① 〔美〕戴维·哈维著，胡大平译：《正义、自然和差异地理学》，上海：上海人民出版社，2015年，第43页。

② 〔德〕卡尔·曼海姆著，黎鸣译：《意识形态与乌托邦》，上海：上海三联书店，2011年，第1页。

何作为集体行动的工具而发挥作用的。因此，如果将生态博物馆运动作为一种社会结构中某种意识形态的表达来思考，那么围绕生态博物馆运动及其相关概念的研究不仅有助于充分理解生态博物馆运动的本质，而且还将呈现这一运动是如何在整体而动态的社会结构中“被表述”的。为此，笔者在这一章节将借鉴曼海姆在《意识形态与乌托邦》[①]一书中有关知识社会学的讨论，从整体而动态的社会历史进程中体验生态博物馆思想的“变脸”。笔者试图回答的问题是生态博物馆思想是如何从一种具有先锋性质的“乌托邦”思想转化为相对稳定的“意识形态”的。

第一节　边缘再现：博物馆叙事的转向

作为社会文化的表达，博物馆的内涵、形态与职能与不同时期的认识论具有强烈的同构性。也就是说作为一种思想形态与社会机构，博物馆会对社会历史过程中出现的新事物与新议题做出相应的回馈，这种社会性格保证了其社会史书写的合法性。与此同时，博物馆也不可避免地涉入关于权力的政治学讨论中。正如本尼迪克特·安德森（Benedict Anderson）所说，博物馆与博物馆化的想象（museumizing imagination）都具有深刻的政治性[②]。犹如机械复制时代艺术表达的转向，工人阶级为了反对“为艺术而艺术”的审美垄断采取的是扩大艺术内涵与外延的迂回策略。这项广泛参与的艺术史运动并非表明了工人阶级对艺术审美的鉴赏与品味，而是表明了参与公共事务的姿态，并试图在艺术领域实现民主化的理想，涉及不同阶级之间财富、权力与控制[③]。同样，关注边缘人群、多元文化、地方价值等社会议题的博物馆表达不仅仅在于收藏、研究、展示、传播一种价值，而且具有强烈而抽象的政治学隐喻。

① 〔德〕卡尔·曼海姆著，黎鸣译：《意识形态与乌托邦》，上海：上海三联书店，2011年。

② 〔美〕本尼迪克特·安德森著，吴叡人译：《想象的共同体：民族主义的起源与散布》，上海：上海世纪出版集团，2005年，第167页。

③ Lenore Metrick-Chen. *Collecting Objects/Excluding People: Chinese Subjects and the American Art Discourse,1879-1900*. PHD dissertation, The University of Chicago, 2005, p. 200.

作为20世纪80年代的博物馆形态之一，生态博物馆无疑在整个博物馆学界扮演着“艺术先锋派”的角色，并由此形成了由专家学者、国际机构、学术期刊、实验项目所组成的网络。基于博物馆既有结构的考虑，很多学者将以生态博物馆或社区博物馆为代表的新博物馆学运动称为“大逆不道”的“反博物馆（anti-museum）”。作为博物馆领域的新事物，我们应该如何理解生态博物馆运动的诞生及其发展呢？它是特定时期的社会史运动对传统博物馆形态的否定与背离，还是一种从整体社会学意义上拯救博物馆的救赎行动？在这一节中，笔者将再次回溯西方生态博物馆运动的历史，从社会结构与历史进程两个角度来分析生态博物馆是如何与多元文化和地方社会的边缘叙事达成共谋的。在这个过程中，生态博物馆不无意外地陷入到权力的政治学范畴，即表征差异与价值的“去中心化”话语赋予了以生态博物馆为代表的新博物馆学运动的“乌托邦”特质。

一、差异的隐喻：全球化、多元性与地方社会

无论愿意与否，我们都不得不用那个风靡一时而又成为陈词滥调的术语来描述生活其中的社会世界，那就是“全球化”。试图寻求有关这一术语的共识性概念，并对其进行或褒或贬的价值判断都不是笔者的初衷。笔者关切的是这一真实存在的现象或过程是如何与其他相关概念、议题与事实联系的。从某种意义上来说，全球化是资本主义世界体系的一种延续，是对旧有民族国家权力格局的瓦解与反叛。虽然这种新的世界秩序依然具有非常强烈的西方价值体系的阴影，但无可否认的是它的革命性，即处于民族国家格局中的地方社会与边缘文化被解放出来。也就是说，全球化在延续西方资本主义的意识形态的同时，从整体的结构视角提出了当代社会所面临的理性结构之外的非理性难题与困境。因此，关于差异的当代政治学讨论涉及的议题必然涉及全球化、多元文化和地方社会等概念和术语；换句话说，相较于民族国家的权力格局，全球化与多元性、地方性的共谋关系在一定程度上构成了当代社会的背景与底色。

如果从文化的视角来认识这一非常复杂同时又具有魅力的历史过程，那么我们会更加明了地理解全球化与多元性、地方性之间的亲密关系。霍尔曾经这样描述过全球化现象，即全球化指的是地球上相对分离的诸地域

在单一的“想象空间”中互相进行交流的过程[①]。也就是说，全球化是一种多元文化的文化体系，在这一“想象空间”里，全球范围的不同社会文化、不同地域群体、不同历史背景共同存在，每一种文化在加强与外部世界接触的同时，都在自觉而认真地展示各自的文化特征[②]。然而，展示文化并非这项社会史运动的全部，其背后是更为抽象的社会平权与文化赋权策略。

如果抛开称谓的不同，资本主义世界体系与全球化代表的西方价值体系并没有质的不同；那么表征差异性的多元性与地方性议题为什么在资本主义世界体系格局下被成功掩盖，而在全球化的新秩序下得以解放呢？原因在于操控与压制这些声音的垄断力量——殖民主义在20世纪60年代被基本根除。犹如宗教改革运动打破了教会对真理知识的垄断后涌现出众多思想类型一样，在后革命时代，各种意识形态蠢蠢欲动。从人类历史进程来看，时代的终结与革命的胜利并非仅仅带来了解放的喜悦和明朗的前景，相反，普遍的迷失感与困惑感往往是最先遭遇的。格尔茨在《作为文化体系的意识形态》一文中敏锐地把握了后革命时代的历史图景，在他看来，亚洲、非洲及拉丁美洲某些地区的新兴（或者复兴）的共产主义或非共产主义国家中，随着获得独立、推翻原有的统治阶级、立法大众化、公共行政管理理性化、现代精英兴起、文字及大众传播的普及，以及缺乏经验的新政府被推入连旧的参与者都搞不清楚的不稳定的国际秩序中去，人们都产生了普遍的迷失感[③]。也就是说，随着殖民主义的终结，可见的奴役与支配关系所造就的相对稳定的结构统一体被瓦解，被掩盖的力量在接下来的阶段中摇身一变，走上“报复”与“反叛”的解构之路。

多元文化与地方社会并非是一个具体而确切的所指，根据不同的层次与结构关系而有所不同，它们的内涵与对象具有强烈的伸缩性与场景性。

---

① Steward Hall. New Cultures for Old. *A Place in the World: Places, Cultures and Globalization*. New York: Oxford University Press, 1996, p. 190.

② Marshall Sahlins. Goodbye to Tristes Tropes: Ethnography in the Context of Modern World History. *Journal of Modern History*, 1988(1), pp. 1-25.

③ 〔美〕克利福德·格尔茨著，韩莉译：《文化的解释》，南京：译林出版社，1999年，第279—302页。

从世界格局来看，独立的新兴民族国家在面对西方社会的时候，成为多元文化与地方主义的载体；从新兴的民族国家的立场来看，少数民族与地方主义的文化复兴和政治认同成为解构现代性的主要力量；对西方社会而言，边界内部的少数族群、移民群体不无意外地举起了反抗主流文化的大旗；从阶级层面来看，边缘人群和被压迫的阶级发出声音，要求争取自身的文化与历史价值。也就是说，控制与垄断力量的消失解放了那些失声与沉默的文化或群体，开放而混乱的时代格局为这些差异因子与非理性因素提供了表达的土壤与机会。

为了实现整体性的覆盖，秉持内部差异与多样的全球化取代了政治学意味明显的资本主义世界体系而登上时代的舞台。在全球化构筑的结构体系内，从20世纪60年代开始，地方性文化认同在多元主义的话语下逐渐萌生，在如何处理空间上、文化上边缘与中心之间的关系面临着挑战。解构殖民主义话语、抛弃主流文化的价值观、将主流文化历史纳入到自身的叙事中，这些富有浪漫主义的多元声音主导了整个社会知识领域，一系列的批评与反思以前所未有的规模席卷了整个社会。我们正处于过度理性化的世界，以至于反讽的话语层出不穷，这些来自边缘位置的话语从本质上来说挑战了既有的官僚行政体系。

如何站在地方社会与边缘文化的位置上保护特殊与差异，进而达到变革的目的成为当时学术界的风尚。这种学术研究的旨趣转向随处可见，如社会史运动采取口述史的研究方法来接近普通人群的日常生活与历史叙事，人类学抛弃了文化人格学派的“文化模式研究”转而强调异质与差异，历史学完成了从大人物和大事件的政治史书写到乡村生活、日常生活的社会史与文化史书写的转向。博物馆学领域也开始了自我反思与批判之路，在多元文化和地方差异的影响下，博物馆已经开始自我诊断，力图从变动的社会局势中迎合这股暗流。这股带有浪漫主义的解构风潮却并未就此止步，在既有的博物馆结构内部完成自我消化与重建后，借用历史主义的遗产而越走越远，萌生了新的博物馆形态，即生态博物馆。

无论是多元文化还是地方社会，它们的自我展示与价值重塑都离不开一定的组织机制，博物馆将“不可见之物”变成“可见之物”，并进行展示与体验的内在属性建立了其与差异的社会文化之间的勾连。因此，博物馆领域成了社会关系斗争的竞技场，对博物馆形态、思想与实践的考察是窥探全球化、多元文化与地方社会的一面镜子。

二、生态博物馆思想：一种乌托邦的想象

在运用知识社会学方法来分析生态博物馆运动的“乌托邦”属性之前，让我们先回到曼海姆关于意识形态与乌托邦的讨论上。曼海姆用意识形态和乌托邦概念来揭露思想的社会关系根源，在他来看，意识形态概念反映了来自政治冲突的一个发现，即统治集团可以在思维中如此强烈地把利益与形式密切联系在一起[①]。乌托邦这一概念反映了政治斗争中相反的发现，即某些受压迫的群体在理智上如此强烈地对摧毁和改变特定的社会条件感兴趣，以至于他们自觉地在局势中仅仅看到那些倾向与否定它的因素[②]。如果我们将这一对极具政治学意味的概念用于社会现实的分析，我们会看到社会秩序、社会现实、思想体系等要素之间的动态过程。也就是说，当现存的社会状态与解释其效力的思想发生偏差，出现不一致的时候，另一种思想会因其对社会现实状态的超越而出现。

从辩证关系来看，意识形态和乌托邦是一个在相对意义上得以成立的关系体系。这种情况下，什么表现为意识形态，什么表现为乌托邦，本质上取决于人们运用这种标准来衡量的现实的阶段和程度[③]。如果我们把有关意识形态与乌托邦的讨论放在20世纪七八十年代，这种基于社会现实而出现的思想体系之争就会迎刃而解。就像上文讨论的一样，既有的资本主义世界体系在全球范围内的瓦解释放了沉默的大多数，要求差异与多元的声音冲击着过去的垄断价值。就那个特定时代而言，占主导地位的社会秩序与思想体系的代表是意识形态，表现为一种以西方为中心的、资本主义的、理性的、启蒙的、科学的、普同的、现代性的属性；而被压迫地位的

---

① 〔德〕卡尔·曼海姆著，黎鸣译：《意识形态与乌托邦》，上海：上海三联书店，2011年，第40页。

② 〔德〕卡尔·曼海姆著，黎鸣译：《意识形态与乌托邦》，上海：上海三联书店，2011年，第40页。

③ 〔德〕卡尔·曼海姆著，黎鸣译：《意识形态与乌托邦》，上海：上海三联书店，2011年，第196页。

情感秩序与思想追求的代表是乌托邦，表现为一种非西方的、边缘的、非资本主义的、浪漫的、情感的、宗教的、差异的、原始的属性。当然，这种看似清晰化的二元结构关系在社会现实中并非界限分明，抑或是不可逾越。一些新兴国家在面对西方社会时选择了时代主义而非本质主义。为了分析的方便，笔者暂时忽略这些内部存在的矛盾与张力，着重为理解西方生态博物馆运动的本质提供一种有效解释的知识社会学图景。

西方生态博物馆运动在何种意义上具有了乌托邦的属性？要回答这个问题，我们必须从以下两个方面来入手，一方面是西方生态博物馆诞生的原因，另一方面是生态博物馆实践中包含的核心思想。换句话说，现存社会状态的哪些变化超出了既有思想秩序的范畴，以至于新的思想体系得以产生与发展。如前文所述，笔者从历史主义角度、民族国家视角和博物馆领域系统交代了西方生态博物馆作为一场革命是如何爆发的。

纵观西方生态博物馆的发生学机制，笔者发现，生态博物馆运动的思想体系本质在于表述那些被现存秩序所抛弃与压迫的东西。与此同时，这些具有“乌托邦”反叛精神的观念主张内化到生态博物馆的行动与实践中。倪威亮曾经在其博士论文中认为社区参与（community participation）、赋权（empowerment）、遗产民主化（the democratization of heritage）[①]共同构成了西方语境下的生态博物馆运动的核心思想。在中国语境下，苏东海所总结的“自我保护与原地保护”的核心理念基本上延续了生态博物馆的主旨思想。社区参与肯定了自我社会与文化的主体价值，暗含的是与自上而下的行政治理截然相反的一种自下而上的行动姿态；文化赋权的思想主张在于承认地方社会或边缘文化的自主性与独立性，从根本上获得一种自我表达与自我发展的机会；民主化从文化权利的角度反思社会隔离而带来的资源区隔，遗产民主化这一抽象的政治学术语从遗产的角度试图批评行政的中心化以及精英主义的历史叙事。

因此，从相对理论和抽象的层面来解读生态博物馆运动是必要的，它是解构现代性秩序的一种尝试。因此，其思想体系所蕴含的社会学价值并非仅限于博物馆和遗产领域，而且蔓延到整个社会中。民主化、多元性、

① William Nitzky. *Entanglements of "Living Heritage": Ecomuseum Development in Rural China*. PHD dissertation, Arizona State University, 2014, p. 1.

差异化、地方性等措辞所代表的社会现实要求一种思想体系和社会运动来实现自我表述与自我价值。通过上述分析发现，西方生态博物馆运动的产生原因和行动实践中孕育着一种反对既定社会秩序的思想体系。素有博物馆界“法国大革命”之称的生态博物馆在传统博物馆和既有社会现状的双重压力下，走上了一条与原有的思想体系不同的道路。从狭义层面来讲，相较于传统博物馆思想体系，生态博物馆思想是一个乌托邦革命；而相较于整个社会结构来说，以生态博物馆运动为代表的强调地方社会与多元文化的边缘叙事则构成了对特定社会局势的乌托邦想象。这些乌托邦思想无时无刻不在解构现代性所构筑的大厦。

三、生态博物馆乌托邦的幻灭

如果简单地用意识形态和乌托邦的二分结构来思考历史进程和社会机构的话，我们会发现每个历史事件都是从托邦（现存秩序）中产生一种不断更新的解放力量（乌托邦），因此，历史的道路总是从一个托邦经过一个乌托邦而导向下一个托邦[①]。这种辩证的绝对主义看似极具解释力，然而却忽略了不同思想体系、历史领域和制度内部的进化趋势。作为西方社会的乌托邦类型，生态博物馆运动具有的思想性和政治性也并非如它们所标榜的口号那样，完成类似于千禧年革命对既定社会秩序的破坏。接下来，笔者将从西方生态博物馆运动的变化来考察它在西方社会的思想流变及其认识论转型。

一些学者在论证生态博物馆运动在西方社会的失败时，往往认为生态博物馆描绘的“美化过去和创造未来”的乌托邦境界很难成为现状的一部分[②]，理想与现实的脱节导致了它难以为继。的确，生态博物馆企图依靠前现代社会的共同体情感与生活方式的滋养来塑造一个自我治理的地方，并由此实现在社会进程中的能动性发挥。从理想层面或革命色彩来看，这

① 〔德〕卡尔·曼海姆著，黎鸣译：《意识形态与乌托邦》，上海：上海三联书店，2011年，第198页。

② 〔法〕弗朗索瓦·于贝尔著，陈音音译：《生态博物馆在法国——矛盾与曲解》，《博物馆学季刊》1996年第1期。

种唤起相反想象力的乌托邦类型与千禧年思想极为相似，狂热的破坏精神在某种程度上支持了生态博物馆运动的持续生命力。与此同时，生态博物馆诞生之初的理想在某种程度上似乎略显激进，过于美好的口号在增加这一运动超凡魅力的同时，也为生态博物馆运动的未来发展埋下了失败的伏笔。既存的占统治地位的政治团体在一开始就因为这一思想的先锋性与破坏性而予以警惕，他们千方百计的阻挠与驯化是生态博物馆运动不得不面临的局面。

为了能够从理论转化为现实，生态博物馆运动在实践之旅上进行了妥协。也就是说，生态博物馆思想在西方社会的具体实践体现为一种自由主义-人道主义的乌托邦类型。第一，生态博物馆思想将自身的角色从破坏者转变成为批评者和制约者，定位上的变化让其实践成为可能；第二，生态博物馆思想抛弃了地方群体的感情结构，而采纳了一种博物馆与遗产的思维结构，以此来组织与展示地方社会与文化图景；第三，专家学者的参与和介入带来的是生态博物馆运动的自律性和规范性，这种转变将地方差异性的表达从最底层过渡到理性的知识分子手中，从无意识的体验转为精神与知识教育；第四，生态博物馆运动的经济支持让其思想的实现时刻处于既有体制的监控之下，比如法国的文化事务一向由政府主导，被视为异类的生态博物馆运动随时都有被收编或驯服[①]的危险。生态博物馆思想在实践过程中的妥协与让步，是为了将其付诸实践。生态博物馆思想在转化为行动与实践的过程中从千禧年的乌托邦类型转化成为自由主义-人道主义的乌托邦类型。

在西方语境中，生态博物馆运动从理论到实践的发展改变了生态博物馆思想的乌托邦面向。作为边缘声音，生态博物馆思想犹如同时期的其他政治争论一样，从诞生之日起便承载着激进而革命的政治学主张。这些新动向认为它们是彻底的“他者”，彻底地处在占统治地位的决定体系之外，并且只有它们才能看穿愚弄我们其余人的拜物教，并实现彻底的

① 张誉腾：《生态博物馆：一个文化运动的兴起》，台北：五观艺术管理有限公司，2004年，第61页。

变革[①]。这种浪漫主义的边缘声音其实是工人阶级革命传统的延续，作为资本主义累积在文化、政治和主体性上的附加值，贫困、边缘和被压迫的群体在开放性的意识形态流动中获得超越。在抽象的层面上，边缘声音或围绕彻底“他者”的运动比既存的、占统治地位的社会结构具有更高水平的目标和政治承诺。在生态博物馆思想中，空间上的“地方社会”与时间上的“传统过去”构成了差异与多样的斗争话语，这在主流社会过程和社会关系之外的领域提供了一种针对统治话语的“比喻性”抵抗[②]。因此，从逻辑上来讲，为了保证生态博物馆思想的战斗性特质，“不同”与“差异”成为保证其合理性和合法性的关键。

生态博物馆的先锋性质在从法国向世界的实践扩展中被掩盖与消解。犹如上文所说，生态博物馆思想在理论主张和具体实践两个阶段表现出截然不同的乌托邦类型：千禧年主义和自由主义-人道主义。生态博物馆思想代表的边缘声音在具体实践中改变了盲目而激进的冲动姿态，而是采纳了自由主义-人道主义的乌托邦思想，将非理性要素与现存的理性秩序放在统一的结构体系内进行思考。这种乌托邦形态的嬗变不仅使非理性领域得到了既有社会结构的承认与重视，而且还保证了其原初生命力的创造性与变革性。也就是说，生态博物馆运动作为一种乌托邦形态，其理论与实践在西方的发展其实是一个从边缘地带诊断社会关系，到为既有社会结构提供平衡力与生命力的过程。

第二节　中国语境下的生态博物馆思想

在西方社会中，生态博物馆运动代表了一种反对与批判现存社会秩序的乌托邦想象，文化赋权与地方民主等抽象的政治学概念一直伴随着生态博物馆的理论与实践。生态博物馆在西方的率先出现是既有思想体系与社会秩序相互脱节后，新思想在博物馆领域的集中体现。作为一种舶来品，

---

① 〔美〕戴维·哈维著，胡大平译：《正义、自然和差异地理学》，上海：上海人民出版社，2015年，第115页。

② 〔美〕戴维·哈维著，胡大平译：《正义、自然和差异地理学》，上海：上海人民出版社，2015年，第117页。

生态博物馆在中国语境下的角色与效力是什么？它是否具有乌托邦性质？在中国语境下，生态博物馆运动究竟是民族国家治理地方社会的技艺，还是“去中心化”的社会话语的自我表达？在这一节中，笔者将从中国生态博物馆运动走过的三十多年风雨历程中寻求问题的答案。

一、民族与地方：生态博物馆思想的本土阐释

中国的生态博物馆运动开始于西南边境的民族地区，后来逐渐发展到北方汉人社会的腹地山西，以及经济发达的江南地区。在笔者看来，苏东海对中国生态博物馆运动的代际划分并不充分，民主化与专业化的区别标准太过狭隘，这在一定程度上掩盖了生态博物馆运动在中国社会的实质。如前文所述，生态博物馆运动在中国的实践无非具有两个阶段的发展：表征民族和发现地方。

为什么带有先锋性质的生态博物馆运动在中国语境下丧失了它的革命色彩与差异叙事的政治性呢？有的学者认为中国生态博物馆的出现是一种人为干预的结果，从民族地区或地方社会的层面来看，文化主体尚未产生一种自觉的文化保护意识。如果从民族国家的层面来看可能更加清晰，20世纪80年代，西方民族国家结构相对稳定，它们在全球化的过程中发现地方与多元的时候，能够对此予以承认与证实，并允许其在理性结构的框架内进行自我展示与表达。同一时期的中国正在进行民族国家的同质化与一体化的建构工程，因此，代表着边缘叙事的民族或地方声音是政府所不希望看到的。那么应该如何应对本土社会的多元化声音或西方社会价值观的入侵呢？从政府层面来看，一味拒斥将会带来对“改革与开放”政策的否定，甚至是国内的多元声音与全球化体系达成针对民族国家的共谋。因此，民族国家在对待这些具有先锋性质的西方话语时，往往采纳的策略是从国家的层面将其纳入到民族国家的建构框架内，对其进行功能与效力的重新解读，通过“本土化”的阐释而消解其变革性。

中国与西方国家发展背景的错位导致了一系列西方思想在中国社会实践的过程中被扭曲，在这一过程中“本土化”“具体国情”“中国语境”等理由成为主要的挡箭牌。西方博物馆思想在中国近代早期的传播就是一种民族国家改造博物馆功能认知的实例，“教育先行”的博物馆实践在民

族国家的框架内展开，民族问题、国家政治等方面的意识形态通过博物馆教育得以强化[①]。作为西方社会的新事物与新思想，生态博物馆运动在进入中国后，改革开放的政治体系消解了它的先锋性质，并将其纳入到“发展”的话语结构中。倪威亮认为，中国通过改革开放走上了现代化之路，与之相伴随的是文化遗产保护与经济发展需要之间的矛盾日益突出[②]。也就是说，在西方社会中，生态博物馆思想虽然在后期的具体实践中逐渐趋于理性，但是它扮演的是一个边缘地带的战斗者角色，多元文化与地方社会的保护、发展与赋权成为这项运动的主要追求。而在中国，生态博物馆运动在政府的主导下，被赋予了太多复杂的重任，总的来说，生态博物馆运动在中国演变成具有遗产保护与经济发展两重使命的机制[③]。

2015年，在安吉生态博物馆群调查期间，笔者与潘守永、王鹤、程永军的一次非正式谈话引起了笔者思考。王鹤和程永军纷纷表示，最近几年国家文物局并未就中国生态博物馆的实践发布指示，这造成基层的生态博物馆实践工作无法开展。潘守永给出的解答是应当成立一个生态博物馆联盟，在思想和实践上实现相对的独立自主权。笔者从这段对话中了解了生态博物馆在中国社会总体局势中的位置，一方面，自身再生产能力的缺失导致了被动接受拨款的局面，一旦政府的投入减少，生态博物馆运行便停滞不前；另一方面，从本质上来说，生态博物馆运动在中国是民族国家行政体系的产物，具有乌托邦色彩的解放思想被民族国家所驯化，被纳入到意识形态的范畴。

在中国语境下，生态博物馆运动在政府话语的主导下，丧失了其哲学内涵中的乌托邦特质，而演变成为社会主义的意识形态。作为一种社会主义的意识形态，中国生态博物馆运动的实践掩藏着深刻的集体思维的观

---

① 尹凯：《博物馆教育的反思——诞生、发展、演变及前景》，《中国博物馆》2015年第2期。

② William Nitzky. *Entanglements of "Living Heritage": Ecomuseum Development in Rural China*. PHD dissertation, Arizona State University, 2014, pp. 9-10.

③ William Nitzky, *Entanglements of "Living Heritage": Ecomuseum Development in Rural China*, PHD dissertation, Arizona State University, 2014, p. 10.

念[①]，主要表现在以下两个方面：民族地区的生态博物馆实践暗含着主流汉人社会与少数民族之间的集体差异；汉人社会的生态博物馆实践则包含着国家与地方、精英集体与农民集体之间的差异。也就是说，在社会主义的意识形态背景中，政治利益的考量与权衡是依照社会环境和生存环境表现出来的，而且意识形态的建构与想象又与历史和社会环境密不可分。资产阶级自由、民主的意识形态在面对边缘声音这种新的非理性领域时，它会试图通过思想、讨论和组织去控制在那里占支配地位的权力和非理性关系[②]。社会主义意识形态对非理性领域的处理采取的是一种直观主义和极端理性主义的路径，经济的、社会的和意识形态的相互关联和交织使其不断重新阐述社会结构整体的问题。在中国的生态博物馆运动中，我们能够看到生态博物馆思想是如何被社会主义意识形态所曲解的：少数民族地区的生态博物馆实践延续了民族博物馆的政治学路径，被展示的民族文化并非作为平等主义的"他者"参与到社会关系中，而是以一种想象的异域观固化他们的落后与原始。同时，普遍出现的乡村主题定位强调共同体的感情纽带与生活环境，这种看似关注社会生活真实图景的背后则暗含着现代性与前现代性之间的二元关系。

总的来说，由于特定语境的变化，生态博物馆运动在中国的实践完全丧失了它在西方社会结构中的乌托邦本质，成为一种社会主义的意识形态。原本作为全球化反身性的解放性和能动性力量在中国语境下被篡改为民族国家的文化工具，以此来处理中国语境下的民族问题和现代性问题。乌托邦与托邦在社会进程中的斗争与替代关系被社会主义意识形态的综合性与辩证性所取代，表现为一种意识形态的生态博物馆思想在中国社会中处于民族国家行政体系的监管之下。它的革命性与斗争性色彩被完全泯除，唯一剩下的学术遗产被博物馆学所汲取，那就是在类型上丰富了中国博物馆的门类。

---

① 〔德〕卡尔·曼海姆著，黎鸣译：《意识形态与乌托邦》，上海：上海三联书店，2011年，第124页。

② 〔德〕卡尔·曼海姆著，黎鸣译：《意识形态与乌托邦》，上海：上海三联书店，2011年，第122页。

二、资源、秩序与极端现代主义

如前文所述，标榜解放与革命的生态博物馆思想在中国语境下被篡改，接下来我们需要探讨的是在生态博物馆的具体实践中是如何体现国家在场的。20世纪80年代，中国社会政治领域范围内发生着一系列变化，最重要的是国家传统浸透到地域传统领域，后者乃是建立在民族性和地方性基础之上的[①]。这股国家权威下沉的潮流体现在社会生活的方方面面，而且在一定程度上影响了生态博物馆运动在中国的实践。

在介入地方社会时，中国生态博物馆的实践让我们似乎看到了普鲁士和萨克森在18世纪所发明的“科学林业”[②]的影子，也就是说，这些带有博物馆和遗产话语的地方实践在某种程度上代表了一种实用主义的国家策略。笔者在项目参与的过程中感受到，生态博物馆建设的关键在于发现地方社会中具有自然和历史价值的有形或无形的资源。这些被称之为“文化要素”或“展示点”的资源在面对自上而下的生态博物馆运动时，改变了它在当地社会文化体系中的形态与价值，转而成为一种“资源”。在民族国家的实用和发展主义的话语中，地方社会赖以生存的自然环境与社会生活摇身一变，在生态博物馆的话语体系中以“自然资源”和“人文资源”的面貌而出现。与过去强调自然资源的原材料属性和商业产出观念不同，新时期的自然资源作为一种可供直接消费的旅游资源，蔬菜种植园、花椒采摘园、茶叶种植园等专业区域的开辟实现了另一种资源的发明与创造。

正如上文所说，生态博物馆运动在中国背负了现代化发展的重任，这种社会主义的意识形态将生态博物馆内含的遗产话语与扶贫、旅游等地方行动捆绑在一起。扶贫与旅游属于现代性的发展话语，意味着政府资金的投入、地方基础设施的完善以及乡村旅游的发展。脱贫与发展话语让中国生态博物馆实践从幕后走向台前。生态博物馆的博物馆与遗产话语在于原地保护与自我保护，其服务于地方社会内部的诉求是首要的。然而在社会

① 金光亿：《文化与政治》，《社会文化人类学讲演集》，天津：天津人民出版社，1997年，第385页。

② 〔美〕詹姆斯·斯科特著，王晓毅译：《国家的视角：那些试图改善人类状况的项目是如何失败的》，北京：社会科学文献出版社，2012年，第4—20页。

主义发展观的要求下，中国的生态博物馆在实践中不得不考虑地方社会在整体社会中的地位与价值。这种基于“制造旅游地”的发展话语带来的不再是地方社会如何定位自我与制造自我的思考，取而代之的是如何将地方社会制造为一个可供现代性群体消费的“旅游目的地”。在这种认识论的推动下，作为“展示点”的文化要素在遗产诠释的过程中渐渐被异化，甚至会出现一些文化的“再造运动”。究其原因，生态博物馆运动在旅游话语的影响下，被纳入到生产与消费的结构链条中，扮演的是一种制造消费对象的角色。有学者曾乐观地鼓吹未来乡村将是中国社会的奢侈品，笔者却持悲观态度：无论是昂贵还是廉价，乡村社会终究摆脱不了被生产与消费的命运。

除了被纳入生产与消费的结构链条外，生态博物馆运动在中国社会的发展话语下也出现了一种极端现代主义的倾向。极端现代主义可以理解为对科学和技术进步的强烈信念，是一个将科技进步应用于——往往通过国家——人类活动各领域的全盘幻想[①]。城市规划、农村定居、土地管理、农业种植等一系列社会工程呈现出一种简单的、清晰的面向。笔者在参与生态博物馆项目建设，尤其是撰写规划文本时，明显感觉到了对地方社会图解化与简单化的意图。虽然生态博物馆运动并没有规划乡村社会的意图与野心，但是它所呈现的图景却是整体性的。如果回想一下松阳县西田村的村落整体展示与体验体系即可发现，西田村被“发现之旅”或“游览线路”人为地划分为三个部分——环山抱水　如临仙境；独辟蹊径 天人合一；传统乡村 感受生活[②]；每个部分内部都是由一些具有展示价值的节点所组成。为了清晰明了地呈现复杂的地方社会，生态博物馆也采取了平面图与结构图的做法，纯粹的视觉秩序意味着功能秩序与表面规律。如果说城市规划的标准化与秩序化的依据在于城市功能的区别，那么生态博物馆在制造地方时呈现的简单化与清晰化的标准是什么呢？是整体村落环境内部的区隔，还是资源种类的差异？恐怕这些回答都不能够让人满意。从

① 〔美〕詹姆斯·斯科特著，王晓毅译：《国家的视角：那些试图改善人类状况的项目是如何失败的》，北京：社会科学文献出版社，2012年，第111—112页。

② 中央民族大学多元文化研究所：《松阳·西田生态博物馆建设规划方案》，2015年12月，内部资料。

笔者相对主位的“局内人”观点来看，生态博物馆之所以在乡村社会中制造景观、划分区域、重塑秩序是因为它试图为“他者”制造一个可以轻易理解的地方。如果说城市规划是打着社会福利之名行国家治理之实，那么生态博物馆运动在乡村社会的秩序再造则是打着遗产保护之名行旅游开发之实。

纵观生态博物馆运动在中国的实践，一个突出的现象尚未被认知与书写，那就是生态博物馆选点的内在逻辑发生了深刻的变化。从最初的偏远、贫穷、文化特色明显的“小地方”，到后来开始考虑地方的基础设施、已有资源、其他项目等一系列因素。从时间序列来看，安吉生态博物馆群的建设开启了生态博物馆与美丽乡村建设等其他地方运动嫁接的序幕。这种愈演愈烈的生态博物馆实践之路的确为生态博物馆的建设提供了良好的基础设施条件，避免了不必要的投入与浪费，但是，这种依附其他地方运动的思路却在一定程度上消解了生态博物馆自身理念的纯洁性，造成了地方实践的混乱。我们暂且不谈生态博物馆非官僚气质的思想主张，就算是一个政府部门的主导项目，它也与地方旅游局、规划与建设局等不同政府部门的其他项目有着价值观上的冲突。地方社会上的混乱局面如何协调，恐怕也是中国生态博物馆运动在未来面临的困境之一。

生态博物馆运动在中国创造了中国特色的指导思想，即“政府领导、专家指导、社区居民主导、社会力量参与”。国家在场是生态博物馆从理论转为实践的关键环节，同时，它也在一定程度上改变了生态博物馆思想的生命力属性，将其纳入到整体的社会主义学说中。承载着扶贫、旅游等发展话语的生态博物馆运动在中国变成一场彻底的自上而下的政府工程，而且还受到极端现代主义的深刻影响。地方与国家的短期发展成为首要考虑的目标，任何有关差异叙事、边缘声音、文化赋权、地方民主等方面的乌托邦理想在中国语境下被现实世界所拒斥。

三、中国生态博物馆现象的反思

笔者第一次参与的生态博物馆项目是2012年太行三村生态博物馆建设。2013年5月，规划文本顺利通过论证会，豆口村和白杨坡的认知中心也同步进行。随后，2015年1月，松阳县政府与中央民族大学多元文化研究所就松阳县生态博物馆群建设进行讨论，5月正式委托多元文化研究所进行全县域的生态博物馆群规划和两个示范点的实施方案。笔者有幸全程参与了这两个生态博物馆项目，并且在此过程中接触到了地方领导、村支书、村民、学者等不同行动主体。亲身参与的“所见所闻所感”让笔者思考颇多，松阳县生态博物馆群建设过程和重访山西平顺的追踪研究让笔者切实体会到了民族志田野工作中的“自我定位”的困境。前者的项目参与和文本撰写让笔者站在生态博物馆项目组的立场上来审视地方与制造地方；而重访之旅则让笔者暂时跳出了生态博物馆项目参与者的视角，边缘或局外人的位置呈现的是另一种别样的风景。长期保持一种姿势或立场保证了一以贯之的行动力与稳妥性，但却丧失了张力与冲突，失去了在认识论层面对真理总体性的理解与把握。正是两种角色与视角带来的撕裂感让笔者不得不摆脱非此即彼的结构关系，以超越性的总体思维来思考。

互相比较在某种程度上能够为更好地认识与理解事物提供帮助，人类学的精髓在于发现他者从而进行自我的剖析与反思，生态博物馆现象在中国所面临的困境同样可以通过相似的地方运动的类比来寻求答案。在重访白杨坡之际，笔者见证了苇水村正在发生的变化。与白杨坡相隔不远的苇水村同样是一个小规模的村落，一家河南旅游公司在2015年3月正式进驻并制定了完善的工作计划与安排。在苇水村，笔者见到了该项目的驻村负责人孙玉柱，他竟然和笔者是老乡，而且是校友。整整一个下午，我们在办公室就乡村发展的现状，以及不同的介入方式进行了讨论。作为具体项目的负责人和乡村旅游开发的代表，孙玉柱对乡村建设以及未来发展有一套自己的观点。在他看来，乡村发展得有一整套相互配合的市场销售链条、旅行社开发专线和网络推广①。据他透露，苇水村的乡村旅游工作将于2015年11月完成商店、餐厅和三个院落改造的一期工程，2016年3月份开始恢复农村过去的手工艺、种植业、养殖业，2016年10月份正式完成②。笔者在工作人员的带领下参观了该项目改造或新建的民宿，外观上来看与其他的居民没有差别，内部装修却是采取了现代化的审美理念。

通过访谈，笔者发现以苇水村为代表的乡村旅游之路有两个值得注

① 尹凯根据录音和笔记整理，2015年10月26日，内部资料。

② 尹凯根据录音和笔记整理，2015年10月26日，内部资料。

意的地方：首先，它是整体运作链条的一环，被生产出来的乡村景观在一定程度上能够被游客所欣赏与消费，从而带来经济上的效益，这也就保证了村落的可持续发展；其次，它的乡村改造行动虽然并未如生态博物馆运动一样，采取严格的文化遗产和博物馆规范来操作，但是文化保护与文化参与的理念由于明确的目的性而得以贯彻。从客观角度来讲，笔者认为乡村发展的旅游模式有完善的建设、管理与运行机制，因而是可行的。当生态博物馆运动被纳入到国家的发展话语而不得不走向舞台与社会时，其市场营销链条的缺失让地方社会只能依靠政府的资金投入而勉强度日，建设之初红红火火，运营期间门可罗雀，资料信息中心或认知中心处于长年关闭的状态。2015年，笔者首次来到浙江安吉，感受具有第三代生态博物馆意义的生态博物馆群的魅力所在。令人遗憾的是除了几个产业类的专题馆外，很多专题馆和展示点处于荒废的边缘。让笔者印象最深的是安吉移民文化生态博物馆，留言簿上几乎全部都是政府部门的接待记载，冰冷的数据犹如被遗弃的生态博物馆一样，丧失了行动的生命力。在民族国家权威下沉的影响下，中国生态博物馆运动忘却了服务社区居民的直接且最初的理想。过早的从旅游和消费的立场来定位生态博物馆建设在一定程度上破坏了生态博物馆自身的完整性与逻辑性，生态博物馆运动必将在多重话语交织的空间中迷失自己。

中国生态博物馆运动过早夭折的另一个原因恐怕得从项目的规划负责方和参与方来进行解释。充分的人类学意义上的田野调查是生态博物馆建设的前提，生态博物馆后期的管理与运行也需要专业学者的长期关注。在西方社会，为了保证生态博物馆项目持续而有效地进行，需要有一名专业出身的学者在此长住一年以上。这种生态博物馆运动的配套机制在中国是不存在的。中国生态博物馆运动往往在建设之前大张旗鼓，在中心馆建成开放之后，专家学者往往以“村民主导和参与”为由彻底退出这项运动。这时候，地方社会的主导地位被抬出来，专家学者随之扬长而去，留下一个嗷嗷待哺的婴儿和束手无策的地方政府。除此之外，地方政府参与者在生态博物馆认识层面上与专家学者所代表的规划团队是不一致的，甚至是相互抵牾的。地方政府作为项目的委托主体，他们追求是成果与发展的时效性，当他们道听途说认为“生态博物馆”是一个时髦的新鲜事物时，他们就会思考如何借此之名来整合地方资源，寻求政绩上的浓重一笔或发展上的突飞猛进。当生态博物馆运动最终在地方社会开始落实时，地方政府会发现，这不是他们想要的东西。这时候，生态博物馆项目规划者应该怎么做？是根据对方的发展要求做出妥协与退让，还是继续坚持生态博物馆理念而据理力争？恐怕这种两难抉择现象并非是生态博物馆运动所独有的。

无论是从乡村旅游的“他者之镜”，还是从生态博物馆规划的“自知之明”来看，中国的生态博物馆运动是一个复杂的变体。生态博物馆的西方理论在面对中国的社会现实时，不仅丧失了乌托邦的革命精神，而且还成为民族国家的意识形态工具，甚至沦落为一个处处受挫的小丑。国家在场、发展话语、地方政府、专家学者等要素让中国生态博物馆运动处于一种“建设—遗弃—再建设—再遗弃”的循环状态中。生态博物馆在中国社会的怪现象究竟持续到什么时候，我们不得而知，或许循环打破之日正是革命成功之时。

第三节　生态博物馆的秩序化想象

在前文中，笔者从知识社会学的角度揭露了西方生态博物馆思想的本质，以及生态博物馆思想在中国语境下的复杂变体。这些讨论似乎远离了生态博物馆的具体理论与实践，事实却并非如此。宏观的理论重构与琐碎的经验材料之间是相互支持、相互印证的，并整合了特定思想体系的总体性思考。这种全局观念在以往的生态博物馆研究中是相对缺失的。

生态博物馆生成于特定的社会结构中，对发现地方价值，诊断整体社会关系起到了极为重要的作用。在处理人类与现实生活的关系层面，生态博物馆侧重的焦点是什么？在制造地方景观方面，生态博物馆的效力一直为人所诟病，出现这种现象的原因是什么？笔者将在接下来的章节中回答上述几个棘手的问题，以此来全面分析生态博物馆在秩序化的谱系下是如何制造地方的。

一、博物馆机器：地方秩序化的思想谱系

生态博物馆自身的发生学机制和特定社会秩序的转型将地方这一概念带到了我们的视野中。作为运动的动力和载体，地方的秩序化成为生态博物馆理念得以实现的关键。就本书而言，地方指的是一个在思想体系和意识形态层面相对弱势与边缘的位置，它可以在理论层面体现为被压制的民族或阶级，也可以被理解为民族国家范围内的村落空间。在这一部分中，笔者将从博物馆的自身谱系来讨论“博物馆机器”是如何依据其自身固有的结构来表述社会，并制造秩序化的历史叙事的。也就是说，作为一台自我运行的机器，博物馆因其自身的结构特质而陷入一种自我无法掌控的境地，尤其是在重塑地方秩序时，这一缺陷被无限放大。

让我们首先来分析“博物馆机器”的结构。国际博物馆学理论体系包括两个母体：一方面是欧洲大陆，尤其是中东欧国家对博物馆学理与学科体系的推崇；另一方面是西欧和北美地区博物馆专业化与实务工作的倾向[①]。在回答“博物馆是什么”这一基本问题时，英国博物馆学家哈德森说过，“博物馆的定义是困难而无意义的，博物馆试图要做的事情比研究它是什么更为重要。”[②]爱德华·亚历山大（Edward Alexander）曾感叹道，“博物馆为一错综复杂的机构，定义博物馆实非易事。”[③]在具有超凡思辨与理论素养的欧陆话语体系中，博物馆获得了一种永恒的结构。捷克博物馆学家兹宾叶克·史汤斯基（Zbynek Z. Stransky）认为，作为一种人类行为及其所反映的文化价值的表达，博物馆具有超越时空的共性，这种博物馆性指的是人类与现实生活的一种特殊关系[④]。这一定义不仅将博

① 张婉真：《论博物馆学》，台北：典藏艺术家庭股份有限公司，2005年，第47—48页。

② Bettina Messias Carbonell. Introduction: Museum Studies and the Eccentric Space of an Anthology. *Museum Studies: An Anthology of Contexts*. MA and Oxford: Blackwell Publishing, 2004, p. 3.

③ Edward Alexander. *Museums in Motion: An Introduction to the History and Functions of Museums*. Walnut Creek: AltaMira Press, 1996.

④ 〔奥〕弗德利希·瓦达荷西著，曾于珍、林资杰、吴介详，等译：《博物馆学：德语系世界的观点（理论篇）》，台北：五观艺术管理有限公司，2005年，第14页。

物馆作为一个相对稳定的秩序化结构，而且还克服了社会变迁对博物馆意义生产效力的质疑。

作为一种秩序化表达的机器，博物馆获得了超越时间的永恒性，这种永恒性来自于如何妥善并合乎规范地处理人类与现实生活，并使其清晰化与秩序化。何为博物馆的秩序化？沃什认为，“秩序”指借由物件的收藏、拥有、分类，对社会知识（宇宙知识）加以整理。秩序的观念在现代博物馆的发展，以及其对教谕主义（didacticism）与分类（classification）的倚重传统中，扮演了极其关键的角色[①]。沃什的观点对我们认识博物馆的思想性格与社会性格具有很大的帮助。纵观博物馆机构或与之相关的博物馆现象，这台机器千百年来似乎一直在重复一件事情，那就是如何将复杂的社会文化秩序化。秩序化构成了博物馆安身立命的法宝，同时也是洞悉其本质的关键所在。简而言之，无论面对的思想体系和意识形态表现为世界精神、民族精神、阶级精神还是地方精神[②]，博物馆都以其稳定的结构从容应对，以达到秩序化的目的。

从博物馆自身结构来看，博物馆的秩序化对象可以概括为以下几个方面：时间的他者（历史遗存）、空间的他者（异域制品）、己文化的他者（教化规训）、己文化的地方（制造景观）。博物馆依靠收藏、研究、展示、教育等功能自我组装成一个相对稳定的机器，这一机构可以被想象成一个“两端开口的容器”。一边是对物（或人）的据有，一边是对人的开放，而容器内部却是意义生成的过程。可能会有人质疑社会大众不被允许进入博物馆空间的前现代时期该如何表述，是否博物馆机器的结构想象就不成立了呢？当然容器仅仅是一个比较简单的比喻，在尚未开放的博物馆时代，容器另一端“对人的开放”并非不存在，“消费”博物馆藏品的人依然存在，不同的是他们不是社会大众而是收藏者自己。

博物馆的秩序化对象处于机器的两端，秩序化生产则指内部分类、选择、修辞与阐释的过程。从收藏这一端来说，博物馆通过物件的收藏实现

① Kevin Walsh. *The Representation of the Past: Museums and Heritage in the Postmodern World*. London and New York: Routledge, 1992, p. 20.

② 〔德〕卡尔·曼海姆著，黎鸣译：《意识形态与乌托邦》，上海：上海三联书店，2011年，第64—75页。

了对历史记忆和异域文化的秩序化，暗示了博物馆物件在时间和空间维度上的流动与迁徙。博物馆空间内制造的“他性”遵循的是秩序化他者、合法化自我的内在逻辑。与收藏端借助物件来表征文化的做法不同，博物馆开放端的秩序化手段更加直接，它将秩序化的对象指向了人。自社会大众与现代博物馆同步产生以来，教育就是博物馆的基本功能，自此博物馆教育以理性、科学、文明为口号，对社会大众进行无差别的权威教化[①]。20世纪80年代，学习与体验为主导的博物馆教育模式开始出现，以更加隐性的方式延续了博物馆秩序化之路，在博物馆领域体现为观众研究。将观众异化为数据或简单的类别，通过软件进行处理、分析与阐释的方法与欧洲民族国家产生伊始的人口统计具有异曲同工之妙。20世纪六七十年代，当地方成为思想体系和意识形态的载体时，博物馆机器的再生产能力衍生出与之相关的博物馆形态，那就是生态博物馆或社区博物馆，博物馆秩序化的谱系也随之延续到地方。正如上文所述，生态博物馆对地方社会的秩序再造主要通过资料信息中心（或认知中心）和村落整体展示与体验体系来完成，生态博物馆对地方的秩序化比传统博物馆对物件、文化和人的秩序化更为复杂。在生态博物馆的地方秩序化图式中，收藏、发现与再造地方物件、遗产与景观，在地方社会中进行“在地化”展示与解说，开放对象则是当地居民和外来者。正是开放对象的二元性让生态博物馆陷入制造地方秩序的困境：一味地按照地方文化来阐释会让熟悉的当地人丧失认知与理解的冲动；如果由外来的博物馆与遗产话语来接管地方阐释，那么则会引来村民参与的集体沉默。与此同时，当地人在地方社会的在场也时刻面临着身份上的左右摇摆，究竟他们是博物馆秩序化的对象，还是博物馆秩序化的消费者和欣赏者？

博物馆机器的自足机制使其可以超越不同历史时期和社会关系，以秩序化的永恒效力而出现。秩序化并非是一个带有权威性的贬义术语，当某种社会秩序因为思想体系的僵化而处于混乱状态时，秩序化往往带来的是认知与理解上的可能性。传统博物馆对物件、文化与人的秩序化之路已经在乌托邦批判思想的影响下不断自我修正，秩序化的图景变得更加中立

① 尹凯：《博物馆教育的反思——诞生、发展、演变及前景》，《中国博物馆》2015年第2期。

与客观。生态博物馆对地方的秩序化本身就是一种乌托邦思想体系在博物馆领域的延续。因此，地方的秩序化中存在的种种困境与瑕疵也就在所难免。从博物馆的谱系来看，生态博物馆作为一种关照地方的博物馆形态，延续了该结构一以贯之的秩序化之路。地方的秩序化并非是生态博物馆运动的终点，而是认知与理解地方的开始。

二、缺失的环节：米提斯的启发

生态博物馆思想的效力是多方面的，在新的社会秩序召唤下应运而生的生态博物馆以其先进而超前的生命力滋养着传统博物馆，共同捍卫了博物馆在社会表达和社会变革方面的效力。同样，作为文化工具，生态博物馆以博物馆和遗产话语在地方社会构筑了协商、交流的“接触地带”，资料信息中心（或认知中心）和村落整体展示与体验体系一起制造了有关地方的可见秩序，成为发现地方价值的关键力量。生态博物馆在地方的实践正在一步步重塑有关地方生活世界的地方感，这种可见的秩序化的地方感究竟与地方的本质及其意义有何区别呢？距离作为地方化艺术表达的“米提斯”，生态博物馆还有多少路要走呢？这几个有关生态博物馆运动的关键问题一直困扰着笔者。接下来，笔者将试图在前文论述的基础上对其有所回应。

生态博物馆对地方的重绘是通过发现、解释和制造地方景观的路径来达成的，详细的生态博物馆建设规划文本体现出一种非个人的、普遍适用的技术知识，传递着生态博物馆哲学理念和思想主张。虽然“没有固定模式”早已成为生态博物馆实践话语中一条不成文的定律，但是在实际的操作层面，生态博物馆项目规划却因为相互借鉴与套用而日益公式化和程式化。与国家层面实施的大规模社会工程相类似，生态博物馆介入地方的实践呈现出高度的理性化和制度性，这种规划层面的行政面向持续吞噬着生态博物馆原有的生命力和创造力。在中国的生态博物馆运动中，自太行三村生态博物馆以来，人类学意义上的田野调查为生态博物馆建设增添了深入地方社会文化体系的活力；但令人遗憾的是，这些内容很难出现在条条框框严格规定的规划文本中，更不用谈具体的实施与推进了。

抛开生态博物馆的规划不谈，生态博物馆介入地方的博物馆与遗产路径也存在着缺陷。无论是资料信息中心（或认知中心）还是村落整体展示与体验体系，生态博物馆延续了博物馆处理物质文化的逻辑与谱系，那就是对“可见物”的偏爱。这种来自传统博物馆的“陋习”使生态博物馆在遭遇地方社会，并在实现在地化的具体实践中步履维艰：价值、象征、意义、情感、精神、宇宙观等一系列地方文化深层次的表达因为不可见而变得“无处安放”。纵然生态博物馆具有发现、解释与制造地方景观的效力，并借此揭示与解说这些地方文化结构中的关键概念和信仰体系，然而，“可见与不可见”之间的天然界限却限制了生态博物馆效力的进一步发挥：项目组在松阳县酉田村发现了有关当地社会信仰的展示点或可见物——代表佛教信仰的社公殿，代表中国传统祖先崇拜的姓氏宗祠和民居内的香火堂，代表本土宗教的石头娘娘。我们应如何处理酉田村复杂的宗教信仰体系呢？第一，在生态博物馆的地方制造逻辑中，由于三种展示点的位置关系，村落的整体规划叙事将其打乱，分别出现在两个区域空间的描述内。第二，每个展示点的解说体系应该在访谈、调查的基础上进行书写，但是当本土阐释与基本常识相左，或出现几种本土阐释不一致的情况时，我们应该如何进行处理呢？这无疑为生态博物馆制造地方的策略造成了阻碍。第三，解说体系具有可操作性的协商或交流的可能性，那么如何呈现这三种信仰体系之间的关系，如何说明三种信仰分别在村民心中或当地社会组织中的地位与作用？这是生态博物馆的地方制造中不可能完成的任务。部分原因是因为这些记忆已经被当地人所遗忘，部分原因是生态博物馆在处理这些不可见的复杂文化体系时是相对无力的。

从规划到实践，生态博物馆在具体空间和时间下的活动遭遇到了类似国家大型项目所面临的困境，这些困境在中国语境下是多重因素共同导致的。就本质而言，生态博物馆运动与这些极端现代主义工程有所区别，前者时刻都将地方社会文化的本土阐释作为思想体系和具体实践中的第一要务，而后者则却完全忽视了地方性与特殊性的社会诗学和实践知识。比较的结果对生态博物馆的推行者和规划者来说似乎比较欣慰，至少没有归到被抨击与批判的行列，然而这也是一个警告，生态博物馆运动稍有不慎将重蹈极端现代主义在20世纪所犯下的错误。

笔者是否对生态博物馆运动苛求太多而缺乏理解与宽容的心态。毕竟生态博物馆仅仅是一项具有遗产性质的地方运动。如果单从博物馆与遗产领域来说，生态博物馆运动已经足够了，它对博物馆学界的反哺与滋养保证了博物馆的持续生命力与解释力。但是笔者认为，生态博物馆的价值并非仅限于此，这也就是为什么会对地方感话题大肆着墨的原因所在。生态博物馆运动应该在区域研究、文化阐释和地方发展的领域有所贡献与突破。如果从这一方面来审视生态博物馆，那么生态博物馆运动恰好忽视了打开地方之门的“钥匙”——米提斯。

在《国家的视角：那些试图改善人类状况的项目是如何失败的》[①]一书中，斯科特在对“清晰和简单化的设计”进行分析的基础上，重新诠释了“米提斯”（mētis），并流露了对其无尽赞颂之情。斯科特从古典希腊语中借用米提斯这一术语来表达地方社会中类似于民间智慧（folk wisdom）、实践技能（practical skills）、本土知识（indigenous knowledge）的内容。在他看来，米提斯包括了在对不断变动的自然和人类环境做出反应的过程中形成的广泛实践技能和后天获得的技能[②]。米提斯是特定社会文化界限内的精灵，灵光乍现或死记硬背都无法理解和推论它的存在。相反，它可以通过实践、成熟的感觉和技巧而获得，是一种不易言传的生活技巧与艺术。这种自动的、不成文的、难以捉摸的存在像一块橡皮泥，任你具有十八般武艺，也只能改变它的存在形态。这种关于社会秩序的“无政府主义”解读同样出现在另一位人类学家赫茨菲尔德的学术思想中。赫茨菲尔德在多年积累的田野材料与理论反思基础上于2004年出版《文化亲密性——民族国家的社会诗学》[③]一书，在该书中赫茨菲尔德提出了“社会诗学（social poetics）”的概念，以此来理解普通人是如何在特定社会文化场域内回应官僚政治蔓延的。与基于马来西亚乡村社会所做的研究类似，以米提斯为核心的地方文化在遭遇现代性时，会产生一

① 〔美〕詹姆斯·斯科特著，王晓毅译：《国家的视角：那些试图改善人类状况的项目是如何失败的》，北京：社会科学文献出版社，2012年。

② 〔美〕詹姆斯·斯科特著，王晓毅译：《国家的视角：那些试图改善人类状况的项目是如何失败的》，北京：社会科学文献出版社，2012年，第400页。

③ Michael Herzfeld. *Cultural Intimacy: Social Poetics in the Nation-State*. London and New York: Routledge, 2004.

种能动的自我修正力量。斯科特认为，在每一种情况下，不规范的实践是正式制度不可获取的存在条件①。也就是说，特定社会文化场景中的米提斯是保证正式项目得以存在并延续的关键所在。

“米提斯”或“社会诗学”对生态博物馆运动有何启发呢？笔者认为米提斯或社会诗学的概念阐发来自于一种官僚与地方之间政治抵抗和冲突的想象。在这种紧张的对立关系中，当地人能够以米提斯或社会诗学作为一种政治学的修辞手法，以此来消解或修正现代性的理性幻想。当我们在生态博物馆运动中思考地方社会的米提斯或社会诗学时，情况却有所不同。在生态博物馆思想体系和实践逻辑中，米提斯有点类似于上文所提到的地方文化层面的地方本质及其意义。生态博物馆运动作为一种文化工具，发现与塑造地方景观的直接目的是制造一种真实而有效的地方感，这种有意识的实践活动能否成功的关键在于能否把握当地社会的地方本质及其意义。也就是说，具有米提斯性质的地方本质及其意义是生态博物馆运动介入地方的最终诉求。一系列的入户访谈、调查问卷、访谈提纲、资源整合、遗产调查都是为了无限接近这一具有理念型的关键环节，以此来塑造真实而可靠的地方感。

如果说生态博物馆在地方的具体实践与景观秩序是敲门砖，那么具有米提斯色彩的地方本质及其意义的理解与把握或许是生态博物馆打开地方之门的钥匙。

① 〔美〕詹姆斯·斯科特著，王晓毅译：《国家的视角：那些试图改善人类状况的项目是如何失败的》，北京：社会科学文献出版社，2012年，第451页。

第八章　结　语

胡珀-格林希尔曾在其著作《博物馆与教育》①中谈到，21世纪是一个迈向后博物馆（post-museum）的时代。这一充满活力与希望的术语和概念暗示了博物馆研究的两个面向：一方面导向了博物馆观众研究的新路径，这有助于深刻理解文化、社区、学习、认同之间的复杂关系；另一方面导向了对社会和伦理责任感的关切，这有助于平等、公正社会的建构，与之相关的文化的呈现和再生产，以及自我认同的形塑②。我们不禁会问，生态博物馆在后博物馆时代的话语架构中处于什么位置，是一种以人为主导的传统博物馆类型，还是一种面向社会的整体博物馆形态呢？如果我们一味地在对象和位置之间寻求对应关系以实现认知的秩序化，那么，有关生态博物馆本质的探究将会陷入被悬置的尴尬局面。

从社会整体性和历史连续性来看，生态博物馆并非仅仅是一种知识史或事件史意义上的理论和实践，而是一种具有某种思想史和观念史意味的思想体系。也就是说，在思想史层面，生态博物馆与后博物馆具有相同程度的指涉性和内涵性。这种抽象化的生态博物馆认识论以一种迂回的策略清算了过去相关研究所犯下的种种错误。那些以生态博物馆具体实践为研究对象的观察、描述与分析因为缺乏关于博物馆演变谱系的历史主义视角和形塑地方的区域阐释逻辑而导向了“虚无主义（nihilism）”。因此，

---

① Eilean Hooper-Greenhill. *Museum and Education: Purpose, Pedagogy, Performance*. London and New York: Routledge, 2007.

② Eilean Hooper-Greenhill. *Museum and Education: Purpose, Pedagogy, Performance*. London and New York: Routledge, 2007. p. 1.

生态博物馆的书写不仅止于基于学科理论脉络的简单梳理，或出于具体实践的观察描述，而是需要一种思想史、观念史和社会史的思考路径。

笔者的思考来自于博物馆学的遗产话语和人类学的社会理论，这两种视角同时体现在研究方法和本书内容中。前者在方法论上体现为长期的项目参与赋予了笔者书写与思考的局内人视角，在内容上以生态博物馆在地方制造“接触地带”而得以呈现；后者在方法论上则体现为地方上生态博物馆实践现象的局外人观察，在内容上构成了对生态博物馆思想流变的剖析和现象困境的反思。

从生态博物馆哲学在西方社会的诞生、演变和实践到生态博物馆运动在中国语境的三十多年发展历程；从生态博物馆在地方制造“接触地带”的过程描述到生态博物馆与“地方感”之间的纠葛；从西方生态博物馆运动的乌托邦本质到社会主义意识形态下的复杂变体。如前述及，正文中对生态博物馆已经谈的足够多。作为结语，笔者希望就以下三个问题展开更深入的讨论：首先，生态博物馆思想在博物馆历史谱系与整体结构中的位置究竟如何；其次，生态博物馆与地方之间的异形同构关系是如何可能的，“地方感”的想象对于生态博物馆与地方意义何在；最后，生态博物馆运动在中国已至而立之年，发展轨迹背后的种种经验和教训能否开启通往未来的自由之路。

一、哲学之根：思想史视角下的生态博物馆

对生态博物馆在20世纪70年代诞生于西方社会的原因，已经有足够的讨论，无论是共时性的社会运动和环境议题，还是历时性的地方价值和历史叙事，这些发生学要素无一不是构筑生态博物馆思想大厦的重要环节。然而，笔者仍不满足于这一近乎完美的命题解释，生态博物馆在博物馆思想史，甚至是社会史的整体演变中应该有一个类似于“永恒回归”的哲学之根。就博物馆领域来说，民族志博物馆、户外博物馆、生活史博物馆、生态博物馆等形态是某种神秘力量在不同历史阶段的展演。因此，从社会的深层次结构中寻找生态博物馆在思想史上的哲学之根成为此次探寻之旅的关键。

为了“寻根”，我们首先必须达成这一共识：生态博物馆是从博物馆

这一思想母体中脱落下来，并逐渐羽翼丰满。无论生态博物馆在未来如何变化，构词法的后缀已经明显地表露了生态博物馆与博物馆之间的谱系与亲缘关系。因此，生态博物馆思想的哲学之根在于博物馆结构自身，如果从时间上说，则需要回到关于博物馆起源的历史原点。费德林从谱系学和词源学的角度给出了答案：古典时期的“museum”的来源是双重性：首先，它是缪斯的居所，一个带有神圣性的避难所；其次，它又是著名亚历山大博学院，一个学者聚集进行知识生产的空间①。在后来的一系列有关博物馆史的讨论中，这一关于博物馆起源的结构并未得到充足的重视与相应的阐释。“择其一而从之”的化约处理成为后来博物馆史书写的基本思路，博物馆起源的“二元结构”也随着复杂的历史演进而被逐渐消解，模糊不清，直至被人所遗忘。

回到博物馆起源的“二元结构”来看，我们发现缪斯居所实际是一个具有神圣氛围的庇护所，而亚历山大博学院则完全呈现出一种知识生产的科学气质。换句话说，前者的“神话来源”实际上是一种历史主义哲学的反映，即以庇护场所的“muses”来回应发展的焦虑；而后者则具有了一种后期博物馆机构的雏形，即以文化机构的形式对历史资源和异域珍宝进行收集、分类与秩序化。从结构主义的视角来看，这种二元结构的对反关系在博物馆诞生之日起即实现了共存，也就是说，最初的博物馆是一个充满矛盾与对立的结构体。在随后的世俗化过程中，当这种具有哲学意味的二元结构体系遭遇到特定社会现实时，其中的一极可能会因为与社会事实的某种契合关系而占据主导地位，呈现为一种思想体系或主流价值。

20世纪70年代，代表启蒙主义、理性主义、智识主义气质的传统博物馆与现代性一起遭遇到史无前例地冲击与解构；相反，代表浪漫主义、人文主义、地方主义性格的生态博物馆（新博物馆学）则在社会变迁的动态过程中占据了革命与先锋的高地。因此，单纯从知识史和事件史的角度来阐释生态博物馆的诞生是不够的，它的出现是博物馆二元结构在历史上交替展演的结果。作为神圣的“庇护所”，“哲学之根”在当代以生态博物

---

① Paula Findlen. The Museum: Its Classical Etymology and Renaissance Genealogy. *Museum Studies: An Anthology of Contexts*. MA and Oxford: Blackwell Publishing, 2004, p. 25.

馆的面向而出现，并承担起了发现地方、重绘地方的重任。这种“永恒回归”的结构与展演还会持续下去，谁知道未来它会以何种面目出现呢。

二、生态博物馆与地方：来自边缘的呐喊

笔者在本文中对“地方”着墨颇多，因为生态博物馆与地方具有天然的“同构关系”。虽然处于两个不同的场域，有着各自不同的文化配置，但是生态博物馆之于传统博物馆犹如地方之于国家的结构关系。自20世纪70年代以来，生态博物馆将地方作为文化实践的场景，并与之达成某种意义上的“边缘共谋”，共同面对各自的意识形态“敌人”——传统博物馆和国家。

生态博物馆需要地方为其内在哲学理念的落实提供崭露头角的场所。作为新生事物，生态博物馆经历了从理论到实践的过渡与转变，在这个过程中，地方成为生态博物馆进行文化实践的载体。地方空间在某种程度上弥补了传统博物馆展陈方法的不足，发现地方意味着日常生活的展示免遭迁徙之苦，可以在原初社会实现在地化的呈现与展示。同样，在类博物馆和遗产泛化的今天，地方需要生态博物馆的介入，从博物馆与遗产的路径着手，通过塑造可视化的地方景观，营造地方的历史感与地方感。

生态博物馆以项目的形式，在地方社会人为地制造了一个“接触地带”，接触地带是一个抽象与具体并举的实践过程。遵循项目的基本进展，并对此展开过程性评价是极为有益的。被纳入到接触地带的主体在这一建构的空间内形成对话与交流，各方看法、观点与诉求在此实现碰撞，生成出一种商榷、妥协的生态博物馆认知形态。在地方社会，生态博物馆以资料信息中心（或认知中心）和村落整体展示与体验体系的方法人为制造了一个可见的地方意象，其宗旨在于将地方本质及其意义通过遗产路径达到可视化的目的。

在生态博物馆与地方感的相关讨论中，笔者谈及了生态博物馆是如何认知地方、界定地方和制造地方的。作为一个文化工具或地方运动，生态博物馆旨在通过博物馆与遗产的视角与路径为地方提供永续发展的可能性。通过人类学意义上的田野调查，被当地人遗忘或日用而不觉的物件、建筑、故事、传说、习俗、信仰等要素在生态博物馆的方法论意义上

被重新发现。戴维斯认为生态博物馆是一种地方感，格雷戈里·阿什沃斯（Gregory Ashworth）和布里恩·格瑞汉姆（Brian Graham）对地方感进行了进一步阐发，“地方感是个体和社会想象力的创造性产物，与之相关的认同是人们主动赋予地方的而非被动接受的。”[①]在国内，潘守永是第一位探讨生态博物馆与地方感关系的学者，正如其所言，“生态博物馆是一种地方感和历史感。”[②]潘守永修正了戴维斯有关生态博物馆的观点，将历史主义视角添加到相对自洽的生态博物馆共时性实践场景中。笔者关于生态博物馆与地方关系的论述始终保持的是一种历史、文化与环境的整体性眼光。

从具体层面来看，地方感首先是一个相对排他的感觉结构，生态博物馆的思维结构和总体视角为其注入了生命力，并以某种可见的符号体系呈现出来。从抽象层面来看，生态博物馆通过地方感的重塑，以遗产路径为地方文化提供了某种发声的空间与渠道，宣告了地方文化被操控的“系统性”消音模式的终结。

三、本土阐释：中国语境与生态博物馆未来

任何西方舶来品在遭遇中国语境时都面临着本土阐释的环节与困局，忠诚于他者之思意味着对自我的背叛，而固守自我往往会背负冥顽不化的骂名。如何在这种永恒的困境中把握平衡恐怕是每一个学者头疼的话题。作为一个诞生于西方社会的思想、理论与实践，生态博物馆在中国语境下的解释也免不了陷入非此即彼的话语争论中。一味地纠缠孰是孰非恐怕对社会理论的重建毫无帮助，唯有以此作为研究对象，作为一个有社会生命的他者，方能正确评价。

三十多年前，中国博物馆学人在面对生态博物馆新知并对其进行本土阐释时，自然而然地将其纳入到中国“天人合一”的普适性宇宙观框架

① Gregory Ashworth, Brran Graham. *Senses of place, Senses of Time and Heritage. Senses of Place: Senses of Time*. Hants and Burlington: Ashgate Publishing, 2005, p. 5.

② Pan Shouyong. Local Histories and New Museological Approaches in China. *World Anthropologies in Practice: Situated Perspectives, Global Knowledge*. Oxford: Bloomsbury, 2016, pp. 117-130.

内。1995年到2005年是中国生态博物馆实践发展的黄金时期，望文生义的错觉在早期生态博物馆群实践基础上逐渐得以澄清，以苏东海为代表的学人对中国生态博物馆理论体系的构架基本完成。2006年之后是生态博物馆实践多元化与理论反思化的阶段，生态博物馆总结了早期实践的经验教训，无论在理论还是方法论上都取得了可喜的成绩。生态博物馆的法国模式首次出现在浙江安吉，立足于产业经济的地方特色得以强调，人类学田野调查方法出现在生态博物馆建设过程中……这些努力和成绩是有目共睹的。

与此同时，我们还应该注意另一个现象，即生态博物馆在西方语境中的乌托邦属性在社会主义的中国语境下被完全消解。时代的错位让生态博物馆在中国背负了太多的责任与期许，通过相对激进的发展话语将生态博物馆纳入到社会主义意识形态的同时，希望仅靠生态博物馆的实践就能解决地方社会积累多年的弊病，显然是不可能的。原本革命色彩强烈的生态博物馆在中国被驯化成为民族国家治理地方的文化工具。多重诉求几乎撑破了生态博物馆的皮囊，使其蜕变成为一个怪胎。这或许是令每一个专家、学者、领导、村民痛心疾首的事实。难道生态博物馆运动在中国只能以失败而告终吗？在这种进退维谷的局面下，我们能做的是回到书斋哀叹时代之不公，还是应该舔舐伤口继续前行呢？有担当的学者自然会毫不犹豫地选择后者，期待生态博物馆能够走出具有中国特色的自由之路。

对于中国生态博物馆的前景，笔者还想再谈几句：一方面，对于已经建成的生态博物馆而言，各方主体应当充分利用生态博物馆所构筑的“接触地带”，并在此基础上发挥能动性以生成新的互动、关系与意义。另一方面，对于未来的生态博物馆建设来说，强调地方文化的认同与日常生活的展示应该是关键所在，这种有意识的思想体系将避免生态博物馆被主流意识形态的结构关系所吸纳与驯化。

在笔者看来，中国语境下的生态博物馆犹如大海中的浪花，虽然破裂了，但是波动还是传到了彼岸。

参考文献

一、中文文献

阿尔弗雷德·诺思·怀特海著，周邦宪译：《观念的冒险》，贵阳：贵州人民出版社，2000年。

阿兰·茹贝尔著，张晋平译：《法国的生态博物馆》，《2005年贵州生态博物馆国际论坛论文集》，北京：紫禁城出版社，2006年。

埃马纽埃尔·勒华拉杜里著，许明龙、马胜利译：《蒙塔尤：1294—1324年奥克西坦尼的一个山村》，北京：商务印书馆，2007年。

爱德华·波特·亚历山大著，李惠文译：《哈左勒斯与斯堪森户外博物馆》，《博物馆学季刊》1996年第1期。

爱德华·萨义德著，王宇根译：《东方学》，北京：生活·读书·新知三联书店，2007年。

爱德华·亚历山大、玛丽·亚历山大著，陈双双译：《博物馆变迁：博物馆历史与功能读本》，南京：译林出版社，2014年。

安东尼·吉登斯著，田禾译，黄平校：《现代性的后果》，南京：译林出版社，2011年。

安来顺：《国际生态博物馆四十年：发展与问题》，《中国博物馆》2011年合刊。

安来顺：《一种以社区为核心的开放型博物馆——国际生态博物馆40年探索》，《中国文化遗产》2011年第6期。

本尼迪克特·安德森著，吴叡人译：《想象的共同体：民族主义的起源与散布》，上海：上海世纪出版社，2005年。

彼特·戴维斯著，张晋平译：《评价生态博物馆现状和“成功”的标准》，《2005年贵州生态博物馆国际论坛论文集》，北京：紫禁城出版社，2006年。
曹兵武：《梭戛——中国第一座生态博物馆印象》，《中国文物报》2005年10月21日。
曹兵武：《生态博物馆：谁的生态？——贵州生态博物馆国际论坛参会笔记》，《2005年贵州生态博物馆国际论坛论文集》，北京：紫禁城出版社，2006年。
曹兵武：《留住城市历史之根铸造城市文化之魂——福州三坊七巷探索以社区博物馆综合保护与传承城市文化遗产》，《国际博物馆（中文版）》2011年第2期。
曹兵武：《博物馆作为文化工具的深化与发展——兼谈社区博物馆与中国传统文化现代化问题》，《中国博物馆》2011年第4期。
曹兵武：《业态·心态·生态》，《中国文物报》2011年10月7日；曹兵武：《生态博物馆与生态文明建设》，《中国文物报》2013年3月20日。
曹兵武：《重构大变动时代的物人关系与社群认同——谈社区博物馆与新型城镇化及城市社区文化建设》，《中国博物馆》2014年第2期。
曹兵武：《业态-生态-心态——兼谈文化遗产综合性保护利用传承体系与生态文明建设》，《中国文化遗产》2015年第1期。
曹兵武：《教育还是学习，这是个问题》，《中国博物馆》2015年第2期。
曹兵武：《重新认识地方 重构物人关系——以三门峡火烧阳沟黄土文化生态博物馆规划和建设为例》，《中国博物馆》2016年第3期。
曹兵武：《博物馆是什么?——物人关系视野中的博物馆生成与演变》，《中国博物馆》2017年第1期。
曹兵武：《人学vs物学：反观与映照》，《中国文物报》2017年9月12日。
曹兵武：《生态博物馆探索与生态文明建设——兼谈文化遗产的活态保护与传承问题》，《中国博物馆》2018年第1期。

曹兵武：《博物馆需要建立“物”与“人”之间的关系》，《中国博物馆》2018年第2期。
曹兵武：《博物馆中的物人关系——信息化与生态文明视角下的若干思考》，《中国国家博物馆馆刊》2019年第1期。
曹兵武：《本体·信息·价值·作用——关于文化遗产保护传承的几个理论问题》，《中国文化遗产》2019年第1期。
曹瑞根据录音整理：《松阳生态博物馆群建设入户访谈表》，2015年7月，内部资料。
曹瑞根据录音整理：《第三届中国乡村文明发展论坛之分论坛六：乡土文化保护和乡村博物馆建设》，2015年11月2日，内部资料。
陈佳利：《社区博物馆运动：全球化的观点》，《博物馆学季刊》2004年第4期。
陈燕：《论民族文化旅游开发的生态博物馆模式》，《云南民族大学学报》（哲学社会科学版）2009年第2期。
陈燕：《生态博物馆：旅游开发于文化保护的和谐统一——建立云南元阳哈尼族梯田文化生态博物馆的构想》，《红河学院学报》2009年第2期。
陈燕：《民族村寨旅游开发的传统模式与生态博物馆模式比较》，《玉溪师范学院学报》2009年第3期。
大原一兴著，张伟明译：《当今日本的生态博物馆》，《2005年贵州生态博物馆国际论坛论文集》，北京：紫禁城出版社，2006年。
戴维·哈维著，胡大平译：《正义、自然和差异地理学》，上海：上海人民出版社，2015年。
杜靖：《九族与乡土——一个汉人世界里的喷泉社会》，北京：知识产权出版社，2012年。
杜赞奇著，王福明译：《文化、权力与国家：1990—1942年的华北农村》，南京：江苏人民出版社，2003年。
段阳萍：《西南民族生态博物馆研究》，北京：中央民族大学出版社，2013年。
方李莉：《警惕潜在的文化殖民趋势——生态博物馆理念所面临的挑

战》，《民族艺术》2005年第3期。
方李莉：《全球化背景中的非物质文化遗产保护——贵州梭嘎生态博物馆考察所引发的思考》，《民族艺术》2006年第3期。
方李莉：《一个人的遭遇——梭嘎苗寨人类学考察日志节选》，《艺术评论》2007年第1期。
方李莉：《非物质文化遗产保护的深层社会背景——贵州梭嘎生态博物馆的研究和思考》，《民族艺术》2007年第4期。
方李莉：《西部人文资源与生态博物馆研究》，《群言》2008年第9期。
方李莉等：《陇戛寨人的生活变迁——梭戛生态博物馆研究》，北京：学苑出版社，2010年。
方李莉：《梭戛日记：一个女人类学家在苗寨的考察》，北京：学苑出版社，2010年。
弗德利希·瓦达荷西著，曾于珍、林资杰、吴介祥，等译：《博物馆学：德语系世界的观点（理论篇）》，台北：五观艺术管理有限公司，2005年。
弗朗索瓦·于贝尔著，孟庆龙译：《法国的生态博物馆：矛盾和畸变》，《中国博物馆》1986年第4期。
弗朗索瓦·于贝尔著，陈音音译：《生态博物馆在法国——矛盾与曲解》，《博物馆学季刊》1996年第1期。
弗雷德·迈尔斯著，阿嘎佐诗、梁永佳译，王建民审校：《表述文化：土著丙烯画的话语生产》，《文化交流：重塑艺术和人类学》，桂林：广西师范大学出版社，2010年。
高丙中：《一座博物馆—庙宇建筑的民族志——论成为政治艺术的双名制》，《社会学研究》2006年第1期。
格雷戈里·贝特森著，李霞译：《纳文——围绕一个新几内亚部落的仪式所展开的民族志实验》，北京：商务出版社，2008年。
葛兆光：《中国思想史：七世纪至十九世纪中国的知识、思想与信仰（第二卷）》，上海：复旦大学出版社，2009年。
国家文物局：《关于命名首批生态博物馆（社区）博物馆示范点的通知》，文物博函[2011]1459，2011年。

亨利埃塔·利奇著，徐亮、陆兴华译：《他种文化展览中的诗学和政治学》，《表征——文化表象与意指实践》，北京：商务印书馆，2003年。

胡朝相：《生态博物馆理论在贵州的实践》，《中国博物馆》2000年第2期。

胡朝相：《论生态博物馆社区的文化遗产保护》，《中国博物馆》2001年第4期。

胡朝相：《贵州生态博物馆的实践与探索——为贵州生态博物馆创建十周年而作》，《中国博物馆》2005年第2期。

胡朝相：《贵州生态博物馆纪实》，北京：中央民族大学出版社，2011年。

胡妍妍：《博物馆与环境科学》，《中国博物馆》1986年第2期。

黄春雨：《中国生态博物馆生存与发展思考》，《中国博物馆》2001年第3期。

黄春雨：《理想与现实——生态博物馆必须的对接》，《2005年贵州生态博物馆国际论坛论文集》，北京：紫禁城出版社，2006年。

黄亦君：《贵州生态博物馆文化保护与旅游开发关系研究》，《理论与当代》2014年第6期。

黄逸民：《全球与地方的二元辩证——全球化时代地方的流动性与复苏》，《都洋湖学刊》2013年第6期。

焦宝林：《长治史话》，临汾：天马图书有限公司，1999年。

杰拉德·科赛著，张晋平译：《从“向外延伸”到“深入根髓”：生态博物馆理论鼓励社区居民参与博物馆事业（摘要）》，《2005年贵州生态博物馆国际论坛论文集》，北京：紫禁城出版社，2006年。

金光亿：《文化与政治》，《社会文化人类学讲演稿》，天津：天津人民出版社，1996年。

金露：《探寻生态博物馆之根——论生态博物馆的产生、发展和在中国的实践》，《生态经济》2012年第9期。

金露：《生态博物馆理念、功能转向与中国实践》，《贵州社会科学》2014年第6期。

卡尔·曼海姆著，黎鸣译：《意识形态与乌托邦》，上海：上海三联书店，2011年。
卡罗尔·邓肯著，王雅各译：《文明化的仪式：公共美术馆之内》，台北：远流出版事业股份有限公司，1998年。
克里斯汀·诺伯格-舒茨著，施植明译：《场所精神——迈向建筑现象学》，台北：尚林出版社，1986年。
克利福德·吉尔兹著，王海龙、张家宣译：《地方性知识：阐释人类学论文集》，北京：中央编译出版社，2000年。
克利福德·格尔茨著，韩莉译：《文化的解释》，南京：译林出版社，1999年。
克洛德·列维-斯特劳斯著，刘汉全译：《嫉妒的制陶女》，北京：中国人民大学出版社，2006年。
克洛德·列维-斯特劳斯著，李幼蒸译：《野性的思维》，北京：中国人民大学出版社，2006年。
课题组，安来顺执笔：《在贵州省梭嘎乡建立中国第一座生态博物馆的可行性研究报告（中文本）》，《中国博物馆》1995年第2期。
肯尼斯·哈德森著，徐纯译：《有影响力的博物馆》，屏东：台湾海洋生物博物馆，2003年。
雷内·里瓦德著，苑克健译：《魁北克生态博物馆的兴起及其发展》，《中国博物馆》1987年第1期。
林胜义：《博物馆与社区之结合》，《博物馆学季刊》1993年第2期。
刘艳：《基于生态博物馆理论下的生态旅游开发与实证研究——以贵州堂安侗族生态博物馆为例》，西北师范大学硕士学位论文，2004年。
刘渝：《中国生态博物馆现状分析》，《学术论坛》2011年第12期。
六枝梭戛生态博物馆编：《中国贵州六枝梭戛生态博物馆资料汇编》，贵阳：贵阳宝莲彩印厂印刷，1997年。
罗欣怡：《地方·文化·博物馆：博物馆的社会关怀与实践》，台南：台湾历史博物馆，2016年。
马克·布洛赫著，余中先、张朋浩、车耳译：《法国农村史》，北京：商务印书馆，1991年。

马克·摩尔著，张晋平译：《生态博物馆：是镜子，窗户还是展柜？》，《2005年贵州生态博物馆国际论坛论文集》，北京：紫禁城出版社，2006年。
马克思·韦伯著，朱红文译：《社会科学方法论》，北京：中国人民大学出版社，1992年。
玛格丽塔·科古著，张晋平译：《生态博物馆和地方政府》，《2005年贵州生态博物馆国际论坛论文集》，北京：紫禁城出版社，2006年。
玛丽·道格拉斯著，黄剑、波卢忱、柳博赟译，张海洋校：《洁净与危险》，北京：民族出版社，2008年。
买岸笛根据录音整理：《松阳生态博物馆建设座谈会纪要》，2015年3月，内部资料。
买岸笛根据录音整理：《松阳生态博物馆群建设入户访谈表》，2015年7月，内部材料。
迈克尔·赫茨菲尔德，雷婷整理：《文化遗产批判与全球价值等级》，复旦大学讲座，2014年6月9日。
毛里齐奥·马吉著，张晋平译：《关于中国贵州省和内蒙古自治区生态博物馆考察报告》，《2005年贵州生态博物馆国际论坛论文集》，北京：紫禁城出版社，2006年。
孟苗：《山西首座生态博物馆开放》，《山西新闻网》2014年11月28日。
米兰妮·西奥梵多、加布里埃拉·艾达尔：《博物馆全纳教育案例研究：圣保罗州立美术馆》，《国际博物馆（中文版）》2014年第Z1期。
米歇尔·福柯著，钱翰、陈晓径译：《安全、领土与人口：法兰西学院演讲系列，1977-1978》，上海：上海人民出版社，2010年。
莫志东：《广西民族生态博物馆建设管理规范的研究报告》，《守望家园：广西民族博物馆与广西民族生态博物馆“1+10工程”建设文集》，南宁：广西民族出版社，2009年。
南希·福勒著，罗宣、张淑娴译：《生态博物馆的概念与方法——亚克钦印第安社区生态博物馆计划》，《中国博物馆》1993年第4期。
倪威亮：《中国生态博物馆的反思与瞻望——苏东海先生访谈》，《中国博物馆》2011年合刊。

倪威亮著，龚乔、雷虹霁译，潘守永校：《对利用生态博物馆保护活态遗产这一政策的思考》，《国际博物馆（中文版）》2014年Z1期。
农学坚：《对广西民族生态博物馆模式与可持续发展的探讨》；莫志东：《广西民族生态博物馆建设管理规范的研究报告》，《守望家园：广西民族博物馆与广西民族生态博物馆“1+10工程”建设文集》，南宁：广西民族出版社，2009年。
潘年英：《矛盾的“文本”——梭戛生态博物馆田野考察实录》，《文艺研究》2002年第1期。
潘年英：《梭戛生态博物馆再考察》，《理论与当代》2005年第3期。
潘年英：《变形的“文本”——梭戛生态博物馆的人类学观察》，《湖南科技大学学报》（社会科学版）2006年第2期。
潘守永：《博物馆作为镜子——中国生态博物馆的他者观》，《中国人类学评论（第3辑）》，北京：世界图书出版社，2007年。
潘守永：《遗产的社会效益和少数民族：中国乡村的新博物馆管运动》，《国际博物馆》2011年第2期。
潘守永：《生态博物馆在中国》，《中国文化遗产》2011年第6期。
潘守永：《生态博物馆及其在中国的发展：历时性观察与思考》，《中国博物馆》2011年合刊。
潘守永：《当代非物质文化遗产保护传承与生态博物馆建设困境》，《赣南师范学院学报》2013年第4期。
潘守永：《“第三代”生态博物馆与安吉生态博物馆群建设的理论思考》，《东南文化》2013年第6期。
潘守永：《生态（社区）博物馆的中国经验与学术批判反思》，《东南文化》2017年第6期。
彭兆荣主编：《文化遗产学十讲》，昆明：云南教育出版社，2012年。
皮埃尔·米兰达：《新博物馆学的确立》，《国际博物馆（中文版）》2016年第3—4期。
钱俊希、钱丽芸、朱竑：《“全球的地方感”理论述评与广州案例解读》，《人文地理》2011年第6期。
乔治·E·马尔库斯、米开尔·M·J·费彻尔著，王铭铭、蓝达居译：

《作为文化批评的人类学——一个人文学科的实践时代》，北京：生活·读书·新知三联书店，1998年。
乔治·亨利·里维埃：《生态博物馆——一个进化的定义》，《中国博物馆》1986年第4期。
乔治-亨利·里维埃著，郑秀娴译：《生态博物馆——演化型定义》，《博物馆学季刊》1996年第1期。
茹静：《实现双重责任的途径——浅析生态博物馆与发展旅游》，《中国博物馆》2001年第3期。
莎伦·麦克唐纳著，陈春莉译，强东红校：《骚动不安的记忆——对棘手的公共遗迹的干预与争论》，《马克思主义美学》2008年第2期。
山西省平顺县人民政府：《中国传统古村落保护与抢救工程白杨坡村申报材料》，2014年。
山西省平顺县文物旅游中心、北京华能中心：《山西省平顺县太行山人文生态博物馆建设规划（2011年11月—2018年12月）》，2012年，内部资料。
尚杰：《空间哲学：福柯的“异托邦”概念》，《同济大学学报》（社会科学版）2005年第3期。
施坚雅编，叶光庭译：《中华帝国晚期的城市》，北京：中华书局，2000年。
史蒂芬·康恩著，王宇田译：《博物馆与美国的智识生活：1876—1926》，上海：上海三联书店，2012年。
斯图尔特·霍尔著，徐亮、陆兴华译：《表征的运作》，《表征——文化表象与意指实践》，北京：商务印书馆，2003年。
宋向光：《生态博物馆理论与实践对博物馆学发展的贡献》，《2005年贵州生态博物馆国际论坛论文集》，北京：紫禁城出版社，2006年。
苏东海：《关于生态博物馆的思考》，《博物馆的沉思——苏东海论文选》，北京：文物出版社，1998年。
苏东海：《在中挪博物馆学者报告会上的报告》，《博物馆的沉思——苏东海论文选》，北京：文物出版社，1998年。
苏东海主编：《中国生态博物馆》，北京：紫禁城出版社，2005年。

苏东海：《2005年贵州生态博物馆国际论坛小结》，《博物馆的沉思：苏东海论文选（卷二）》，北京：文物出版社，2006年。
苏东海：《国际生态博物馆运动史略》，《博物馆的沉思：苏东海论文选（卷二）》，北京：文物出版社，2006年。
苏东海：《建立与巩固：中国生态博物馆发展的思考》，《博物馆的沉思：苏东海论文选（卷二）》，北京：文物出版社，2006年。
苏东海：《努力把握生态博物馆的特征》，《博物馆的沉思：苏东海论文选（卷二）》，北京：文物出版社，2006年。
苏东海：《生态博物馆的理念与实践答记者问》，《博物馆的沉思：苏东海论文选（卷二）》，北京：文物出版社，2006年。
苏东海：《生态博物馆在中国的本土化》，《博物馆的沉思：苏东海论文选（卷二）》，北京：文物出版社，2006年。
苏东海：《我对生态博物馆特征的描述》，《博物馆的沉思：苏东海论文选（卷二）》，北京：文物出版社，2006年。
苏东海：《国际博物馆理论发展中的两条思路线路述略》，《博物馆的沉思：苏东海论文选（卷三）》，北京：文物出版社，2010年。
苏东海：《生态博物馆的思想及中国的行动（特稿）》，《博物馆的沉思：苏东海论文选（卷三）》，北京：文物出版社，2010年。
苏东海：《生态博物馆的思想来源及其在中国的传播》，《博物馆的沉思：苏东海论文选（卷三）》，北京：文物出版社，2010年。
苏东海：《新农村、农村文化、生态博物馆》，《博物馆的沉思：苏东海论文选（卷三）》，北京：文物出版社，2010年。
苏东海：《中国生态博物馆的道路》，《博物馆的沉思：苏东海论文选（卷二）》，北京：文物出版社，2006年。
苏东海：《苏东海思想自传》，北京：文物出版社，2016年。
苏琨、郝索：《国内外生态博物馆研究综述》，《安徽农业科学》2012年第29期。
覃溥：《保护与传承少数民族文化的时代使命——广西民族生态博物馆“1+10工程”建设实践》，《守望家园：广西民族博物馆与广西民族生态博物馆“1+10工程”建设文集》，南宁：广西民族出版社，

2009年。
唐文跃：《地方感研究进展及研究框架》，《旅游学刊》2007年第11期。
陶维·达儿著，张晋平译：《生态博物馆原则：专业博物馆学者和当地居民的共同参与》，《2005年贵州生态博物馆国际论坛论文集》，北京：紫禁城出版社，2006年。
特丽莎·克里斯汀娜·摩丽塔·席奈尔著，张晋平译：《博物馆、生态博物馆和反博物馆：解决遗产、社会和发展的思路》，《2005年贵州生态博物馆国际论坛论文集》，北京：紫禁城出版社，2006年。
托尼·本内特：《博物馆的政治合理性》，《马克思主义美术研究》2007年第1期。
托尼·本内特：《作为展览体系的博物馆》，《马克思主义美术研究》2012年第1期
王超整理：《山西平顺生态博物馆讨论会纪要》，2012年4月10日，中国文物报社，内部资料。
王铭铭：《社区的历程——溪村汉人社会家族的个案研究》，天津：天津人民出版社，1996年。
王铭铭：《人类学讲义稿》，北京：世界图书出版社，2011年。
王铭铭：《超社会体系：文明与中国》，北京：生活·读书·新知三联书店，2015年。
王姗姗，宗秀蔡：《地方感与生态身份认同——梭罗生态观新读》，《都洋湖学刊》2012年第2期。
王嵩山：《过去的未来：博物馆中的人类学空间》，台北：稻香出版社，1991年。
王嵩山：《文化传译：博物馆与人类学想像》，台北：稻香出版社，2000年。
王嵩山：《博物馆收藏学：探索物、秩序与意义的新思维》，台北：原点出版社，2012年。
韦祖庆：《生态博物馆的美学取向——民族田野调查与非物质文化遗产保护》，《中国博物馆》2007年第1期。
韦祖庆：《生态博物馆的美学内涵》，《贵州社会科学》2007年第8期。

韦祖庆：《馆藏文物的审美取向分析——以贺州莲塘客家生态博物馆为例》，《贺州学院学报》2009年第3期。
韦祖庆：《生态博物馆：一个文化他者的意象符合》，《广西民族师范学院学报》2010年第4期。
韦祖庆：《生态博物馆社区非必然经济弱势意象——以贺州莲塘客家生态博物馆社区为例》，《广西民族师范学院学报》2011年第2期。
肖明艳、但文红：《基于贵州生态博物馆的村落旅游探讨》，《贵州师范大学学报》（自然科学版）2012年第4期。
肖明艳：《贵州生态博物馆的村落旅游探讨》，《广西民族师范学院学报》2012年第4期。
肖星、陈玲：《基于生态博物馆的民族文化景观旅游开发研究》，《广州大学学报》（社会科学版）2008年第2期。
谢开：《“博物馆化”：一项平顺县白杨坡村文化展示的人类学研究》，中央民族大学硕士学位论文，2015年。
徐纯：《文化载具：博物馆的演进脚步》，台北：台湾博物馆学会，2008年。
许传阳：《传播：新博物馆与地方》，新北：韦伯文化国际出版有限公司，2014年。
许功明：《法国民族学博物馆物质文化研究与收藏作业之整合关系（下）》，《博物馆学季刊》1993年第2期。
许功明：《当代博物馆文化之展示再现与价值建构：从现代性谈起》，《博物馆、知识建构与现代性》，台中：台湾自然科学博物馆出版，2005年。
许平：《法国乡村社会从传统到现代的历史嬗变》，《北京大学学报》（哲学社会科学版）1994年第3期。
许瑞容：《博物馆展示的本质——以布雷希特的戏剧理论观点出发的展示美学》，台南：博创印艺文化事业有限公司，2001年。
熊芳芳：《法国的乡村史研究》，《史学理论研究》2007年第3期。
严建强：《博物馆的理论与实践》，杭州：浙江教育出版社，1998年。
叶坚红主编：《吴弄村志》，北京：光明日报出版社，2014年。

尹凯根据录音整理：《平顺县豆口村村民座谈会》，2012年8月，内部资料。
尹凯根据录音整理：《山西平顺太行三村生态博物馆建设座谈会（平顺县）》，2012年8月，内部资料。
尹凯根据录音整理：《山西平顺太行三村生态博物馆建设规划方案专家听证会会议纪要》，2013年5月，内部资料。
尹凯：《等级、差异与隐喻：艺术与博物馆空间的重塑》，《中国博物馆》2014年第4期。
尹凯：《博物馆教育的反思——诞生、发展、演变及前景》，《中国博物馆》2015年第2期。
尹凯：《人文与理性：博物馆展览的诗学与政治学》，《现代人类学》2015年第3期。
尹凯根据录音和笔记整理：《松阳生态（乡村）博物馆群建设暨松阳县政府座谈会》，2015年7月6日，内部资料。
尹凯根据录音和笔记整理：《松阳吴弄村民代表座谈会》，2015年7月，内部资料。
尹凯根据录音和笔记整理：《西田生态博物馆建设村民代表座谈会》，2015年7月，内部资料。
尹凯：《物的诠释与沟通——当代博物馆藏品的学术思考》，《中国民族博物馆研究2016》，北京：民族出版社，2017年。
尹凯：《重置与转向：当代博物馆理念的梳理与思考》，《东南文化》2018年第4期。
尹凯：《目的感：从〈新博物馆学〉一书重思博物馆价值》，《博物院》，2018年第4期。
尹绍亭：《民族文化生态村——当代中国应用人类学的开拓》，昆明：云南大学出版社，2008年。
尹绍亭、乌尼尔：《生态博物馆与民族文化生态村》，《中南民族大学学报》2009年第5期。
余压芳：《自然村寨景观的价值取向及其对生态博物馆工作模式的启示》，《中国博物馆》2005年第3期。

余压芳、刘建浩：《生态博物馆研究进展及其对文化遗产保护理念的影响》，《建筑学报》2006年第8期。
余压芳：《景观视野下的西南传统聚落保护——生态博物馆的探索》，上海：同济大学出版社，2012年。
于·乌日格庆夫：《中国北方第一座蒙古族生态博物馆——内蒙古达茂旗敖伦苏木生态博物馆》，《2005年贵州生态博物馆国际论坛论文集》，北京：紫禁城出版社，2006年。
于富业：《关于中国生态博物馆初步研究——以贵州生态博物馆群和浙江安吉生态博物馆群为例》，南京艺术学院博士学位论文，2014年。
于格（后译雨果）·戴瓦兰：《"生态博物馆"一词及其他》，《中国博物馆》1986年第4期。
雨果·戴瓦兰著，张晋平译：《二十世纪60—70年代新博物馆运动思想和"生态博物馆"用词和概念的起源》，《2005年贵州生态博物馆国际论坛论文集》，北京：紫禁城出版社，2006年。
雨果·戴瓦兰著，张晋平译：《新博物馆学和去欧洲化博物馆学》，《2005年贵州生态博物馆国际论坛论文集》，北京：紫禁城出版社，2006年。
雨果·戴瓦兰著，张晋平译：《生态博物馆和可持续发展》，《2005年贵州生态博物馆国际论坛论文集》，北京：紫禁城出版社，2006年。
詹姆斯·斯科特：《国家的视角：那些试图改善人类状况的项目是如何失败的》，北京：社会科学文献出版社，2012年。
詹姆斯·克利福德、乔治·E. 马库斯编，高丙中、吴晓黎、李霞译：《写文化：民族志的诗学与政治学》，北京：商务印书馆，2006年。
张春美译：《整合性博物馆的基本原则》，《国际博物馆（中文版）》2016年第3—4期。
张妙兰：《礼堂的记忆与重修》，2014年10月20日，内部资料。
张瑞梅：《生态博物馆建设与民族旅游的整合效应》，《广西民族大学学报》（哲学社会科学版）2011年第1期。
张涛：《消解的边缘——一项关于路由的人类学研究》，中央民族大学博士学位论文，2006年。

张婉真：《论博物馆学》，台北：典藏艺术家庭股份有限公司，2005年。
张誉腾：《生态博物馆：一个文化运动的兴起》，台北：五观艺术管理有限公司，2004年。
张誉腾：《台湾的生态博物馆：发展背景与现况》，《2005年贵州生态博物馆国际论坛论文集》，北京：紫禁城出版社，2006年。
张原：《从"乡土性"到"地方感"：文化遗产的现代性承载》，《西南民族大学学报》（人文社会科学版）2014年第4期。
赵松龄：《略论人类环境素质与博物馆》，《中国博物馆》1990年第4期。
浙江省安吉县人民政府、浙江大学生态规划与景观设计研究所：《中国生态博物馆总体规划》，2009年，内部材料。
中央民族大学多元文化研究所：《豆口村认知中心展览陈列大纲》，2012年8月，内部资料。
中央民族大学多元文化研究所：《山西省平顺县太行三村生态博物馆建设规划方案》，2012年12月。
中央民族大学多元文化研究所：《中国·安吉生态博物馆项目实践方案》，2012年，内部资料。
中央民族大学多元文化研究所：《松阳·西田生态博物馆建设规划方案》，2015年12月，内部资料。
钟经纬：《中国民族地区生态博物馆研究》，复旦大学博士学位论文，2008年。
周佳桦：《"生态博物馆"概念于法国源起之探源》，《博物馆学季刊》2014年第1期。
周佳桦：《法国生态博物馆——"演化型"定义及理论概念初探》，《博物馆学季刊》2017年第1期。
周俊满：《生态旅游：生态博物馆生态保护与旅游发展的平衡点》，《广西民族大学学报》（哲学社会科学版）2008年第3期。
周真刚、胡朝相：《论生态博物馆社区的文化遗产保护》，《贵州民族研究》2002年第2期。
周真刚：《试论生态博物馆的社会功能及其在中国梭嘎的实践》，《贵州民族研究》2002年第4期。

周真刚：《生态博物馆与民族原生态文化的保护——以贵州梭嘎为个案》，《云龙学术会议论文集》，2003年。
周真刚、唐兴萍：《浅说生态博物馆社区民族文化的保护——以梭嘎生态博物馆为典型个案》，《贵州民族研究》2004年第2期。
周真刚：《生态博物馆社区民族文化的保护研究——以贵州生态博物馆群为个案》，《广西民族研究》2006年第3期。
朱竑、刘博：《地方感、地方依恋与地方认同等概念的辨析及研究启示》，《华西师范大学学报》（自然科学版）2011年第1期。
庄孔韶：《中国乡村人类学重要的学术遗产：研究路径与问题》，《思想战线》2016年第1期。

二、英文文献

Albert Parr. Museum of Nature and Man. *Museum Journal*, 1950(8).
Alexandre Delarge. People Involvement Changes the Museum. *International Conference of Museology*. Taipei, 12,13 October, 2001.
Alfredo Crus-Ramirez. The Heimatmuseum: A Perverted Forerunner. *Museum International*, 1985(4).
Amos Rapoport. Australian Aborigines and the Definition of Place. *Environmental Design: Research and Practice*, 1972(1).
Andrea Hauenschild. *Claims and Reality of New Museology: Case Studies in Canada, the United States and Mexico*.Washington, D.C: Center for Museum Studies, Smithsonian Institution, 2000.
Andrew Merrifield. Place and Space: A Lefebvrian Reconciliation. *Transactions of the Institute of British Geographers (New Series)*, 1993(4).
Arjun Appadurai. *The Social Life of Things: Commodities in Cultural Perspective*. Cambridge: Cambridge University Press, 1986.
Barbara Kirshenblatt-Gimblett. Objects of Ethnography. *Exhibiting Cultures: The Poetics and Politics of Museum Display*. Washington, D.C: Smithsonian Institution Press, 1991.
Barbara Kirshenblatt-Gimblett. World Heritage and Cultural Economics.

Museum Frictions: Public Cultures/Global Transformations. Durham, NC: Duke University Press, 2006.

Bettina Messias Carbonell. Introduction: Museum Studies and the Eccentric Space of an Anthology. *Museum Studies: An Anthology of Contexts*. MA and Oxford: Blackwell Publishing, 2004.

Christina Kreps. Appropriate Museology in Theory and Practice. *Museum Management and Curatorship*, 2008(3).

Common Ground. *Promotional Leaflet*. London, 1996.

Daniel Sherman. "Peoples Ethnographic": Objects, Museums, and the Colonial Inheritance of French Ethnoloy. *French Historical Studies*, 2004(3).

David Harvey. From Space to Place and Back Again: Reflections on the Condition of Postmodernity. *Mapping the Futures: Local Cultures, Global Change*. London and New York: Routledge, 1993.

Doninique Poulot. Identity as Self-Discovery: The Ecomuseum in France. *Museum Culture: Histories, Discourses, Spectacles*. Minneapolis: University of Minnesota Press, 1994.

Doreen Massey. *Space, Place and Gender*. Minneapolis: University of Minnesota Press, 1994.

Dru C. Gladney. Representing Nationality in China: Refiguring Majority/ Minority Identities. *The Journal of Asian Studies*, 1994(1).

Edward Relph. *Place and Placelessness*. London: Pion, 1976.

Edwina Taborsky. The Discursive Object. *Interpreting Objects and Collections*. London and New York: Routeldge, 1994.

Eilean Hooper-Greenhill. *Museum and the Shaping of Knowledge*. London and New York: Routledge, 1992.

Eilean Hooper-Greenhill. *Museum and Education: Purpose, Pedagogy, Performance*. London and New York: Routledge, 2007.

Eward Alexander. *Museums in Motion: An Introduction to the History and Functions of Museums*. Walnut Creek: AltaMira Press, 1996.

Ferdinand de Saussure. *Course in General Linguistics*. W. Baskins trans.,

London: Fontana, 1974.

Francois Hubert. Ecomuseum in France: Contradiction and Distortions. *Museum International*, 1985(4).

Fred Lukermann. Geography as a Formal Intellectual Discipline and the Way in Which It Contributes to Human Knowledge. *The Canadian Geographer*, 1964(4).

Gaynor Kavanagh. *History Curatorship*. London and New York: Leicester Unversity Press, 1990.

Georges-Henri Riviēre. The Ecomuseum: An Evolutive Definition. *Museum International*, 1985(4).

Gerard Corsane. Using Ecomuseum Indicators to Evaluate the Robben Island Museum and World Heritage Site. *Landscape Research*, 2006(4).

Goran Schildt. *The Idea of the Museum: Philosophical, Artistic, and Political Questions*. New York: Edwin Mellen Press, 1988.

Gregory Ashworth, Brian Graham. Senses of Place, Senses of Time and Heritage. *Senses of Place: Senses of Time*. Hants and Burlington: Ashgate Publishing, 2005.

Heron R. P. Ecomuseums-A new museology? *Alberta Museums Reviews*, 1991(2).

Ian Convery, Gerard Corsane, Peter Davis ed. *Making Sense of Place: Multidisciplinary Perspectives*. Woodbridge: The Boydell Press, 2012.

Ian Nairn. *The American Landscape: A Critical View*. New York: Random House, 1965.

ICOM. Extracts from the Conclusions of the Symposium “museum and environment”. *Museum International*, 1973, XXV(1/2).

Ivan Karp, Steven D. Lavine. *Exhibiting Cultures: The Poetics and Politics of Museum Display*. Washington, D.C: Smithsonian Institution Press, 1991.

James Clifford. *Routes: Travel and Translation in the Late Twentieth Century*. Cambridge: Harvard University Press, 1997.

John Donat. *World Architecture 4*, London: Studio Vista, 1967.

John Kinard, Esther Nighbert. The Anacostia Neighborhood Museum, Smithsonian Institution, Washington, D.C. *Museum International*, 1972(2).

John Kinard. The Neighbourhood Museum as a Catalyst for Social Change. *Museum International*, 1985(4).

Julia Harrison. Ideas of Museums in the 1990s. *Heritage, Museums and Galleries: An Introductory Reader*. London and New York: Routledge, 2005.

Kenneth Hudson. Ecomuseums Become More Realistic. *Nordisk Museologi*, 1996(2).

Kenneth Hudson. *Museums of Influence*. Cambridge: Cambridge University Press, 1987.

Kenneth Hudson. The Dream and the Reality. *Museums Journal*, 1992(4).

Kevin Walsh. *The Representation of the Past: Museums and Heritage in the Postmodern World*. London and New York: Routledge, 1992.

Lawrence Buell. *The Future of Environmental Criticism: Environmental Crisis and Literary Imagination*. MA and Oxford: Blackwell Publishing, 2005.

Lenore Metrick-Chen. *Collecting Objects/Excluding People: Chinese Subjects and the American Art Discourse,1879-1900*. PHD dissertation, The University of Chicago, 2005.

Lesley Graybeal. The Blending of Place and Voice in Ecomuseums: Educating Communities and Visitors in the New Museum. *Interamerican Journal of Education for Democracy*, 2010(2).

Mario Teruggi. Resolutions Adopted by the Round Table of Santiago(Chile), *Museum International,* 1973(3).

Marshall Sahlins. Goodbye to Tristes Tropes: Ethnography in the Context of Modern World History. *Journal of Modern History*, 1988(1).

Mary Louise Pratt. *Imperial Eyes: Travel Writing and Transculturation*. London and New York: Routledge, 1992.

Marzia Varutti. The Politics of Imagining and Forgetting in Chinese Ethnic Minority Museums. *Outlines-Critical Practice Studies*, 2010(2).

Max Jammer. *Concept of Space: The History of Theories of Space in Physics*.

New York: Dove Publications, 1993.

Michael Herzfeld. *Cultural Intimacy: Social Poetics in the Nation-State*, London and New York: Routledge, 2004.

Michael Hitchcock, Nick Stanley, Siu, King Chung. The South-east Asian "living museum" and its Antecedents. *Heritage, Museums and Galleries: An Introductory Reader*. London and New York: Routledge, 2005.

Michel Foucault. *Different Space, Aesthetics, Method, and Epistemology: Essential Works of Foucault 1954-1984*. London: Penguin, 1988.

Michelle Stefano. Reconfiguring the Framework: Adopting an Ecomuseological Approach for Safeguarding Intangible Cultural Heritage. *Safeguarding Intangible Cultural Heritage*. Woodbridge: The Boydell Press, 2012.

Pan Shouyong. Self-cognition and Self-education at Ecomuseum: From "Information Center" to "Cognition Center". *Science Education and Museums*, 2015(1).

Pan Shouyong. Local Histories and New Museological Approaches in China. *World Anthropologies in Practice: Situated Perspectives, Global Knowledge,* Oxford: Bloomsbury, 2016.

Patricia Stokowski. Languages of Place and Discourses of Power: Constructing New Sense of Place. *Journal of Leisure Research,* 2002(4).

Patrick Boylan. Ecomuseums and the New Museology—Some Definitions. *Museums Journal*, 1992(4).

Paul Stoller. Circuits of African Art / Paths of Wood: Exploring an Anthropological Trail. *Anthropological Quarterly*, 2003(2).

Paula Findlen. *Possessing Nature:Museums, Collecting and Scientific Culture in Early Modern Italy*. Berkeley: University of California Press, 1996.

Paula Findlen. The Museum: Its Classical Etymology and Renaissance Genealogy. *Museum Studies: An Anthology of Contexts*. MA and Oxford: Blackwell Publishing , 2004.

Peter Davis. *Ecomuseum: A Sense of Place*. London and New York: Leicester University Press, 1999.

Peter Davis. Places, "Cultural Touchstones" and the Ecomuseum. *Heritage,*

Museums and Galleries: An Introductory Reader. London and New York: Routledge, 2005.

Peter Davis. Ecomuseum and Sustainability in Italy, Japan and China: Concept Adaption Through Implementation. *Museum Revolutions: How Museums Change and Are Changed*, London and New York: Routledge, 2007.

Peter Davis. *Ecomuseum: A Sense of Place (2nd Edition)*. London and New York: Continuum International Publishing Group, 2011.

Peter van Mensch. *Towards a Methodology of Museology*. PHD thesis, University of Zagreb, 1992.

Pierre Bourdieu. *Distinction: A Social Critique of the Judgement of Taste*. Cambridge: Harvard University Press, 1984.

Rhiannon Mason. Culture Theory and Museum Studies. *A Companion to Museum Studies*. MA and Oxford: Blackwell Publishing, 2006.

Richard Kurin. Museums and Intangible Heritage: Culture Dead or Alive? *ICOM News*, 2004(4).

Robert Lumley ed. *The Museum Time-Machine: Putting Cultures on Display*. London and New York: Routledge, 1988.

Rodney Harrison ed. *Understanding the Politics of Heritage*. Manchester: Manchester University Press, 2010.

Roger Silverstone. The Medium is the Museum: On Objects and Logics in Times and Spaces. *Towards the Museum of the Future: New European Perspectives*. London and New York: Routledge, 1994.

Shahab Nazariadli, Mehraneh Rayatidamavandi. A Survey on Current Situation, Problems and Requirements of Ecomuseums(With Particular Reference to Their Historical and Philosophical Backgrounds). *American Journal of Scientific Research*, 2011(19).

Sharon Macdonald. *Difficult Heritage: Negotiating the Nazi Past in Nuremberg and Beyond*. London and New York: Routledge, 1998.

Sharon Macdonald. Museums, National, Postnational and Transcultural Identities. *Museum and Society*, 2003(1).

Sharon Macdonald. *Memorylands: Heritage and Identity in Europe Today*. London and New York: Routledge, 2013.

Stephanie Hawke. Heritage and Sense of Place: Amplifying Local Voice and Co-constructing Meaning. *Making Sense of Place: Multidisciplinary Perspectives*. Woodbridge: The Boydell Press, 2012.

Steward Hall. New Cultures for Old. *A Place in the World: Places, Cultures and Globalization*. New York: Oxford University Press, 1996.

Stuart Hall.The Work of Representation. *Representation: Cultural Representations and Signifying Practices*, London: Sage, 1992.

Tony Bennett. *The Birth of the Museum: History, Theory, Politics*. London and New York: Routledge, 1995.

Ursula Heise. *Sense of Place and Sense of Planet: The Environmental Imagination of the Global,* Oxford: Oxford Universtiy Press, 2008.

Vincent Vycinas. *Earth and Gods: An Introduction to the Philosophy of Martin Heidegger*. The Hague: Marinus Nijhoff, 1961.

William Nitzky. Community Empowerment at the Periphery? Participatory Approaches to Heritage Protection in Guizhou, China. *Cultural Heritage Politics in China*. New York: Springer, 2013.

William Nitzky. *Entanglements of "Living Heritage": Ecomuseum Development in Rural China*. PHD dissertation, Arizona State University, 2014.

Wolfgang Sachs. Introduction. *The Development Dictionary: A Guide to Knowledge as Power*. London and New York: Zed Books , 1992.

Wu Heng. *Museum and Change: Regional Museums in the People's Republic of China*. PHD dissertation, University of Bergen, 2011.

后　记

这本书是在我的博士毕业论文基础上修订出版的。最初，我的设想是按照时间顺序全面呈现中国生态博物馆是什么、做什么、怎么做。这种基于事实描述的扁平化叙事在随后的文献阅读和具体写作中发生了变化，这也加深了我对生态博物馆的认识：生态博物馆其实是一个极具能动性和启发性的文化现象。从某种意义上来说，以生态博物馆为代表的运动挑战了西方启蒙运动以来构筑在“时间与他者”基础上的现代性图景，并通过对“空间与他者”的发现而寻求替代性出路。

在毕业后的三年间，我曾对此做过诸多修改与补充。这些变动大体集中在两个方面：一方面，添加了一些最初遗漏的和最新出版的研究成果，比如彼特·戴维斯、周佳桦、罗欣怡等学者的论文和著作；另一方面，补充了一些与之相关的新认识，第六章的部分内容就是这几年我对新博物馆学、遗产研究的一点心得体会。虽几经易动，但结果却不甚理想。用词不当、着力过深、急于批判等问题依然存在，很多当时的想法和观点在现在看来，显得简单而肤浅。到头来，我也只能用“阶段性成果”来安慰、勉励自己，希望以后能有更好的成果来弥补上述不足。虽尚有不足，但仍选择出版，这更多的是源自于我的一个期许，希望与学界同仁交流。正可谓“越辩越明”，如果本书能引起诸君的批评与建议，并由此形成学术对话，那么，出版此书的目的也就达到了。

2010年到2016年，我求学于中央民族大学，师从潘守永老师学习人类学、博物馆学。在这六年间，潘老师在做人、做事和做学问方面给予我的帮助与指导使我受益终生。犹记得入学伊始，潘老师给了我一个“遗产的文化政治学”的题目，我自然是为了应付而草草了事。数年后才知道，这是为我三年硕士生涯提供的研究设想。显然，对博物馆与遗产的政治关照与其说是“三年计划”，毋宁说是对我整个学术之路的规划。在读博期间，潘老师关于“作为机器的博物馆”这一学术构想也对我影响颇深，甚至曾一度成为博士毕业论文的选题，后来由于种种原因并未实现。这一学术议题在该书略有提及，同时也是我今后持续关注的话题。在博士论文写作期间，潘老师关于“生态博物馆与地方感之间关系”的思考帮助我突破思想的瓶颈，关注到“地方”和“地方感”等几个关键概念，以此来承载生态博物馆的价值书写……在求学期间，诸如这样一些高屋建瓴式的学术点拨非常之多，可惜，我资质愚钝，仅领略其中之一二，实为憾事。

本书的写作、修改和出版同时也是一个团队合作的结果，是这些年“潘家园”兄弟姐妹共同努力的见证。在书斋中，“博物馆人类学”工作坊让我获益颇多，从“博物馆研究”到“诗学与政治学”，从“博物馆与当代社会”到“博物馆教育与观众研究”，这些主题的阅读、分享与讨论都体现在本书的字里行间。在田野中，“生态博物馆”项目组从山西走到浙江，从北方乡村走到江南村落。对我们而言，这些漂泊过程中的洞察、体验与感悟更像是一面映射当代中国社会面貌的镜子。

借此机会感谢一直以来给予我知识惠赠的师友：庄孔韶、潘蛟、张亚辉、王建民、张曦、杜靖、雷虹霁、倪威亮、安来顺、曹兵武、祁庆国、王超、商晨雯等师友，胡良友、魏志龙、杜辉、张影舒、师云蕊、关昕、潘宝、吴洁、蓝蔚、杨明刚、覃琛、向艳、赖雪芳、龚乔、廖娜、谢开、宁宁、刘欣、陈岑、顾敏超、曹瑞、宰冰菲、周小力、张册册、周艳晴、买岸笛、雷心瑶、张佳乐、张俊龙等同门。感谢在项目实践和田野调查过程中予以无私帮助、提供资料的宋子君、王永球、宋春红、裘基鹏、叶连汉、岳安龙、岳铁堂、岳和气、岳爱俊、郭红光、孙玉柱、任峰民、张妙兰、王鹤、程永军、陈亲王、陆思宇等。

在山东大学的三年间，我的成长离不开历史文化学院、文化遗产研究院诸位领导和老师在教学、科研、日常事务上的帮助，同时也离不开各位同学对“博物馆学工作坊”的支持。科学出版社的张亚娜编辑和李吉光编辑对本书的出版费神颇多，从最初的选题申报到最后的校对编排，感谢她们所付出的辛勤劳动。此外，我要感谢山东大学历史文化学院对该书出版的经费支持。

要感谢的人太多，请原谅我无法一一罗列他们的名字。最后，感谢我的父母一直以来的支持、包容与理解，正是这种放任让我可以从容地追求自己喜欢的事情。感谢我的爱人赵慧君，无论是“世俗”的日常生活中，还是“神圣”的学术探索中，她都给予我无尽的耐心与欢乐。

尹 凯

2019年6月13日

山东济南洪家楼